Salvador Ramírez Figueroa

El Hombre
Como Centro y Entorno

Una propuesta, para el fin del capitalismo

CONTENIDO

INTRODUCCIÓN

El Hombre, ¿cuántas definiciones elogiables y criticables se han hecho por él mismo? A primera vista, tal visión nos muestra un conocimiento cuestionable, o al menos una perspectiva contradictoria, incomprensible. ¿Acaso la diversidad de cada uno es la cusa de tal imprecisión? ¿No somos una sola especie, que a pesar de las variantes grupales, podríamos usar nuestras características comunes para comprendernos y lograr una definición lo suficiente homogénea? Una de las paradojas es haber logrado determinaciones lo suficiente claras, incluso leyes, de algunos fenómenos del Cosmos y otras especies, permitiéndonos elaborar conceptos, explicaciones entendibles para su uso y conocimiento, excepto de nosotros mismos. Coloquemos esto como punto referencial, que podría arrojar una luz sobre nuestra especie, debiendo ser sitio de partida y llegada, principio y fin de comprensión y actividad individual y social, lo cual permitiría solventar algunos de los prejuicios y problemas que han ocasionado tanto daño desde los externos, como el tono de piel, hasta los internos, como las creencias políticas o religiosas. Uno de los objetivos de este trabajo es ubicarnos, o más preciso, reivindicarnos como centro principal desde nosotros mismos, y por ende libres; cada ser humano como prioridad ante cualquier sistema político, económico, religioso u otro; redimirnos, al sabernos capaces de erradicar todo lo nocivo producido por esos regímenes; lo cual en principio podría parecer inconcebible, pero baste recordar que por millones de años vivimos sin ellos, al igual que otras especies lo hacen y con las cuales compartimos muchas similitudes, sin implicar una ruptura con la "civilización".

La enseñanza o creencia impuesta a través de los siglos, de la civilización como máximo peldaño evolutivo y culmine separativo, del resto de especies, en lugar de seguir manteniendo al hombre como prioridad, pues anteriormente las estrechas relaciones mantenidas entre congéneres y naturaleza, terminaron fragmentándolo al irse consolidando el Estado y Valor de Cambio, sobre cualquier interés no sólo de los hombres, sino del resto de seres vivos y mundo natural, produciendo dos de las consecuencias más negativas emanadas de ese cambio: la explotación del hombre por el hombre y las guerras. No es la primera vez que la civilización se lleva a juicio, es planteada por ir relacionada al concepto análogo de evolución y progreso. De la misma manera, los retomamos como elementos básicos de este trabajo, por la idea generalizada de considerarlos como uno de los fines principales de nuestra aparición sobre el mundo, es decir, evolucionar para crear la civilización, la cual nos llevaría a un coronamiento o plenitud, junto, y gracias a otros productos de ello como la tecnología, sólo para nuevamente hacernos mirar nuestro paso histórico, por lo menos del último siglo y realidad actual, y darnos cuenta que hemos puesto en vilo no únicamente a nosotros mismos sino el planeta que sustenta, pero sobre todo, para comprender el grado de pobreza, sea material o espiritual, experimentada por la mayoría de humanos, obligándonos nuevamente a cuestionar tales ideas. Es importante precisar, que a pesar de ser esos elementos puntos de ataque continúo a lo largo del trabajo, no es precisamente un juicio o condena. Deben ser analizados como parte de nuestra evolución y errores conllevados. Nadie puede negar los factores positivos producidos por ello. Veámoslos entonces, como procesos de enseñanza, madurez y transición a una esfera mayor. Después de todo, somos obra de la Creación y la evolución, más que de la civilización.

El ser humano (*homo sapiens*), quizá sin saberlo, evolutivamente llegó hace ya tiempo a un peldaño cúspide, al igual que otras especies. Pero ahora, creemos ha llegado a un momento histórico, tanto oportuno como desafiante para auto reivindicarse como lo que en esencia es, lo cual le permita una realización más plena, gracias a parte de los conocimientos y experiencias adquiridas de los últimos milenios, sobre todo, de sus errores. Los logros palpables del presente y testimonios del pasado, adelantos científicos y tecnológicos, magnificencia de sus obras artísticas, hablan de manera modestamente reconocible, de un ser excepcional, aunque desgraciadamente sigue atrapado en el gran "pecado original", producido a partir de la civilización: la explotación y sometimiento de unos sobre otros; habiendo usurpado muchos de sus dones, su libertad, a cambio de unas cuantas monedas acuñadas con dioses, reyes y otros. No obstante, es el momento adecuado para su liberación y colocarse como centro y entorno de sí mismo, en el sentido de una conciencia de madurez ubicado en principio, medio y fin, en y con relación al resto de congéneres, seres vivos, su hábitat social y el Universo.

Cuestionar y criticar verdades, es una característica del occidental, orgullo de muchos, jactancia de algunos, empezando por las nuestras. No pudiendo prescindir de tal virtud, quizá para algunos en este caso sería un defecto, será una línea necesaria, sobre todo referente a aquellas consideradas por mayorías como leyes o conceptos inalterables, intocables, por ejemplo, el capitalismo, la tecnología o el nacionalismo. A parte de ser un elemento de nuestra cultura, la crítica, lo haremos primero por considerar tales "verdades" inviolables, factores que evidentemente han hecho aportes al género humano, pero encontramos más razones para erradicar o mínimo cambiar profundamente; porque al tener una propuesta, es importante mostrar las consecuencias nefastas del sistema. A lo largo del trabajo, quizá de manera muy reiterativa, se irán poniendo a crítica y juicio tales ideas grabadas más que en libros o documentos, en la mente humana, por ser el principal factor a cambiar, erradicar, encontrándose profundamente arraigados, cual si fuesen leyes naturales, por lo tanto deben ser el principal blanco a combatir; porque consideramos tales poderes políticos, económicos y religiosos, en lugar de ser obra de decretos universales, o alguna parte sublime del alma, más bien productos de lo instintivo y subjetivo, lo cual es punto de partida para comprender la desigualdad y explotación histórica del hombre, y rapacidad destructiva sobre la Tierra. Nuestra ruta es entonces Occidente (claro, considerando las otras regiones cuando sea necesario), por haber impuesto su dominio sobre el resto del planeta en los últimos siglos, con ello implantar el régimen dominante capitalista y sistema Estado - Nación, entre otros.

Al tener consciencia de un trabajo que presenta, o por lo menos pretende tales objetivos, será puesto sobre mesa de discusión y crítica. También se reconoce de antemano sus carencias y defectos. Es entonces un deber aceptar y enfrentar esas consecuencias, de los fieles buscadores de la verdad, más aún de aquellos quienes en aras de la justicia, corroboren en la construcción de un mundo mejor, tomando por lo menos este escrito como referencia. De la misma manera, sabemos de los ataques que en su momento vendrán de parte de voceros y mercenarios del régimen. Sin embargo, no es ese el fin buscado, sino una honesta intención para provocar, al menos un despertar colectivo de consciencia, recordando que nada en este mundo es para siempre, e incluye sistemas políticos, económicos, religiosos u otros, para reorientarnos y vernos como poseedores de las facultades y fuerzas transformadoras del mundo, requiriendo únicamente voluntad y determinación, sin pretensión del modelo planteado aquí sea reconocido como el mejor, pero al haber una propuesta aquí, pueden existir otros, siempre y cuando sea por decisión y bienestar de las mayorías. Si con ello se consigue tal meta, se habrá alcanzado el ideal, de no ser así, se pide tomar en consideración la presentada es este escrito.

Es importante mencionar, la idea de esta labor surgió hace cerca de dos décadas, cuando se vislumbraban los albores del nuevo milenio, siendo un estudiante universitario e influenciado principalmente por Marx, pero al paso de los años se llegó a una conclusión, la cual mostraba la necesidad de conocer un poco más la materia prima a trabajar: nosotros mismos. Conscientes de lo mucho que se ha escrito sobre ello, pero viendo la necesidad de cambios sociales, la intención fue analizar algunos aspectos formativos evolutivos, que motivaron u obligaron a crear la civilización y lo derivado de eso hasta el presente, y así poder obtener mayores argumentos para la alternancia, pero considerándolo sobre todo una labor de autoformación, información y datos, dando origen a un trabajo previo a éste, titulado *La Constitución Humana. Una visión diferente de lo que somos como especie.* Por ello, en ocasiones se hará mención a él, ideas planteadas en ese escrito, en otras, considerando necesario, retomaremos brevemente algunas. Pero pensando siempre en la medida de lo posible, ser lo mejor explícitos aquí, y prescindir del anterior.

El trabajo se divide en tres partes. En la primera, hacemos un breve recorrido por los elementos esenciales nuestras, no únicamente como especie sino del Universo, así como aquellos caracteres de manera particular en relación al resto de especies. Lo anterior es fundamental, por la razón de en ocasiones percibir la idea de que muchos olvidan o pasan de largo, nuestra constitución elemental de seres vivos biológicos, producto de un proceso evolutivo de millones de años, lo cual debería ser siempre prioridad ante cualquier interés ideológico, tecnológico, económico u otro. Relacionado a ello, se encuentran esas partes tan importantes, pues sí lo son para otros primates como el afecto familiar o unión grupal, cuanto más para nosotros, refiriéndonos a las partes sublimes, las espirituales, para lo cual, una vez garantizadas las primeras, fisiológicas – biológicas, ellas deberían estar como primordiales. Es de esta manera, un rápido recorrido sobre algunos temas de cultura general, para ir recordando lo que en esencia somos, pero se encuentra reprimido, oculto o manipulado por los sistemas de explotación humana, y sea piedra angular para nuestro planteamiento. En la segunda parte, antes de la propuesta para un nuevo orden, se consideró pertinente reflexionar sobre algunos conceptos o creencias, entendidas para muchos inalterables en la sociedad, para darles otro cauce, si bien para algunos podrían considerarse mayormente subjetivas que objetivas, claro, la intención personal es contraria, además, independientemente del rigor lógico, el objetivo es encausarlas a la construcción de un mundo mejor, siendo en sí y de paso, un elemento a favor. A la vez, aunque ya planteado desde la primera parte, es importante ir haciendo un recorrido y balance histórico para corroborar a evaluar nuestro paso por el planeta, y motivar aún más la necesidad de cambios, quizá muchas veces demasiado reiterativo, pero al ser consciente del poder que ejercen tales ideas sobre la mente, debe ser el principal blanco a combatir. Se llega entonces a la parte titulada Sistema Funcional Humano (SFH), la tercera, esperando sea lo suficiente explicito, y en ello, plenamente conscientes, hacer un planteamiento de manera general, donde quedan partes ambiguas, huecas, siendo una de las razones no únicamente la desproporción de toda índole entre países, sino regiones e incluso poblaciones; diversas maneras de concebir el mundo, condiciones y aspiraciones de personas y grupos, lo cual como se menciona anteriormente, visto desde una perspectiva cultural personal, seguramente habrá quienes lo consideren innecesario Sea cualesquiera los medios de enterarse de lo aquí expuesto, por ejemplo los pueblos llamados primitivos, y de manera personal, sería el primero en aprobar su continuación aislada del "mundo civilizado"; pero y aunque sea ese un caso extremo; también hay los injertados en el orbe globalizado, pues el extremismo esparcido por todo el planeta en sus diversas versiones, es una de las principales creencias o barreras a encontrar. Se piensa, la propuesta cubre las partes esenciales, con la intención de dejar esos espacios para su adaptabilidad. Una vez presentado lo anterior, se sugiere una transición, de igual manera vista a grandes rasgos por lo ya mencionado. La labor concluye con una somera visión panorámica del posible nuevo orden, y el sincero deseo de trabajar por la transformación de un mundo mejor para todos, sea por lo trazado en estas páginas, u otro.

Fueron muchas y diversas las fuentes, algunas planeadas, otras fortuitas, trabajando ocasionalmente en continuidad y otras interrumpidas. Ejemplo, cuando repentinamente encendiendo el televisor o cambiando de canal se estaba proyectando algún documental, y no siempre se tenía o preveía lo requerido para anotar o guardar la información. Desde libros, revistas, periódicos, documentales –específicamente los de la BBC–, pláticas a partir del planteamiento y las adquiridas antes de ello. Habiendo sido tantas y diversas, ante la injusticia y error de omitir, confundir pocas o muchas, se concluyó evadir espacio para ello. Después de todo, seguramente el lector identificará al autor, personaje u obra que en su momento se haga. Antes de concluir esta introducción, sólo queda expresar un profundo y sincero agradecimiento, a Marco Antonio Regalado Reyes y Armando Casimiro Guzmán, por los comentarios, críticas y correcciones al escrito.

PRIMERA PARTE
I.MATERIAS PRIMAS

1. Energía y materia

Ante los sentidos, lo material se presenta de tres principales maneras: uno con apariencia que en ocasiones consideramos constituido; otro el de las variadas formas que llamamos vida, poseedoras de niveles de desarrollo con una intuición o conocimiento vemos en continuo cambio; y el tercero es menos tangible por ser un reflejo, manifestación, causa – efecto u otros de los anteriores como espectros, sombras, sonidos u otros. En lo primero, la materia comúnmente denominada inerte, la consideramos algo a usar para crear o construir, alterar o destruir cuanto podamos o sea permitido, entre otros teniendo la creencia que para eso fue creada, la razón de invertir tiempo y trabajo. En lo segundo tomamos diversas posturas por las leyes naturales (aunque también en la primera, pero poco las consideramos), pudiéndonos colocar en igualdad, superioridad o inferioridad de fuerzas, de manera individual o colectiva, misma o diversa especie, leyes, reglas morales, raciocinio, nivel de consciencia u otro fungen como árbitro, siendo un nivel donde predomina la ambivalencia. El tercero se encuentra más alejado tanto de percepción como alcance físico, y nos ayuda para un mejor conocimiento de todo cuanto podemos percibir, pudiéndolo tomar con admiración (un amanecer o una noche estrellada), miedo (fenómenos naturales como ciclones o terremotos), cautela o simplemente ignoramos (sombras, espectros, sonidos u olores familiares). A partir de estas tres manifestaciones, hemos creado nuestro mundo social con todas sus variaciones, interpretaciones dadas como concretas, y cuya fuerza de vida se encuentra en parte fuera de nosotros, pero desde hace algún tiempo venimos pensando cada vez ser más capaces de convertirnos en arquitectos, transformadores y manipuladores de eso y más. Sobre ello hemos creado conocimiento y creencia mezclados, que a fuerza de posición, ignorancia o fanatismo, no sólo hemos intentado separar sino enfrentado en una lucha estéril, pues entre otros lo biológico lo vemos siempre en continuo cambio, ambivalentico, más aún en una sociedad cada día más compleja, saturada y alejada a la vez; las otras partes estáticas, pasivas o cada vez con mayor ignorancia, y cuando reaccionan simplemente aterran y lejos de tratar de comprenderlas, intentamos destruirlas o manipularlas. Encontrándonos entonces en una paradoja mental, pues ante los síntomas de la vida, empezando con nosotros mismos nos encontramos inseguros, ambivalenticos, mientras ante lo desconocido, dependientes de ello o como fuerzas antagónicas; lo cual curiosamente da como resultado en un mundo de modernidad y grandes avances tecnológicos, un ser conocedor de lo ajeno e ignorante de sí mismo, manipulador de naturaleza y fenómenos y a la vez juguete, esclavo de sus creaciones. Digamos por el momento, somos materia y energía, pero ante todo vida, y más que nada, no es la materia la que mueve o modifica la vida, sino la energía moldea, transforma y da sentido a la existencia, siendo una fuerza invisible, intangible para nosotros y su forma externa, es decir, tan fugaz que escapa a nuestra percepción, por lo tanto, es a esa fuerza invisible que nos da la vida a la cual debemos enfocarnos, por ser la más ignorada.

El entorno tangible se nos presenta con variaciones por los sentidos, pero las fuerzas que los mueve, gran parte escapa a las percepciones y posee una mayor variedad. Los hombres nos encontramos en una especie de nivel intermedio, al ser parte y dominados por esas fuerzas, manipuladores de algunas, lo que nos lleva a movernos en diversos márgenes con el mundo y Cosmos, pues al considerar lo denominado materia inerte, la colocamos en un nivel inferior para ser manejada a cualquier posibilidad y capricho, mientras con los seres vivos es una relación compleja que mueve u obliga a relacionarnos o alejarnos, a la vez con toda manifestación de energía que escapa de nuestro centro cada vez tendemos menos a contemplarla, disfrutarla, o bien aterra y alejamos. Lo anterior nos lleva a otras aún más misteriosas y profundas, pero de igual manera conforman lo que somos.

En esas manifestaciones desarrolladas y como parte, nuestra naturaleza tiende más a lo considerado real, porque ante los sentidos pierde o carece de ambivalencia, la forma externa ofrece la acción a tomar. Pero esta parte pronto pierde interés al poseer un fin inmediato, fugaz, mientras nuestra parte interna mueve en busca de algo que va más allá y por eso escudriñamos también lo intangible, viniendo a ser una ligera manifestación de la fuerza infinita, eterna movible del Universo, noción de la vida al ser algo mayor a la representación material. Es por ello, tanto lo real como lo ficticio tienen categorías de cierto y falso. Lo tangible ahí está, pero en cuanto volteamos los ojos o satisfacemos la necesidad se fue o pierde sentido; lo otro podemos o no verlo o sentirlo, pero se encuentra siempre latente sea en el instinto, pensamiento o alma. Verdad y falacia se encuentran, refutan, concilian, mezclan y dividen, pero al movernos regularmente en una inmediatez continua, nuestra inclinación tiende a lo tangible, por representar a los sentidos una garantía inmediata, pero ha sido promovida por el consumismo materialista

Una diferencia importante desarrollada por nosotros a diferencia de otros mamíferos, seguramente fue en el periodo evolutivo cuando vivíamos en los árboles, lo cual representaba una póliza de vida; un hábitat, alimento, relativa seguridad, que a diferencia de herbívoros que deben desplazarse por praderas sorteando toda clase de peligros, o el carnívoro que se juega la vida en cada cacería, a nuestros antepasados ese entorno ajeno el cual seguramente percibía, le hacía sentir en su mundo cierta sensación de privilegio, arriba tenía lo necesario y lo de abajo era superfluo, uno la vida garantizada el otro un posible encuentro con la muerte; quizá el inicio de arriba lo sublime y abajo lo mezquino, el primero la gloria el segundo el infierno. Esa parte de nuestra historia evolutiva continuó en la que fuimos haciendo cambios o modificaciones. Una vez iniciada nuestra vida en el suelo, con los pies en la tierra a lo largo de nuestra experiencia nómada, esa parte que proporcionaba una mayor seguridad la fuimos depositando en las herramientas y utensilios, desde el hacha de mano, lanzas, pieles etc., tangibles, pero también en otras como el fuego, y de allí a todo lo largo de nuestra historia con toda la carga de objetos, herramientas y maquinaria hasta nuestro actual mundo cibernético, donde todo tiene una forma externa, a la vez encierra una fuerza misteriosa no siempre comprensible para todos, donde tan fácil es meterse, depender de ellos y casi siempre quedar atrapados, y desde hace siglos, milenios, iniciamos discerniendo muchas veces convirtiéndose en una lucha dentro ese mundo interno y externo que nos ayuda, y a la vez condena, da vida y pone al borde del exterminio, cuya lucha puede muchas veces terminar ahí, pues en ello existe nuestras partes sublimes que entran también a ese campo de batalla, donde por lo regular la parte material sigue apareciendo como victoriosa.

2. Orden y caos

Una de las lecciones de la relatividad, es el nivel micro movible de la sociedad humana, en comparación a la inmensidad del Cosmos, contemplándonos como un parpadeo en la eternidad. Al voltear y observar nuestro paso en la Tierra por medio del Reloj Geológico, nos muestra la misma verdad. Algunos intentan en la historia encontrar una mayor permanencia invocándola al presente, tratando resucitarla por medio de viejas gestas, como tantos pueblos lo hacen con la historia "nacional" y sus héroes. Es una forma de evitar lo irrevocable, justificarse, un intento por hallar un consuelo a una realidad donde muchos de manera individual o colectiva, encuentran por lo regular desagradable, porque la única accesible es saber, todo encierra un principio y un fin. Es común ver individuos o instituciones debatirse en esa lucha sin tregua, intentando poner fin a una realidad o período lleno de insatisfacciones de cualquier índole desde las de cada uno, familia, grupos o nacionales, porque otra verdad irrefutable, es saber que ellos y congéneres antagónicos son mortales, e igual sociedad y experiencia expone los vaivenes de ese juego. Es sin saberlo quizá, la ley del caos y orden entremezclados, donde unos siempre están tratando de alterar y otros conservar, ambos encuentran justificaciones pero lo inevitable es que en la sociedad el perdedor es siempre el ser humano, pues el orden buscado sólo lo halla en la inmortalidad otorgada a sus leyes, creencias o instituciones; cuando en el fondo lo único deseable es la inversión de papeles, el cambio de roles es para ellos el caos para continuar prevaleciendo el orden, al considerar el mundo un ente establecido donde pocos mandan o tienen más que otros.

Una visión arraigada de estas leyes universales, siendo nosotros simplemente parte, es verlas como otras, en una bipolaridad antagónica. De esa manera queremos finiquitar ciertas situaciones, por la simple razón de no ser grata, sobrando siempre argumentos (la parte reaccionaria), mientras del otro lado regularmente con mayores armas, para conservarlo, pero también para instituirlas pues la lucha surge en diversos planos, donde el orden dominante está incluso caduco o se busca una alternancia, donde casos como estos son las llamadas revoluciones o momentos de crisis, tiempos de hacer concesiones o modificaciones. Una tarea sin fin, nacen y mueren, llegan y se van, sea en tiempos cortos o largos, con decadencias o bonanzas; procesos donde el hombre es simplemente rehén o agente directo en ciclos que pueden presentarse incluso de manera fortuita, caprichosa. Al individuo solamente le queda tomar una postura en ese tablero, donde las leyes consideradas de la dialéctica, tarde o temprano colocarán en la posición deseada, pudiendo cambiar, violar posiciones, conscientes de lo único seguro es apostar en ese tablero de infinidad de jugadas; tablero denominado orden establecido; el caos esas fichas humanas movidas por fuerzas invisibles, pero también de instintos, capaces de destruir el mismo tablero, sobre la cual hay momentos donde toda ley puede ser transgredida, incluyendo la vida.

Cierto, somos parte del Universo en continuo movimiento, viendo o creyendo todo posee principio o fin, procesos o ciclos donde llega un momento cuando se debe destruir o tomar lo existente para volver a crear; las estrellas adquieren el gas y polvo de otras que han explotado, galaxias se funden, agujeros negros que absorben todo, tornados o huracanes que arrasan, la lucha de la cadena alimenticia sobre la Tierra. Aparentemente la vida del Universo depende de una especie de canibalismo. Sin embargo, una de las grandes diferencias, el Cosmos es eterno, las estrellas viven por miles de millones de años, mientras el hombre ve su fragilidad y paso efímero de este mundo que, en comparación con él, parece también sin fin. Por ello el hombre ha creado creencias, las cuales, si bien no lo inmortalicen, al menos prolonguen su estancia terrestre, entre ellas las ideas de orden y progreso, esa idea de una línea estable donde cada día su vida será mejor y más larga, teniendo relación con la perfección, sin faltar quienes se afanan por encontrar la fuente eterna de la juventud. Esta idea es la que más cara se ha vendido, sobre la cual las masas han pagado uno de sus mayores precios, sobre ella incluso se han levantado teorías, y como ejemplo tenemos la positivista la cual se ha venido pregonando por siglos, proclamando ciencia y tecnología como mesías universal; otras tomaron partidos y adaptaron, siendo el caso de los nazis quienes quisieron construir un imperio de mayor envergadura al romano; y para lograr tales fines se debe implantar el caos, la guerra a gran escala; para que la industria pueda desarrollarse, en aras de ello se puede arrasar selvas, colapsar montañas, desaparecer especies y ecosistemas para monocultivos, ejecutar matanzas masivas de animales para que las máquinas puedan procesarlos, quitarles a pueblos tierras y aguas y todo cuanto posean, y con mayor razón a esas gentes primitivas y salvajes, para que no queden fuera de la bienaventuranza de la modernidad y progreso; pero siempre la condición primaria es el caos, para que todo quede sujeto al nuevo, al viejo orden.

Esta creencia sabemos no es nueva, la encontramos en los arios quienes invadieron la India e instituyeron el sistema de castas, los judíos que vieron en Canaán la Tierra Prometida, los aztecas considerados creados para resguardar el Quinto Sol, o las más recientes donde tanto el régimen socialista soviético o el capitalista estadounidense quisieron implantarlo, este último sea dicho de paso, en clara y plena decadencia, donde cualesquiera hubo un caos y simplemente se implanta o preserva su orden. Son ideas sumamente redituables por la sencilla razón de ofertar la vida, pero con la gran diferencia que la sustenta o guía una fuerza sobrenatural, encarnada o depositada en figuras terrenales, "divinas" o "científicas". Su eficacia va más allá por ser parte de un régimen existente en otras especies mamíferas, leones o chimpancés, donde sabemos cada ciclo de nuevo orden lo impone el caos de la fuerza, incluyendo el infanticidio. Otro secreto es su carencia de caducidad, relacionándose a ideas religiosas de un paraíso venidero, una promesa a la amargura de cada día esperando a la vuelta de la esquina, en aparente regeneración con infinidad de maquillajes y representaciones que todo lo cubre y alcanza, desde la toda poderosa publicidad o promesas de campañas de políticos, etc.

Es entonces irrefutable escapar de estas leyes, pues incluso a nuestra estrella le espera un destino. Sin embargo, hay diferencias substanciales, siendo una de ellas esa parte sublime – racional, aunque se encuentre escondida, reprimida, engañada, degenerada, pero tenemos la oportunidad de regenerar, y es ella la que nos coloca en un peldaño sobre otras especies, una herramienta poseedora de una fuerza que escapa a la imaginación de las mayorías, pero algunos nos han dejado pruebas palpables en cada uno de nosotros, don si bien no todos queremos o podemos desarrollar, si la mayoría, lo cual haría la gran diferencia para comprender las variantes entre el orden eterno, el de los animales donde la creencia o palabra caos simplemente no existe, sino es una condición de regeneración, renovación perpetua de la vida.

3. Realidad humana y vida

Paradójicamente, el existir de cada día es lo más preocupante, crea conjeturas, pone en una amarga lucha al "único" ser racional sobre este planeta, transformador y manipulador de la naturaleza, con producciones que comúnmente traspasan su capacidad de consumo; sólo él enfrenta el cruel debate acerca de la vida consigo mismo, con sus semejantes y todo cuanto le rodea; y para colmo de frustración, el único en cometer suicidio y mata otros por capricho y estupidez. Al ser la única especie que le ha puesto precio a la vida, cuando ésta se devalúa o no alcanza a pagarla, cuota que debe hacerse no siempre con moneda corriente, y comúnmente a dioses creados por él mismo, por lo general encarnados en seres corruptos, transformándose en una deuda impagable. La existencia del hombre se le escapa, ya no la posee, incapaz de sustentarla la empeña o entrega al Estado, empresas, grupos o religiones que le prometen una solución tanto del presente, futuro y después de la muerte, y así el ser humano bien se regala o vende como soldado, burócrata, religioso, esclavo, siervo, empleado, etc., encontrando en el mundo pocos seres dueños de su propia vida.

En ese microcosmos artificial, actos y ciclos de la existencia se alejan de los naturales viendo sus procesos (de la Naturaleza) como ajenos, inútiles o antagónicos. Actividades y funciones elementales son reguladas por ese sistema, dictaminando incluso quienes, y cuantos han de nacer o morir, según necesidad o criterio del régimen en proporción a la carne humana que necesite consumir. Nacer, crecer o morir entonces dejan de ser parte de las leyes universales que nos crearon a lo largo de millones de años como la familia, grupos, entorno natural y de acuerdo a las capacidades propias; cuando la vida estaba en manos de los hombres. Sabemos, esos tiempos duraron millones, cientos de miles de años, y si la realidad experimentada que se ha intentado resumir lleva ya algunos milenios, sí ha llegado en tiempos recientes a una crisis de máxima alerta.

Las crisis de nuestros tiempos han sido ya tratadas en varias ocasiones de diversas maneras. Sirva esto solamente como preámbulo para analizar las posibilidades de cambio, las oportunidades que como especie tenemos. Por lo tanto, concluiremos el presente capítulo y apartado, reiterando: el ser humano es una creación, producto como todo lo que existe en el Universo de sus leyes, aunque poseedor de características propias, no por ello ajenas a su Creador. Es tangible en cuanto tiene un cuerpo, pero este es solamente una manifestación externa, un medio para que la otra que conforma y mueve, da vida, se manifieste y la cual es intangible, la energía; debiendo ser ella guía fundamental en su conformación ya sea en su forma instintiva o racional, por si solo o ayudado de herramientas o máquinas; y hasta el presente su paso por el planeta está lleno de luces y sombras, las primeras alientan y dan sentido, las otras difíciles encrucijadas que gracias a su fuerza, creatividad y una influencia sublime, le ha permitido sobreponerse. Pero estas gestas la mayoría de veces han sido en deterioro del mundo, otras especies, pero sobre todo pagado con sangre propia, ha dado la vida por intereses mezquinos, pues a cualquier período histórico que nos asomemos, encontramos una minoría chupando sangre, sesos y hasta el alma a las mayorías, exteriorizándose en el otro referente: las guerras. La diferencia, el presente nos pone el arma creada por nosotros al borde del exterminio, pudiendo llegar a ser la única especie en este mundo que se auto extinguió. Con base en esta realidad y experiencia, se pretende retomar los principales elementos que nos conforman e intentar encontrar, al menos una alternativa que nos permita seguir siendo parte de este mundo, del Universo; cambiar el caos creado por nosotros, para reubicarnos al orden universal del cual consciente o inconscientemente, siempre hemos sido parte.

II.ELEMENTOS DEL HOMBRE

1. El hombre natural

Contrario a lo que pudiera pensarse, debiendo tomar como punto de partida para conocer al hombre, su inteligencia o parte cerebral, debemos verlo al final, por la razón de haber sido la última en desarrollarse en el periodo evolutivo, de los últimos siete o seis millones de años. Al menos en el Sistema Solar, somos una especie única, modestamente debemos reconocernos poseedora de tres elementos fundamentales, a los que apelamos para nuestro objetivo, siendo: Sabiduría, Amor y Voluntad. Encerrados no únicamente en el cerebro, área misteriosa a la cual intentaremos asomarnos, pero sin dejar de ser lo que es, una parte más, muchas de las veces subordinada a instintos, pasiones y otros, por consiguiente, reservada al final.

Previo al instinto de supervivencia, comúnmente manifestado en huir ante el peligro, tenemos el halo activo, esa facultad que se enciende al instante de la concepción y empieza a funcionar plenamente al momento de nacer, cuyas percepciones, algunas solamente, pueden encontrarse en los signos vitales. La primera, de donde depende el resto como sabemos, es la respiración, y segunda casi a la par, el ritmo cardiaco. Constantes, incesantes cuyo ritmo puede alterarse dentro de cierto rango, pero la privación de oxígeno o detención de la frecuencia cardiaca, aunque sea momentánea pone fin al resto. Pero los latidos del corazón dependen de la respiración, por la razón que ésta se sustenta de la atmosfera, la naturaleza, externo y ajeno a la vez, o siendo lo mismo, ante cualquier cosa o circunstancia, para poder vivir necesitamos estar de manera permanente conectados a la naturaleza. Sobre ellas dos descansa la vida, independientemente de estados y circunstancias (dormidos, despiertos o estado vegetativo), fuera del alcance, control del hombre cuyo funcionamiento de todo lo interno se encuentra dependiendo de lo externo; el pequeño cosmos o mundo representado en cualquier ser humano, debe estar en sintonía con esa parte externa del cosmos eterno. Algo que a simple vista parezca tan trivial, como el número de respiraciones por minuto, nos lleva a comprender la armonía compartida con la Creación, pues tanto su cantidad como las pulsaciones del corazón fueron determinadas antes de nuestra aparición sobre la tierra, por los movimientos terrestres y pulsaciones de objetos y astros integrantes del Sistema Solar y galaxia; incluso la velocidad en que crecen uñas y cabello deben ver con la misma en que se mueven las placas tectónicas, pero debemos recordar porque al hombre "moderno", al cual muchos de los problemas sociales y de salud, no es únicamente por la contaminación del elemento vital de la vida, sino porque a muchos se les ha estropeado el respirar.

El tercero es algo que podemos llamar perceptivo. Una especie de noción de unidad expresada de manera interna y externa. La interna es la fuerza invisible donde el todo se funde en uno, unidad y pluralidad a la vez, pudiendo expresarse como la multitud de órganos, partes o células fundidas en un todo; esa individualidad invisible ajena a sentidos y sensaciones de donde todo fluye y llega, siendo de todos los elementos y ninguno. Esta representación interna se encuentra al igual que la respiración, conectada con lo externo, dependiendo de ella pero sin confundirse con los sentidos, sino algo más profundo, externo y sublime al conectarnos con la Tierra y demás astros percibidles o no a los sentidos, cuya presencia se mueve en uno o más planos variantes, en diversas intensidades, poniendo como ejemplo la luz del sol, pues aun siendo de noche sigue teniendo su efecto sobre toda vida; el campo magnético o la luna, independientemente de su fase, continua ejerciendo su gravedad, al igual que demás planetas, y sin embargo cada ser vivo es único, diverso, como lo es cada astro del sistema solar, pero unidos y dependientes del sol, éste y todo sus integrantes en la galaxia, etc.

Sobre estos tres principios descansan el resto de funciones para que cualquier ente pueda existir, por ser manifestación de la unidad y totalidad, individual y colectivo, temporalidad y eternidad. Es como sabemos, una de las expresiones que desde hace milenios, los Grandes Maestros de la Humanidad nos han venido enseñando, viendo entre otros la unión del hombre con el Todo, el primero sólo como una parte manifestada dentro y fuera de Él; interpretación de esa fuerza invisible que todo lo crea, penetra, activo y pasivo a la vez, siendo lo activo, en cualquiera de sus manifestaciones, simples parpadeos de lo eterno e infinito, dualidades complementarias como lo masculino y femenino. A partir de aquí se desprenden lo que llamamos sentidos, recordando son únicamente codificaciones relativas del reflejo y proyección de nuestras capacidades sensoriales, que, para poder llevar a cabo cualquier lectura o interpretación, el organismo requiere ser activado por una necesidad y desde su interior proyectarla, recibirla e interpretarla. Aunque la primera es física-química, regularmente la relegamos al último dando prioridad a la vista, luego al oído y posteriormente olfato, lo cual es entendible porque activos o pasivos requerimos de un constante monitoreo del entorno, y son los ojos en ofrecer el primer cuadro, mientras el olor y sonido pueden o no serlo. Son capacidades que podemos denominar pasivas, al requerir de un estímulo interno o externo para activarse y desarrollarse, y de las cuales dependen demás capacidades, pues requerimos escuchar para aprender a hablar, responder; ver u oler para llevar a cabo desde un acercamiento, ejecutar una danza o plasmar un cuadro. Nuevamente, lo externo, el Universo tangible o invisible surge como primera instancia, agente activo para que podamos desarrollar nuestras capacidades internas, y de la unión de ella, demos cuenta en cualquiera de sus formas a muchas de las manifestaciones de la existencia, aunque la vida en su sentido más puro sea infinita y eterna, activa y pasiva, divisible o no, y nosotros solamente la plasmemos en pequeños instantes, en proporción a como estemos dispuestos a recibirla, experimentarla.

Después de lo recién mencionado, en mayor o menor proporciones, están muchas de ellas siempre latentes, requerimos de funciones más concretas, pero no continuas, siendo el agua con cierta regularidad y el alimento que puede ser con márgenes de eventualidad, ambos como sabemos, proporcionados por la naturaleza. También se sabe, estas dos necesidades, son las que han venido desarrollando nuestras capacidades a lo largo de la evolución. Reiteraremos entonces, el requerimiento de agua y alimento activará todos los elementos y partes del individuo, desarrollará, pondrá a prueba para obtenerlo, sabiendo no siempre es fácil, poniendo en juego su misma existencia, y ya sea desde el recién nacido quien llora y busca el pezón de la madre para amamantarse, el adulto que debe colectarlo, cazarlo o producirlo, es una actividad que requiere una serie de aptitudes con las que cualquier ser vivo está provisto, necesitando simplemente un proceso para desarrollarlas, y solamente podemos encontrarlas en el Universo y la Naturaleza, tangibles (formas, tamaños), intangibles (olores, colores, sonidos), de manera pasiva (fruto o planta) o activa (presa), para llevar a cabo esa unión con algo vivo como nosotros, pero también manifestado de otra manera diferente (aire, agua), y de cuyo resultado es simplemente estar vivo, pasivo (dormido, contemplativo), o activo; activo, pasivo: vivo; tres y uno.

2. Psíquico – racional

Unidos y a la vez parte de la estructura psíquica (cerebro, sistema nervioso, gran simpático) y resto del cuerpo, los sentidos fungen como emisarios o intermediaros entre los fundamentos vitales del individuo y todo lo cuanto le rodea, mientras la parte racional es posterior por ser la última en desarrollarse en nuestra evolución. La estructura psíquica descansa sobre tres factores: primero la seguridad estructural–colectiva, segundo el suministro de fuentes de vida, básicamente agua y alimento, tercero la reproducción.

La primera, la seguridad estructural del sí como individuo poseedor de todo ser vivo, esa capacidad mencionada anteriormente, al sentirse, reconocerse como un ente individual, sumergido y parte de un todo, dentro de él mismo y circundante, donde todas y cada una de sus partes se encuentran conectadas o pertenecen a su singularidad, a la vez, él mismo depende y es parte de una colectividad, elementos donde se halla en continua comunión, dependiente, así como miembros de la familia o grupo. Si esta proyección—reflexión ocurre entre cada célula y partes del organismo, el individuo es consciente en otro nivel de su desarrollo, independientemente de sus potencialidades, mientras si se carece de algo como puede ser alguna deficiencia, mutación o enfermedad, el organismo se sabe limitado y trata de desarrollarse o mantenerse, dentro de las posibilidades propias y entorno.

Aunque comúnmente el individuo sano y con grandes potencialidades tiene mayores posibilidades, tiempos y circunstancias irán moldeando y poniendo a prueba dicha capacidad; así como del que posea alguna discapacidad, donde la plasticidad del cuerpo es asombrosa, mostrando sus modificaciones y adaptaciones donde las compensaciones suplen las deficiencias. Pero estas variaciones no dependen únicamente del entorno, tiempo y circunstancias, sino de la familia y grupo, donde al individuo sobresaliente, comúnmente se le asignen tareas difíciles, riesgosas, y al otro cierta sobreprotección, con lo cual podría aumentar la desproporción, y a la primera adversidad el débil sucumbe, aunque también puede ocurrir que el otro adquiera una actitud temeraria, en peligros continuos a veces innecesarios.

La reproducción es algo más profundo, le precede y procede la seguridad del sí individual, al guardar en su ser la facultad transmitida genealógica y proyectándola al futuro, aunque en los primeros periodos no se manifieste sino hasta la edad apropiada, incluso a simple vista nunca se perciba. Es la facultad donde cada individuo busca la perpetuidad de su ser y la especie; un conocimiento natural de una procedencia lejana, buscando su paso por la vida no sea transitorio, proyectándolo al futuro más lejano. Algo que traspasa el instinto de supervivencia, la vida misma, de no hacerlo equivaldría a no dejar huella por la tierra, no haber existido, y aunque se agudiza antes de reproducirse la tendencia no disminuye después, sabiendo el arribo de la descendencia no es garantía de su desarrollo y reproducción, pues debe cuidarlos y alimentarlos hasta que sean capaces por si solos de reproducirse. Es en resumen, un pequeño reflejo de la verdadera vida, la eternidad. Al ser una manifestación de las leyes eternas lo es entonces de lo universal, una conexión tripartita, interna en cada individuo de él con el Cosmos y con congéneres, la unión de dos. Es una necesidad profunda, nace y encausa hacia adentro y no a lo externo, pues en primera instancia es producto de la conjugación orgánica, que produce y recibe, por ende, debe haber una compaginación entre la pareja, cuestión definida por el contenido y no por la forma. La síntesis de los pares creadores de descendencia se convierte en una especie de simbiosis permanente, o al menos a largo plazo, porque la mayoría de especies apuestan al mayor número de estirpe, al incrementar la garantía por cada uno, y por lo ya mencionado que la prole requiere del cuidado de padres, también por los períodos de crisis, dependencia de las partes, así como labores de la vida ejecutadas en la colectividad, sea familiar o del grupo.

La estructura psíquica descansa entonces sobre estas tres necesidades básicas, por ser no sólo parte de nuestro proceso evolutivo, sino porque en la mayoría de casos nos sigue determinando, debiendo de esta manera verse a partir de las partes más remotas e instintivas, y si quisiéramos alguna prueba bastaría observar un poco las otras especies, ya que el sugerir una mirada hacia nuestro interior, podría parecer ofensiva para muchos, sobre todo para quienes siguen creyendo que somos determinados por el raciocinio. Desde que nos vimos forzados a bajar de los árboles, fueron las circunstancias moldeando toda nuestra estructura con las características previas, y continuamos compartiendo con otras especies, entre ellas en un principio al cerebro y no a la inversa. El cerebro fue reacondicionando a lo largo de millones de años, junto con el resto del cuerpo, funciones y aptitudes de manera recíproca, con la diferencia, la inteligencia, como quiera que la queramos entender en los mamíferos, es otra herramienta en el quehacer cotidiano que involucra todo el organismo, y muchas veces sucumbe ante partes más instintivas, lo desconocido o fuerzas de fenómenos naturales. Recordemos, la estructura psíquica es ante todo un conjunto de nervios, órganos y neuronas que se comunican por medio de impulsos eléctricos y segregaciones químicas, donde los sentidos son intermediarios, cuyo desarrollo evolutivo lo han determinado primero lo instintivo, segundo lo afectivo y tercero lo racional.

Veamos al cuerpo humano conformado de un centro y una periferia, siendo el tronco el núcleo, por ser ahí donde tenemos órganos y partes vitales entre ellos la columna vertebral, con mayor número de masa, pero también de energías, y el resto como partes secundarias, específicamente brazos y piernas, pares que van presentando a partir del centro una especie de disgregación, terminando cada uno en cinco partes; incluso la cabeza presenta una especie de bifurcación, claro de mayor importancia que los otros, teniendo cuatro pares fungiendo, sobre todo como receptores.

Todo movimiento o parte activa que es condición de vida, inicia en la parte baja, con relación a lo físico - químico, siendo las piernas el principal medio. Todo movimiento es motivado o encausado primero a una necesidad propia del desarrollo del individuo organismo, para una interacción dentro su todo, dependiendo el ser en la medida que todas las partes se desarrollen e interactúen la totalidad, sea en cualquier tarea activa o pasiva como el sueño. La segunda necesidad es interactiva, presentando dos principales vértices: primero el de miembros de la misma especie y, la otra el resto de entorno, ambas complejas y ambivalenticos, por poseer cierta estabilidad al ser partes análogas del individuo o un hábitat determinado. El tercero, es algo que podemos llamar reciproco activo, siendo las circunstancias impredecibles o presentadas de manera muy esporádica, entre mismo grupo o entorno. Estas tres necesidades o condiciones se sustentan sobre todo en la fuerza, en ejemplos como acercarse, moverse o huir y cuyo agente químico primordial es la adrenalina. El desarrollo del individuo ira conformando, y en cierta medida él a su entorno, en algo parecido a disyuntiva sea de confianza, seguridad, paz o alegría, a otra desconfianza, angustia, miedo u odio, lo cual va siendo condicionado, determinado por él, miembros del grupo y entorno, donde conocimiento e ignorancia juegan papeles importantes que pueden colocarnos en situaciones ordinarias en cualquiera de las dos partes, donde comúnmente la ignorancia nos ubica del lado equivocado, y una de sus manifestaciones es la tendencia destructiva, aparentemente expresada de forma externa, pero primero ocurre internamente, bastando no solamente ver órganos como el hígado, sino la vesícula biliar.

El afectivo fluye de la fuerza invisible unitaria del todo, experimentada primero en la universalidad interna, de ella con el resto, se aprecia mejor en los momentos pasivos, pues las circunstancias de lo activo pueden alterarlo y llevarlo a distorsiones por influencias instintivas, pasionales o antagónicas. Al ser un reflejo compaginado de lo físico - químico, elementos o partes que no lo son, o presentan como hostiles, mientras no interfieran, pasando a ser elementos secundarios del todo. Pero, aunque se experimenta mejor en lo pasivo, es un fluido continuo entre el sí individual y el todo externo, como el enlace multicelular y respiración, convirtiéndolo en dependiente y desinteresado. Después se presenta en la forma de procreación entre padres e hijos, siendo una especie de síntesis material o exteriorizada, mueve y une a los tres (padre, madre e hijo), en uno solo, especie de presente eterno, al encerrar pasado y futuro, siendo una representación tangible de vida y amor, donde tres elementos conforman un núcleo del cual se desprenden otros, o de que estas tres representaciones individuales-universales, crean una sola, así de ellas se desprenden particularidades a conformar otras que luego serán núcleos de vida, como ellos: unión y desprendimiento, entrega mutua. La siguiente forma es la familiar, relacionada, aunque no precisamente con lo recién mencionado, donde la generalidad hace una distinción más nítida de las partes, y con ello variantes, pero también complementos, que al paso del tiempo van mostrando y fortaleciendo lazos afectivos. La tercera manifestación ocurre en el grupo, al ser ahí donde se plasma la claridad de la familia como célula de un organismo, que como todo núcleo celular (padre - madre), tiene un ciclo y los hijos son los encargados de difundir y regenerar el proceso del organismo, la vida, siendo ahí donde se encuentran los pares para las síntesis; el grupo humano aparece no solamente como lugar regenerador de vida, sino medio y conjunto para proveer los medios y mejor protección.

Así, desde lo oculto hasta lo concreto, lo afectivo es una dependencia mutua de intereses y necesidades, en constante reciprocidad que solamente se va regenerando o tomando diversas formas, por encima de las necesidades instintivas comúnmente manifestadas por la fuerza, sobre todo en algunas circunstancias esporádicas, mientras la afectiva es constante y no movida o determinada por la fuerza, pues si ésta se usa, como sabemos, las consecuencias son dañinas para todas las partes. Lo afectivo es un reflejo de la libertad, lo atractivo y compatible invisible, al igual que la fuerza cuando se intenta cubrir con máscaras externas es tan dañina como la imposición instintiva. Pero también tiende a distorsionarse por inocencia, ignorancia o algún vicio (pudiendo ser también deficiencia), apareciéndose en la figura del chantaje, y una de sus causas es, todos tenemos periodos o momentos de dependencia y decadencia. Al encontrarse por encima del instintivo la hallamos en el centro del pecho, específicamente el corazón y entorno, por ser ahí donde tanto músculo cardiaco y pulmones representan el núcleo vital y constante, a donde todo llega y fluye, máximo reflejo de la necesidad y entrega mutua de las partes, que, si es dañada o detiene, aunque momentáneamente, puede perecer. Receptor y transmisor de lo interno con lo externo, conectado con este último de manera constante y dependiente, es decir, de lo visible con lo invisible, por lo tanto, es otro tipo de enlace entre humanos y algo más allá; donde inicia otra noción tangible de una dependencia fuera de nosotros, el aire, por ejemplo, no vemos, pero todos compartimos; todo lo llena y cubre, dormidos o despiertos; igual la sangre y oxígeno que fluyen y unen cada célula. No en vano desde la antigüedad diversas culturas han representado el corazón como símbolo del amor y más nobles sentimientos; así como cualquier situación movida por los instintos puede bastar para dañarlo o incluso detenerlo, o bien para que respirando pausada y profundamente, aquiete y domine el instinto; o incluso para que en momentos de depresión y angustia sentimental, caminar por un parque o bosque ejecutando ejercicios de relajación cardio muscular, reconforte o alivie, reencontrándonos con esa paz y entrega mutua, interna y externa, el uno y el Todo, nosotros y la vida. Pero como todo exceso es dañino, incluso una sobredosis de emoción, de felicidad, pude ser fatal.

Comúnmente se presenta al cerebro como centro de comando del cuerpo por sus múltiples y complejas funciones, ubicación (desde peces y reptiles) colocada en la parte delantera y rodeada de los principales órganos sensoriales, y lo es, pero únicamente en cierta medida. Sabemos, la base de la estructura cerebral es lo denominado "cerebro primitivo" conformado desde los primeros vertebrados en la era paleozoica, hasta el presente desde peces a nosotros, su función principal es la mantención de los signos vitales como respiración, ritmo cardiaco, temperatura y coordinación de procesos biológicos, entre los más importantes; donde al correr del tiempo evolutivo se fueron agrupando las codificaciones de algunos sentidos, específicamente olfato, oído y vista, luego ciertas habilidades como tácticas de cacería entre felinos y caninos, uso de herramientas en ciertos primates y otros, hasta llegar a nosotros. En los vertebrados, particularmente mamíferos es uno de los órganos que más se ha transformado, pues peces y reptiles presentan la misma estructura, mientras los mamíferos lo hemos trasfigurado en un corto periodo, en términos geológicos.

El cerebro humano basa su desarrollo y por ende funcionamiento psíquico – racional, específicamente en los últimos milenios, a partes donde color y forma, seguido del sonido y luego del olfato, y por último del resto de capacidades. Aunque en el vientre materno el oído puede reconocer la voz de la madre de otras, y al nacer también distingue su olor entre diversos, al paso del tiempo serán los ojos los principales guías que irán mostrando y descifrando el mundo, y aunque poseemos en los genes información precisa sobre ciertas cosas, colores vivos en las frutas que hablan de estar maduras (alimento) y distinguirlos de otros, no así de todo lo animado, más bien incitando la curiosidad, pudiendo ser un conejo o una serpiente. También guardado se encuentra la sensación provocada por ciertos colores o tonos como el blanco y azul, proporcionan paz y alegría, al reflejar el día, la vida y todo lo cuanto ofrece, a diferencia del negro, representativo de la noche y todos sus peligros, entre otros nos priva en gran medida de la visión; el rojo que nos recuerda nuestro paso como presas y cazadores, heridas y mutaciones, en el juego de la vida y la muerte, etc. Otros colores y formas se presentan de manera nítida a partir de ciertas etapas como la reproductiva, donde para un hombre unas caderas armoniosas, pechos desarrollados y un rostro simétrico y limpio, hablan de una mujer fértil, sana, buen suministro de leche, es decir, buena procreadora de vida; mientras para una mujer la estatura, fuerza y buena proporción de los miembros de un hombre, le expresan buenos genes y suministro de alimento; y de ahí ambos lo traducen a belleza y deseo, mientras lo opuesto representa lo contrario. Esto ocurre fuera de cualquier proceso racional, es producto de experiencia evolutiva, aciertos y errores donde el hombre a diferencia de otros, es el que mayor número de caídas comete, comúnmente por el determinismo de la forma, real o ficticia.

Después de la vista tenemos los oídos, ubicados a los lados, digamos un tanto ocultos, ya que nos transmiten un mensaje más profundo y misterioso, pues desde la gestación un sonido armonioso del corazón de la madre transmite un estado de paz, mientras uno acelerado, descompasado, dicen de algo excitante, quizá peligroso. Al nacer y no poder hablar, el grito y el llanto sabemos llega a oídos de nuestros padres y entorno, llevando nuestro pedimento o reclamo. En el transcurso de la vida, el caer de una cascada o murmullo de un río, de agua, el de un relámpago de tormenta y prevención; el canto de aves de un ambiente armonioso, huevos, frutas, si se alteran o vuelan súbitamente, es entonces estado de alerta; el rugido de un león peligro; el quejido de un semejante un mal interno, su canto de una alegría. El sonido es un elemento considerado regularmente complementario de la vista, porque su origen es interno o desconocido, desde una perspectiva a simple raciocinio, mientras que en lo profundo es precisamente ello, una expresión de lo interno, alejado, desconocido y por ende para quien sabe escuchar, más claro.

El olfato, a diferencia de caninos y felinos que lo usan como principal guía, en nosotros es posterior al oído, por ser un receptor de la comunicación, y al igual que la vista, desde que vivíamos en lo arboles han sido nuestros principales sentidos. No obstante, el olor es un mensaje profundo y silencioso, muchas veces exclama más que cualquier sonido, como el de una hembra en celo, un hombre enfermo, donde en lo recóndito de su cuerpo existe un hondo deseo o necesidad de ser, no escuchado sino atendido. Solamente en casos particulares el aroma lleva una palabra precisa, sea un fruto o cuerpo en descomposición, y lo es por ser parte del instinto de supervivencia. Caninos y felinos tiene una precisión más clara de la esencia de muchas cosas, al poder codificar por medio de olores toda una serie de datos transmitidos por su emisor, un mensaje no dicho con imágenes o sonidos, sino con el ser, y por lo tanto para ellos el mundo hasta cierto punto posee una mayor claridad, lo cual se menciona nuevamente pata reiterar nuestro determinismo de la forma y color, y las palabras.

Existe una amplia gama de personalidades usada como herramienta, para explicar el desarrollo y conformación del aparato psíquico desde hace milenios, y los mejores ejemplos son las definiciones de Aristóteles y el teatro clásico griego, encontrando su máxima complejidad en el mundo moderno. Sin embargo, pensamos es debido a una distorsión y degenere de nuestra estructura psíquica biológica, a partir de la construcción del Estado, producto o consecuencia del deterioro que llamamos racional, aunque no es éste lo cual determina la personalidad del individuo, ocurre a la inversa, termina en una manipulación de ambos. Intentemos explicarlo.

Un pensamiento es una reacción física o química en el cerebro, sea causado por un impulso o necesidad interna o externa, ambigua o clara, cuya finalidad es activar, preparar o mover la totalidad, pudiendo ser incluso voluntaria o involuntaria, desde estar activo y tener que moverse, incluso despertar; en un recorrido donde se deba aumentar o disminuir la velocidad, descansar o colapsar. Esto en sus formas más simples, un lenguaje entre neuronas con el cuerpo y entorno, actividad ejecutada incluso cuando se injiere alguna droga o veneno que altere su funcionalidad y ponga en máxima alerta.

Después tenemos los cuadros mentales. A grandes rasgos.

El primero es simple pero determinado, es aquel de las formas comunes que rodean nuestra vida cotidiana, es a la vez un reflejo de lo profundo, la unidad de las partes y el todo que simplemente están ahí funcionando como materia prima, ladrillos o cantera de donde nuestro cerebro construye lo demás. Es aquí donde aparecen todas las formas conocidas con o sin sonido, olor y movimiento, cercanas o lejanas, desde un miembro de la familia, mascota, prenda de vestir, uno mismo o una estrella; aquellas que necesitamos, forman parte de nuestra vida ya sea porque las requerimos para vivir como el agua, alimento, vestido; o existe una dependencia mutua, personas, animales.

Posterior (segundo), vienen los cuadros fijos poseedores de una definición más clara y con una serie de categorías, de donde se derivan otras, producto de las leyes de atracción, repulsión y compaginación, incluyendo aquello desagradable, afecta directamente o amenaza, desde un animal en posición de ataque, fruto en descomposición, competidor, peligro o enemigo.

Los compatibles (terceros), una especie de mezcla o relación de los anteriores, que a veces aparecen en medio y pueden desplazarse a los lados o quedar ahí; vivimos con ellos en momentos de agrado, disgusto o apatía. Estos cuadros pueden tener un proceso de conformación para ubicarlos en un lugar determinado donde olores, sonidos o acciones juegan un papel para establecer su forma, su fundamento a *priori* es más preciso, gran parte de ello es producto de la experiencia acumulativa y transmitida por generaciones.

Lo siguiente (cuarto), una serie de cuadros donde cada uno posee diversos tipos y grados de variantes: los ambivalenticos. Se originan en los cambios que sufren o alteran el cuerpo, miembros de la familia y grupo por causas internas o ajenas. Al segregar el cuerpo toda una serie de hormonas y químicos nos puede cambiar de estado, pudiendo suceder de manera constante. Pero también ocurren otros que se dan esporádicamente o periodos como los sexuales, de enfermedades o muerte. Al ocurrir toda una serie de fenómenos a lo largo de la vida, donde los procesos de crisis colocan a los individuos al extremo de capacidades; a la idea del padre fuerte y protector, la madre noble y cariñosa, el hermano incondicional o el amigo fiel, pueden sufrir una alteración parcial o radical. Esta primera serie son los de mayor influencia por ocurrir dentro los individuos donde descansa la dependencia, protección y reproducción de cada uno y todos.

Continuando (quinto), vienen las de relaciones con otros grupos análogos o diversos, donde existen cuadros más o menos determinados, pero ante cualquier situación de crisis pueden moverse a cualquier extremo, dependiendo de la situación, si es de competencia al antagonismo abierto, aliados y enemigos, si es algo que los pone a todos en peligro a la unión incondicional o al menos una tregua; si es algo ambiguo, cada uno sondeará, se moverá activando sus capacidades de atracción, repulsión y compatibles para actuar según los sucesos; etc.

Algo parecido ocurre con otras especies, elementos o fenómenos que nos rodean, donde los cuadros tienen una mayor nitidez, los cambios son percibidos desde otra perspectiva y pueden tener diversos efectos ya sea en un individuo, familia o grupo, y por ello no tiene una categoría de universal, pudiendo mencionar por ejemplo los diversos tipos de comidas, atuendos y adornos corporales, que hablan a la vez de la diversidad de percepción con naturaleza, mundo interior e interpretación, aunque dentro de cada individuo o grupo cada una de estas percepciones tenga también su grado de ambivalencia.

Así, todas estas series de cuadros van creando, cambiando o alterando carácter y personalidad de cada individuo o grupo de acuerdo a tiempos, lugares y circunstancias, unas permanentes y eternas, otras fugaces o pasajeras, donde cada cuadro va siendo integrado, modificado o desechado según su categoría e intensidad, pues hechos como convertirse en padres cambian a la pareja; o algo que ponga alguien al borde de la muerte, todo el impacto visual y descarga de segregaciones químicas, sangre (si la hubo), puede convertirse en un cuadro interno de imágenes, sonidos y olores de continua repetición en el cerebro, pudiéndolo convertir en trauma pasajero o permanente, físico y/o emocional dependiendo no únicamente del cerebro, pues este funciona como archivo, codificador (dejemos esta parte así por lo pronto) y coordinador, sino de la familia, grupo y entorno pudiendo ocurrir que el individuo salga más fortalecido, o bien como ya se mencionó, parcial o totalmente dañado, y pueda llevar a la muerte.

A simple vista, la ambivalencia parece ser una fuerza caprichosa que juega con la vida. No obstante, es parte del motor universal y por lo que la evolución avanza, motiva e impulsa el desarrollo de individuos; pone a prueba capacidades haciendo a un lado aquellas que van quedando obsoletas y creando nuevas, pudiendo de esta manera ser una guía de perfeccionamiento. Aunque para el hombre ha llegado a tener varios efectos, siendo uno de ellos una especie de foro y juzgado mental, donde toda clase de cuadros se presentan con sus respectivas definiciones y ambigüedades, según circunstancias, donde el individuo promedio se ve mezclado y como centro a la vez, reflejándose y proyectándose al mismo tiempo desde seis diversas posiciones: victima, acusado, fiscal, abogado, juez y verdugo, donde los resultados pueden ser desde los más benévolos y complacientes, hasta los más ciegos y crueles, aunque también imparciales, justos, cuyo dictamen la mayoría de las veces es decidido no según cierto parámetro de algo que podamos definir como verdad, sino de acuerdo a creencias, normas morales, instintos, pasiones, intereses, incluso el auto sacrificio por algo o alguien, donde los tiempos y sociedad han influenciado los principales moldeadores del tipo de individuo, donde por lo regular cada sociedad crea el prototipo que más le conviene. Pero la ambivalencia es también la piedra angular donde descansan las creencias, la razón y la inteligencia, siendo las dos primeras características humanas y la tercera de todas las especies, donde nuevamente creencia e inteligencia presidiendo a la razón, y donde muchas veces tratando de imponer el "imperio de la razón" sobre individuos que han sido guiados y conformados por las dos primeras, siendo otra de las razones en explicar el conflicto y trauma humano. Entonces, antes de entrar a la razón, repasemos las otras.

La inteligencia, es la capacidad que posee toda especie para desarrollar y explotar todas sus capacidades, cualesquiera sean las circunstancias como defensa, ataque, moverse y relacionarse con otros y entorno, donde fuerza y tamaño, incluso la misma inteligencia, no son siempre garantía de éxito. En los mamíferos, donde la encontramos más refinada, podemos hallar discernimiento, planeación, técnica, cálculo y precisión en los ejemplos tan conocidos como las sabanas africanas, donde presas y cazadores se enfrentan a diario conjugando fracaso y éxito para ambos, dependiendo de la ejecución de lo anterior. A lo largo de nuestra evolución fuimos desarrollando diversos grados de inteligencia, y como principal prueba es que antes de cazadores fuimos parte de la cadena alimenticia, pero una vez iniciada la dependencia de herramientas, la inteligencia dio un giro al cual le fue acompañando, relacionándose e influyendo una a otra, creencias e inteligencia, no se puede explicar la razón si no se consideran las creencias, aunque en el fondo nuestra inteligencia siga siendo como lo fue por millones de años.

Las creencias nacen y desarrollan en los últimos millones de años, a partir de un fragmento del mundo que empezamos a adjudicarnos: una herramienta hecha por la mano, supliendo una de nuestras deficiencias, algo ajeno a nuestra anatomía y parte a la vez, empezando a verse como relación y dependencia mutua. Al paso del tiempo con la manipulación del fuego, uso de pieles y otros utensilios, así como confección de lanzas, arcos y flechas, enterrar a los muertos y pinturas rupestres, fueron cimentando cada vez más el fuerte vínculo hombre - animales, naturaleza y fenómenos, a veces afectiva y armoniosa, otras amenazante y destructiva, pudiendo colocarse en cualquier parte de la balanza, controlador y manipulador de objetos y elementos, o víctima, lo cual no era precisamente una lucha sin tregua, sino un diálogo de entendimiento y conocimiento reciproco, aunque el hombre moderno en ocasiones critica como primitivas y vestidas en las más arcaica ignorancia, olvidando que gracias a ellas no sólo llegamos al presente, sino de donde partieron los conocimientos hoy consideramos más elevados, y continuamos siendo presas de las creencias más ridículas. Baste esto por lo pronto, como preámbulo a la razón.

La razón, de donde se deriva todo conocimiento científico, tiene sus bases en tres principios compartidos con toda especie. Uno es el conocimiento natural: es un archivo de información, con que nace cualquier individuo diciéndole desde el momento de arribar al mundo, de manera general lo que es, y una breve descripción de las partes del entorno, acervo como sabemos se va incrementando al paso del tiempo. Se manifiesta, por ejemplo, en las tortugas marinas donde una vez fuera del huevo corren al mar; a la gacela al salir del vientre debe ponerse de pie y unirse a la manada, donde encontrar su fuente de alimento; a un pez globo o rana venenosa, sabiendo puede pasearse placenteramente entre depredadores, etc. Es un conocimiento implícito, donde el individuo se ve y reconoce a sí mismo con cualidades, potencialidades y deficiencias, y comprende de manera similar no solamente a miembros de la familia y grupo, sino a otras especies y entorno; siendo a la vez un conocimiento que incluye procesos de cambios, determinados por las aptitudes propias de cada uno como reglas en la búsqueda de pareja, periodos de los elementos alfa y otros. Número dos, es la inteligencia mencionada anteriormente, que sirve en cierta medida para establecer el proceso de roles y cambios del conocimiento natural, donde en algunas especies la fuerza de un individuo puede jugar un papel importante. Número tres, es el conocimiento experimental - hereditario, pues, aunque cada especie nace con un acervo natural, no le es suficiente para el desarrollo, sólo la experiencia, práctica con sus aciertos y errores, donde miembros de la familia y grupo, y situaciones adversas ponen a prueba e incluso condicionan, siendo ahí donde (en las tres) la selección natural hace acto de presencia. Sobre estos tres se ha movido la vida en la Tierra, siendo un orden de armonía, inteligencia y conocimiento mutuo, no únicamente entre animales sino entorno, hasta que el *homo habilis* inicia, nuestra "revolución científica".

La razón o conocimiento científico, la desarrollamos sobre siete elementos de los cuales, solamente los dos primeros (intuición e imaginación) es compatible con otros mamíferos, y el resto de especies, de manera digamos parcial, hasta donde podemos ver, aunque la tercera podría ser transitoria. Estos fundamentos no han cambiado desde el Mundo Antiguo, sólo incrementado y variado. En la medida de lo posible, se intentará evadir influencias y etapas que lo fueron condicionando desde el *homo habilis* hasta nosotros, por haber sido ya expuesto en otro lugar.

1. Intuición. Tiene su base en la Física y química. En la primera por las leyes de atracción y repulsión, la segunda es similar, aunque intervienen las compatibles. Derivadas o relacionadas a ello, es la capacidad que tenemos las especies de ser guiados por fuerzas externas como el campo magnético terrestre, trayecto de astros, sol y luna sobre todo (gravedad), de donde se derivan facultades como percibir frecuencias en el entorno, que pueden movernos si se percibe un ambiente de paz, o

detenernos, escondernos si se torna tenso, recordando todo ser vivo y elementos del Cosmos, producimos y recibimos diversas frecuencias, cuyas ondas son transmitidas dependiendo del estado de ánimo o circunstancias. La percepción o intuición es entonces esa capacidad de receptor y transmisor entre entes, objetos y fenómenos, cuyo código es ante todo de estados pasivos y armoniosos, o activos que pueden tener algunas variantes, y cuyo grado de percepción del receptor es de acuerdo a capacidad propia, disposición o circunstancia.

2. la imaginación. Es la primera instancia donde los cuadros sensoriales intentan dar una definición de una situación o mensaje percibido, o de una necesidad interna. La experiencia acumulativa posee cuadros a *priori* y cuando el cerebro percibe algún mensaje, la mente muestra los posibles cuadros que pueda presentar la señal, dependiendo del cuadro e intensidad, poniendo al mismo tiempo los sentidos a trabajar para recibir más pinceladas y poder definirlo. La primera o primeras señales que pueden ser visuales, olfativas, auditivas, sensitivas o una mezcla; uno o varios cuadros percibidos a la vez, sobre todo si son pasivos no son definiciones claras, al menos que sean activos por ejemplo algo o alguien acercándose amenazante, mientras algunos pasivos son siempre ambivalenticos, sobre todo si se encuentran en el acervo de competidores o antagónicos, por lo tanto el cerebro intenta dar una o varias definiciones tomando los cuadros, "vida" en un intento de definir la situación. Cuando es producida por alguna necesidad interna ocurre algo parecido, salvo que la variante puede ser si las circunstancias nos colocan ante lo deseado de manera súbita, costándole al cerebro más trabajo entrelazar cuadros, ya que si es por ejemplo una persona del sexo opuesto, los cuadros fijos atractivos son precisos, pero ignoramos su grado de tendencia o intensidad; en cambio, cuando empieza a nacer el cerebro puede analizar las posibilidades dentro del archivo, e ir haciendo con cada una de ellas una serie de estrategias o posibilidades, de acuerdo al conocimiento de ellas y el propio, pudiendo crear incluso una serie de secuencias de posibles situaciones que puedan ofrecer conclusiones con mayor claridad. La experiencia evolutiva junto con la ambivalencia, nos fue llevando a formar este tipo de

"conclusiones escenográficas"; competencia y lucha nos ponen en ambos lados, espectadores y actores, donde curiosamente la imaginación se activa y desarrolla mejor en los momentos pasivos por tener mayor libertad; en los activos sobre todo si son de peligro, productivas u otras que requieren mayor concordancia de partes y grupo es sobre todo física – activa, ya se pensó antes o simplemente no hay tiempo para ello (algún peligro). Podemos ver por ejemplo a tres grupos de cazadores (lobos, leones y hombres) observando su presa, pudiendo intuir toda una serie de pasos a ejecutar, medidas a tomar si algo fortuito ocurre durante la cacería y uno o más desenlaces, es decir, tanto ellos como nosotros representamos, imaginamos uno o más desarrollos escenográficos. La imaginación puede interpretarse como la libertad de movimiento de los cuadros mentales sensoriales o ideas, al igual que los vientos son producidos por la fuerza de rotación terrestre, las olas por éstos, los ríos por la gravedad (de cualquier manera, todo se encuentra en movimiento), en la corteza cerebral movidas o guiadas por una necesidad, ya que toda causa tiene un efecto, un deseo o necesidad un fin, al producirse primero en la mente ofrece una mayor garantía de concretarse.

3. Creencia - hipótesis. Tanto la intuición como la imaginación, nos fueron llevando al paso del tiempo a sintetizar situaciones o posibilidades de manera más o menos precisas, si bien todas tienen grados de imprecisión o ambivalencia, poseen también características definidas y por lo tanto se pueden crear acervos de situaciones con rangos de tiempo y espacio. Lo anterior tiene además su sustento en las leyes universales, y por ende en los cuadros fijos que tienen procesos definidos como el día y la noche, independientemente de cómo puedan presentarse. Un macho dominante, miembros y competidores saben roles y condiciones, a la vez conocemos las situaciones que puedan alterar tiempos y puestos, propiciadas por ellos o algo ajeno; las representaciones de desarrollos escenográficos están latentes en el cerebro.

Hasta aquí llega nuestro paso y relación con otros mamíferos, al menos hasta donde podemos percibir, e inicia una ruptura la cual nos llevará a la aventuran humana, la cual entre otros colocará en situaciones de confrontación de donde no siempre salimos bien librados, pues el principal campo de batalla es el cerebro humano. El episodio comienza, sabemos no por usar herramientas, sino por convertirlas en parte nuestra y depender en gran medida de ellas. La transición la inicia el *homo habilis*, no tanto por confeccionar una herramienta, sino llevarla y suplir con ella carencias propias, dientes y garras. Si bien la dependencia no era continua, la necesidad de usarla en satisfacer una de sus necesidades vitales, empiezan a convertirla en una pieza inseparable, transformándola en algo parecido a extensiones anatómicas, sin ella podría sucumbir, era no una creencia en el cerebro del *habilis*, sino una certeza proporcionada por el objeto, la mente empieza a hacer una separación entre lo tangible propio y ajeno, un cuerpo inerte, pero si lo transforma y une a su mano, lleva tareas parecidas a ciertas partes de su anatomía, incluso semejantes a las de ciertos miembros de fieras que superan en fuerza, piensa, cree en algo superior dentro y fuera de él. La creencia de dependencia no es por la piedra como tal, sino la forma, no cualquier piedra, una en específico, donde además el *homo* tenía una influencia directa al elaborarla, y una vez hecha, el objeto por sus efectos producía en la mente del *habilis* una transformación más allá de la forma creando una idea específica, nueva de la materia, como tal, empieza a cobrar vida.

La paleontología muestra, por un millón de años el modelo del hacha no cambió, se hacía de manera mecánica, pero aun así era ya una especie de paradigma mental, pues se han encontrado en prácticamente todo África, germen con que el *homo herectus* sale del continente africano enfrenta nuevos entornos geográficos, debiendo hacer modificaciones sobre lo que el hábitat le ofrece, con ese patrón psíquico de ayuda de herramientas, que con el paso del tiempo le llevarán a la manipulación del fuego y elaboración de la lanza, elementos que ayudarán a concretizar su transición de recolector y carroñero a cazador, y con ello la mente del hombre quedará sellada para siempre sobre una dependencia de algo externo tangible, a la vez se está alejando.

No hay mucha diferencia entre creencia e hipótesis, al menos desde el Mundo Antiguo, cosa que quizá al hombre anterior nunca se le ocurrió plantearse. Ambos guardan elementos comunes, abstractos y concretos a *priori* con una posibilidad a *posteriori*; en la explicación de cada una hay causas y efectos, comparaciones y similitudes de elementos del mundo real, es decir, pueden tocarse y sólo percibir o sentir, intuir e imaginar. Con y gracias a ello, el hombre pudo unir el hacha de mano a un trozo de madera con algo (la unión de tres elementos para construir uno), con los que no únicamente acortaba distancias entre él y la presa (incluye una alteración del tiempo y espacio), también le permitía una barrera entre él y depredador. Pudo a la vez comprobar, elementos como el fuego guardan cualidades similares al sol, no únicamente dar luz y calor, sino se encuentra entre ellos, transforma, pero con sus condiciones propias ya que si se le transgrede puede ser fatal o extinguirse. El fuego, la lanza y otros elementos como las pieles cambian las nociones de causa - efecto que habían existido, digamos, de una manera directa por otra que va más allá fuera del alcance humano; basta que lo lance o produzca; causas y efectos poseen un origen propio, el hombre puede o no intervenir en ello. Forma y contenido adquieren también variantes, logran ser transmutables adquiriendo nueva determinación, pues una rama específica, un tipo de piedra atados con algo expreso se convierten en otro diferente; la piel del animal puesta sobre el hombre une y transforma; el fuego altera aún más la forma, aunque en cierta medida concretiza una idea de contenido y esencia. Lo sensorial y supra sensorial toman una especie de unión y empieza a haber un tipo de entendimiento entre la mente, donde al paso del tiempo preguntas y dudas se van "aclarando", creando algo parecido a relaciones paralelas entre hombres, animales, naturaleza y algo más allá donde todos están inmersos, adquiriendo nuevas formas y explicaciones, si no, para qué enterrar a los muertos, qué razón hay para plasmar pinturas en cuevas, todo eso y más poseen sentido en la mente, tan es así por ejemplo, sobran quienes argumentan que hace millones de años hubo un tipo de vida primitiva en Marte y Venus, que es cuestión de tiempo en comprobar puede haber existencia en al menos una de las lunas de Júpiter (Europa), y de igual manera hay seres inteligentes en mínimo uno de los billones de planetas de la galaxia, por no hablar del Universo, o se siga esperando una vida mejor después de la presente, entre tantos.

4. El idioma. El lenguaje usado por otros mamíferos, aunque tiene un alto grado de complejidad (quizá uno de ellos sea el de mamíferos marinos), nosotros tuvimos que llevarlo a un peldaño superior debido a la creencia- hipótesis, desarrollándose juntos, por ello lo referimos como pensamiento idiomático. Siendo el idioma un código convencional de sonidos usado en un grupo para relación entre ellos y entorno, es por lo tanto una herramienta complementaria o derivada de las interacciones profundas, invisibles donde las partes y el todo se mueven, desarrollan ya por la atracción y compaginación, por la codificación y relación sensorial, o por las interpretaciones que éstas dan al cerebro individual o colectivo, y lo audible aparece externamente en una abanico de expresiones básicas sonoras e intensidad, pudiendo expresar necesidades elementales como peligro, alegría, alerta, ataque; pero el sonido también puede aparecer de manera interna, es decir, hacia dentro de manera reprimida que si bien no se externa sonoramente, lo hace el individuo, la pasividad o alguna acción súbita irregular. Como en otras partes se ha expuesto, el lenguaje humano es un complemento de las verdades internas pudiendo aparecer de manera clara y precisa, o con tantos y múltiples disfraces capaces no sólo de convencer, incluso someter, y es no por haberse desarrollado a la par del pensamiento idiomático, sino por la usurpación de facultades surgida con la aparición del Estado y Valor de Cambio.

El lenguaje oral es al igual que en el resto de especies, el primero en desarrollarse, siendo ante todo, una primera manifestación de conocimiento acumulado trasmitido generacionalmente, encerrando en sí no sólo un nuevo acervo informativo, el cual se fue incrementando al paso que se iban agregando elementos a la vida, siempre variantes en la experiencia nómada, llevaba implícito teoría y práctica, donde el individuo en su vida trasladaba a una *praxis* donde palabras y acciones colocaban al hombre y mundo en situaciones, donde el acervo adquirido podía llevar siempre a nuevas inducciones, comparaciones y deducciones; relaciones tanto estables como variantes en niveles interno, colectivo y externo, con elementos más allá de lo percibidle, por ello el grado de complejidad de acervo informativo. El pensamiento racional se expresa entonces de forma oral, producto entre otros de la inteligencia innata de las especies, el cual debe ser lo más claro y preciso, además de ser parte de donde gira la existencia, siendo un tesoro hereditario cuyo precio oscila entre la vida y la muerte, por ende no puede ser enajenado o ultrajado, y aunque si bien al paso del tiempo va adquiriendo elementos plásticos, como grabar imágenes sobre troncos, piedras o cuevas, ellas no pueden ser llevadas en el archivo trasmisible, cuya efectividad nos fue llevando a escalar peldaños cada vez mayores, con las que ejecutamos nuestras primeras grandes hazañas artísticas e intelectuales, pero nuevamente, los regímenes de dominio humano transgredieron y convirtieron en parte, en algo diferente, llegando como otras cosas a un mayor deterioro hasta nuestro presente.

El conocimiento escrito formal surge con la aparición del Estado y Valor de Cambio tomando dos variantes. Primero como parte de la propiedad del régimen, habiendo sido el conocimiento previo sagrado, parte de la vida, el sistema se lo adjudica usándolo y relegándolo a quienes les sirven en la medida que al Estado convenga, es por ello, digamos el conocimiento escrito estuvo por milenios reservado para unos cuantos. Pero al ser un tesoro humano, desde un principio han habido no únicamente quienes lo han venido ocultando, sino desarrollando de manera secreta para que el régimen de dominio humano no lo siga mal usando como tantas veces lo ha hecho, siendo una de las razones por las que se ha escrito en códigos, símbolos conocidos y transmitidos por unos cuantos; por las que han sido muchos de ellos perseguidos y asesinados, y porque los Grandes Maestros de la Humanidad han trasmitido parte de esos tesoros oralmente a un puñado de hombres. Otra de las formas donde el pensamiento se encuentra y entabla un discurso más preciso, es por medio de las matemáticas, a la vez es un reflejo y proyección entre el interno con el externo, entre otros intenta de manera clara evadir o eliminar la ambivalencia llevada por las palabras, pues cada símbolo entre otros representa particularidad y universalidad, potencia y acción, y a la vez otra manifestación de la división del conocimiento, como el convencional y el oculto.

5. Teorías, sofismas, conceptos, juicios, etc. Todos estos elementos son materiales y partes con que se construye la totalidad del conocimiento, pero también se han venido ramificando, y quizá por ello, en algunas culturas se representan como árbol, cuyas raíces son el conocimiento natural, la inteligencia y conocimiento experimentado - hereditario; el tronco la intuición, imaginación e idioma; ramas y hojas los elementos de este apartado y restantes por exponer, pudiendo olvidar o ignorar; de cuyos frutos nos hemos alimentado desde los más dulces y nutritivos a los más amargos y destructivos. Cada una de estas partes en mayor o menor medida se nutre y guarda la sabia de la que es parte, pudiendo crecer y ser parte de la frondosidad del árbol, quedar escondidas o bien secarse, en la medida que se anclen a la sabiduría de la Naturaleza y dejen iluminar por la eterna luz.

6. Métodos y técnicas. Son las posibilidades que posee toda especie para desarrollarse y explotar sus circunstancias, y nosotros hemos ampliado y llevado a una escala sin precedentes, (proceso sistematizado de los elementos anteriores, la experiencia acumulativa, error y ensayo, a *priori* y *posteriori*, de la continua búsqueda que implica la misma estructura y naturaleza, cerebral y anatómica, con relación al entorno y percepción), por los cambios evolutivos psíquicos - anatómicos, auxiliados por elementos materiales, observación e imitación de otras especies y naturaleza. Si un chimpancé y nosotros en un tiempo nos valíamos de piedras y palos para defendernos, hoy simplemente usamos las más letales armas; si algunos monos capuchinos usan piedras como yunques y mazos para abrir nueces, nosotros el hacha de piedra y maquinas; las aves por si solas vuelan, nuestros aviones son imitaciones de ellas; o no hay mucha diferencia entre lo que hizo Herastófenes hace más de dos mil años para calcular el tamaño de la Tierra, a lo que podemos hacer hoy con satélites y computadoras, etc.

7. Teoría y práctica. Es la definición común de poner a prueba o demostrar cualquier planteamiento o hipótesis, cuyos resultados no son siempre materializados en laboratorios o demostración de

fenómenos. Es también y debería ser sobre todo para el género humano, la elección de alternativas, de elementos y medios que le permitan al individuo y grupo un desarrollo pleno integral, en y con el entorno natural por depender y ser parte, en el sentido justo equitativo, anteponiendo siempre el bienestar general sobre una minoría, por haber sido en ese medio donde evolucionamos, llegando a ser lo que somos, hasta la aparición del régimen de sometimiento humano. Es en esa teoría y práctica por la cual la selección natural ha venido, digamos, perfeccionando las especies, y nosotros ya sea hayamos olvidado hace unos cinco mil años, ignoramos o malinterpretamos como la "perfección" del Estado, Valor de Cambio y tecnológica, en cuyo intento como sabemos, no sólo hemos venido degradándonos, sino a otras especies y planeta, al grado de poder exterminarnos.

3. Individual – colectivo

Estos dos conceptos (individual-colectivo), al igual que otros bipolares, han servido en nuestro avance, pero también para justificación y para que muchos sustenten creencias y actitudes antagónicas y egoístas. Ambas son la unidad inseparable, la condición primordial para que todo exista, desde cualquier perspectiva donde nos ubiquemos, lo más macro o micro, un astro o el Todo, estrella o galaxia, una persona y la humanidad. Sólo mediante la unión de los cuatro elementos principales biológicos nació la materia prima de la vida; la unión de un hombre y una mujer no basta para la procreación de la especie; y hasta la luz necesita de la oscuridad para manifestarse. Sólo para recordar que, cualquier intento de separación de la parte o partes interrumpe o al menos altera la esencia de cualquier ser, cosa o grupo, y pasar a la parte concerniente.

Al ser cada hombre una individualidad compuesta de varios elementos, donde cada uno es parte de una pluralidad, y cada persona está conectada a cuatro principales entornos inmediatos.

a) Entorno físico: Una emanación directa de un planeta determinado en un lugar de galaxia y sistema planetario específico, por lo tanto, constituyen grados determinados de gravedad, temperatura y radiación.

b) Entorno natural: Es, antes que nada, como ser biológico, un hijo directo del planeta que lo ha visto nacer, evolucionar y del cual recibe un apoyo inmediato y continuo, cuyo sustento puede ser solamente alterable en cierta medida y periodos largos de tiempo, que le permitan hacer modificaciones bioanatómicas y psíquicas, ya que, si ocurre en periodos cortos, lo degradan o ponen en peligro.

c) Entorno biológico: Al igual que muchas especies, específicamente mamíferos, particularmente primates, su vida gira en torno a una triada reproductiva y desarrollo, cuya causa y fin de dicha unión es el proceso regenerativo de la vida.

d) Entorno social: Similar a otras agrupaciones, el humano encuentra en un grupo limitado de congéneres, los lazos de seguridad, ayuda, y complementos para desarrollo y plenitud, siendo el grupo núcleo y entorno de su especie. Estos cuatro elementos giran y dependen en torno a dos leyes inquebrantables.

1: La ley natural: Que es reflejo y producto de la universal, caracterizada en primera instancia, por la regeneración continua y armoniosa de las partes y el Todo.

2: ley humana: Es una unión de lo anterior que se fue conformando en los últimos siete o cinco millones de años, para en la medida de irnos definiendo, y de seguir transgrediéndola, como lo hemos estado haciendo en los aproximadamente últimos cinco mil años, nos coloca en amenaza de extinción.

Aunque las partes y el Todo es el uno indivisible, la vida en la tierra lo desarrolla de diversas maneras, en proporción a la dependencia y cualidades de los individuos, de cada especie. En algunos desde el nacimiento se enfrentan solos a la vida, como las tortugas, otros apuestan al número, caso de las hormigas, mientras en los mamíferos por los largos periodos de gestación y lactancia, crecimiento, filiación, reproducción y trabajo en conjunto, crea en el grupo una mayor dependencia, y si bien se encuentran excepciones, no es el caso nuestro, más aún siendo una de las más endebles. Así la fortaleza de nuestra especie descansa tanto en lo individual como colectivo, donde todos deben girar de acuerdo a la peculiaridad de cada cual, donde todos se complementan y realizan de manera plena en proporción al conocimiento mutuo, siendo condición de la entrega, sin ello se llega a la explotación y degeneración, como ha venido ocurriendo, pues el desconocimiento propio y de otros crea poderes y necesidades ficticias, donde sólo ellos pueden someter muchedumbres, por a mayor número de individuos, mayor el grado de enajenación o fuerza, y la persona va dejando de ser humano e irse convirtiendo en número, transformado en algo que únicamente pueda sujetarlo con las masas en una fuerza todopoderosa, rindiéndose y entregándose a las potestades creadas por él y semejantes, si él y ellos no se conocen, de ello se encarga y une, pues el régimen usurpando el sistema de dominio el lugar del todo, pareciéndose a la individualidad y totalidad.

A modo de resumen. Si nos reconocemos, o al menos poseemos una ligera intuición de nuestras características como especie, principalmente la Sabiduría, el Amor y la Voluntad, es entonces un deber empezar o regresar a ser regidos por la Tercera Ley, la de la Consciencia Plena, lo que nos acerca a la Ley Divina, lo cual incluye un mundo mejor para todos.

4. Sublime – Espiritual

Este es el mayor misterio humano. Nunca sabremos en qué momento de nuestra evolución se nos dio un alma superior a la de otras especies, quedando conectados de una forma más directa con el Espíritu Universal, o seguramente siempre lo hemos estado, y en eso consiste la razón de estar aquí, para descubrirlo. Aunque muchos lo nieguen, no se pretende discutir, aquí nos sustentamos en tres elementos irrefutables que todos poseemos, independientemente del grado de conocimiento y uso que le demos, los cuales no son sólo nuestra base, sino guía de exposición de este apartado, pero ante todo a lo que apelamos para llevar a cabo nuestra regeneración, y nos referimos a: La Sabiduría, El Amor y La Voluntad.

Al parecer, a simple vista nuestra conexión con esa parte sublime, fue en la medida que nos íbamos alejando de la naturaleza, del mundo animal, ya que los animales giran en torno a ella, ahí inician y terminan como partes y dependencia mutua, en una regeneración continua natural, y nosotros, al ir haciendo una dependencia de algo ajeno íbamos tejiendo ese enlace naturaleza - hombre - algo, que pudo haber quedado ahí, más animal que hombre, pero el *homo herectus* nos dio la transición decisiva, sobre todo por dos pasos al llevarnos del lado dependiente de lo que la naturaleza podría ofrecernos, al independiente por ser allí lo que pudimos conseguir (cazadores), y el uso del fuego (la luz). Dos fuerzas transcendentales, representando una mayor garantía de sustento material y un elemento tan palpable como misterioso, también aliado. Es una independencia más clara que además coloca como manipuladores dentro y fuera de la naturaleza, y pone en otro lado en una especie de competencia con algunas partes de la biósfera, aliada con otras de ella, en un centro y dos extremos, cuyo equilibrio se localiza precisamente ahí, un enlace y dependencia mutua, ya no hay marcha atrás al reino animal, ahora se ubica en una transición que radica fuera de sus fuerzas y medios propios, una luz que "viene del cielo", y puede ser, en su propia mente reproducida en la tierra, llevándonos a otro peldaño: Naturaleza - Hombre - Ello.

Como nuestro lenguaje se iba desarrollando, a medida que el nomadismo nos iba poniendo en un mundo lleno de variedad de hábitats y en esa relación cada vez más supra sensorial, las palabras eran ese medio con el que intentábamos plasmar el entorno natural y ya como parte de ella, a la vez escapada, siendo los sonidos constructores de un puente de unión entre ambas partes, por ser una expresión interna de cada individuo, que enlazaba en grupo y esa colectividad de fuerza de cohesión y dependiente, siendo las palabras un convencionalismo que por sí solo, en sonido determinado bastaba para enlazar al hombre con la vitalidad externa que iba también adquiriendo su definición sonora. Así, como desde el murmullo del viento, el susurro del río al estruendo del relámpago, el rugir de la tormenta o bramido del mar poseen su significado, cada elemento o animal de la naturaleza lo tiene, por ende, en la lógica del hombre las herramientas y elementos de que depende también, y esa noción lo lleva a otra fuerza de él, de la que siempre había dependido en una especie de consciencia, al darse cuenta que se encuentra y es parte de ellos, aunque sólo los escuche y sienta como el viento; tome una parte de ello, esa fuente inagotable, el agua; perciba, sienta y únicamente parcialmente se le permita ver, el sol; y así con palabras el ser humano intenta comprender el mensaje de la creación por medio de ellas, elevándose más allá de la tierra.

Pero las palabras son solamente eso, elementos fugaces e imprecisos, mientras las manifestaciones de la vida son claras y llenas de sensaciones, expresadas entre otros en formas, colores y movimientos, así el canto y la danza empiezan a ser expresiones más tangibles de unión, donde el diálogo ambiguo de vocablos es superado por algo vívido, cantos y movimientos son manifestaciones de la sinfonía universal, y el hombre lo ejecuta no en torno a la ambigüedad, sino a un elemento real, característico de la vida como lo es el fuego, que representa el sol, baja por la mano del hombre a la tierra, y al igual que los planetas ejecutan su vals alrededor de él, el Sistema Solar en torno a la galaxia o los electrones al núcleo del átomo, el hombre se une a la coreografía universal, siendo así un idioma más directo con la Creación. Ya que la naturaleza no improvisa, en dichas expresiones el hombre tampoco, al ser cantos y danzas producidos y encausados con un enlace supremo, va encontrando lugares, tiempos y modos expresivos, siendo así un medio armonioso de las manifestaciones que la vida marca en sus procesos siempre regenerativos, desde la renovación continua de células, el día y la noche, estaciones o etapas de la vida, entrando de esta manera, o digamos, abriéndose al hombre algunos de los secretos de la vida, empezando ese recorrido que inicia a mostrarle un camino más trascendental, del aquí y ahora, ya que las partes del proceso le dejan ver el transcurso mismo, el cual es parte del ciclo infinito, el eterno retorno.

Aunque canto y danza trascienden la fugacidad simple de la palabra hablada, no dejan de ser esporádicas, mientras la vida es un palpitar continuo. El hombre empieza entonces a hacer suyos elementos de expresiones constantes, en un intento de comunión permanente que ha iniciado ya a percibir, y por supuesto, el mejor medio que encuentra para experimentarlo y plasmarlo es su cuerpo. Todo aquello que simbolice ese enlace, ya sea se lo coloque, inserte o plasme, son ya herramientas inalienables que convierten en parte directa con esa fuerza manifestada de tantas formas, haciéndolo ver poseedor y en ocasiones equiparable a ellas, a la vez implica una especie de descendencia, siendo ya las adquiera o adjudique, es producto de ello, pues la procedencia implica en sí un objetivo, a donde ir fuera de lo terrenal. Como el hombre, el cuerpo es ya un ser que forma parte del mundo natural, con objetivos más o menos trascendentales en sí mismo y relación con lo que rodea, los efectos se trasladan a otros ámbitos de la vida que tienen que ver con esa parte vital, la caza, cuya trascendencia representativa de ciclos se proyecta en el arte rupestre, donde esa teoría y práctica psíquica y "espiritual" ha venido llevándose por milenios, y expresa entre otros un fuerte enlace donde el hombre ha venido desarrollándose entre la vida pasajera, de este mundo y otros, nuevamente, que sin dicha conexión no estaríamos aquí.

De esta manera, el arte surge como nuestro primer enlace con algo sublime y separa de la materialidad simplista, no de la naturaleza, por el contrario, es también herramienta que ayuda a ser copartícipes de ella en una manera más profunda, pues empieza a revelarnos secretos que son también nuestros, a la vez es medio de plasmar una mayor claridad de un cuadro vivo, cuyo marco no tiene límite, con nosotros ahí, sólo que hemos dejado de ser actores pasivos para convertirnos también en activos, empezando a percibir pinceladas y trazos de un brazo todopoderoso, que sirven de inspiración e imitamos. Por ello, la creación y la vida no son solamente algo más allá de fuente de inspiración, es una búsqueda de satisfacción plena, tanto de la necesidad biológica como la otra indescifrable, percibida ligeramente dentro y fuera de mente y cuerpo, de manera sutil sentimos y advertimos en formas, colores, sonidos, aromas, pero los sentidos no pueden definirlo, se encuentra en todas partes, todo lo llena y cubre, y es esa otra razón de la imposibilidad de conocerlo en su totalidad. Por ello, el canto y la danza es un medio de parcial unión con ello, por ser una de sus manifestaciones, de lo micro a lo macro, las partes y el todo, y las artes plásticas es un intento de unión más concreta. Otras especies cantan, bailan y usan atuendos para atraer y conquistar pareja, cuyo fin es la reproducción, la regeneración de la vida terrenal, ahí inicia y termina, mientras nosotros sin aparatarnos de esa necesidad buscamos también una vida trascendental, y al hacerlo nos transforma y eleva, y es esa la razón irrefutable por la que dejamos de ser animales para convertirnos en hombres. Es necesario recordar, ejemplificar, que no hemos cambiado por lo menos en los últimos cien mil años, sin ser un observador agudo, es sencillo apreciar refinamiento y profundidad de cantos, danzas, adornos y atuendos de pueblos "primitivos", con la tosquedad de muchos atuendos, bailes y algunos movimientos plásticos "modernos", pero sobre todo, los primeros no han perdido su esencia sublime, mientras el hombre "contemporáneo" y sus expresiones, son una simple presa de la comercialización del consumismo, las modas: de la superficialidad.

Pero lenguaje y expresiones artísticas son sólo manifestaciones, intentos por exteriorizar algo de lo sublime, cuya pureza indescifrable es experimentada sutilmente porque nos vemos y sentimos diferentes, en una conciencia que nos hace mirar arriba, al cielo como en una búsqueda o cuestionamiento, y sencillamente no escuchamos palabra alguna, y el silencio contemplativo es la mejor respuesta, no puede serlo de otra manera, de lo inefable, infinito y eterno, pues tanto el hombre de hace cien mil años como del presente, únicamente requiere de un momento de soledad y paz, para mirar hacia sí mismo e intentar saber quién es, y si no es suficiente, el mirar arriba es lo que automáticamente hace verse a sí mismo desde una perspectiva más elevada. Cuando se observa otros animales, rara vez levantan la vista al firmamento, excepto pocos buscando hojas o frutos, nosotros, los únicos por la simple razón de llevarlo a cabo, el pensamiento nos ha elevado para dejar de vernos solamente desde un plano horizontal, y el simple efecto de elevar la mente nos trae de nuevo a la tierra, por lo que nuestra ubicación geográfica – temporal adquiere por lo menos una dimensión más elevada, porque si la cabeza de ellos se encuentra comúnmente hacia el suelo, incluso la de muchas aves, pues ahí se encuentra el alimento o en un plano horizontal, ya que a esa altura se localiza lo que requieren o necesitan ver, su pensamiento y lo que a ello pueda llevar o conectar permanece en ese plano, terrestre, y el hecho de en el pasado hayamos tenido que mirar al "interior" de una piedra tallada por nosotros mismos, indagar el poder interno y externo del fuego, buscar y comer lo que pudiéramos ayudado de algunos medios naturales, nos fue llevando a una búsqueda cada vez mas allá de lo terrenal, y siendo que la respuesta encontrada pueda ubicarse en la subjetividad o lo racional, definitivamente nos puso en un nivel superior al de los animales, convirtiéndonos en seres humanos.

Los sentidos jugaron su parte en la transición. Si bien lo sublime es una sensación que los trasciende no únicamente en la conexión interna - externa, como una conciencia participe de un "Todo" percibidle y no. Oído y olfato poseen características similares en ese tenor, ya que pueden percibir olores y sonidos, pero desconocer en ocasiones su procedencia, y aunque en los últimos tiempos hemos avanzado en ello, no lo fue en el tiempo cuando nos constituíamos. La vista ofrece un panorama de mayor amplitud, pudiéndonos lanzar a los confines del horizonte, la inmensidad del cielo estrellado, o al interior de una flama, los ojos de un semejante; siendo ese el límite, pero lo trasciende, o al menos intenta, y fue eso lo que iba dando una "forma" a ese sentir sobrehumano que trataba de exteriorizar en palabras y expresiones artísticas.

Sin embargo, esa Fuerza Creadora Omnipotente, aunque también "destructiva", debía experimentarse de manera más concreta, sin conformarse con sensaciones elevadas como luz y calor del sol, el viento, pudiendo encontrarlo sólo en las formas de la vida: agua y alimento. A diferencia de otras especies cuya dieta descansa en algo específico, otras en una variedad pequeña, limitada, a nosotros por haber pasado de consumidores de fruta a lo que encontráramos y carroñeros, pero más aún cazadores y productores, motivó la noción de una fuente de vida fecunda y múltiple, y esa idea simple de poder encontrar algo de que alimentarnos, nuevo o diverso, tendría que ver con la búsqueda de esa fuente de vida, digamos, en continuo movimiento, lo cual se iba llevando en cierta manera a medida que poblábamos el planeta, y dicha información no se ha borrado de nuestros genes, pues algunos piensan encontrarla en otros mundos, y si la indagación de vida tanto en el pasado como presente es de algo que está más allá de la inmediatez, sin forma determinada, entonces su origen también lo es.

Esa percepción sutil que despertó esa ligera intuición, motivar una pesquisa e intento de descifrar en sonidos o como pudiera, los sentidos no podían abarcar ni penetrar, despertaron la noción de algo infinito. Al enfocar los ojos para percibir un horizonte inmenso, colocaba al hombre en posición de espectador, es decir, participe, que despierta aunque toscamente la primera idea de una conciencia, ya mencionada, que iría llevando a observar el movimiento de ciclos o procesos (día - noche, vida - muerte; estaciones), y algo que permanece estable, no únicamente las experiencias terrestres, también las del cielo que por generaciones veía inalterables, como las constelaciones, la cual junto a la facultad genética reproductiva - regenerativo, llevan al primer acercamiento intuitivo de algo activo en todo y pasivo en sí mismo, es decir, crea pero no puede ser creado, si lo abarca y está en todo no puede estar fuera de Él, y al paso que íbamos desarrollando inteligencia y acumulando conocimientos, que en lo profundo es producto de esa misma fuerza, y ya sea que el hombre antiguo por tiempos y circunstancias poseía mayor sensibilidad a las manifestaciones de la creación, era más contemplativo y reflexivo, fue construyendo ese acercamiento experimental en su vida, pero también postuló de manera oral, encontrándolo desde hace milenios en palabras de Hermes, Khrisna, Lao Tzu y Aristóteles, por ejemplo.

La frase, *no sólo de pan vive el hombre*, bien puede consternar, invita a una profunda reflexión o encontrar una larga lista de necesidades humanas, que muchos pueden colocar al lado para respondérsela. ¿El pensamiento racional lo desarrollamos con base y fin para las necesidades biológicas? La única necesidad material de cualquier especie es el alimento, recordando, es ofrecido por la naturaleza, lo que llevaría a poder concluir por un lado, por otro escuchar como la peor blasfemia contra el género humano, que todo lo demás desde lo que llevamos puesto hasta lo más sofisticado que hemos creado es superfluo, aunque se debe reconocer que tanto el abrigo, el fuego y herramientas de supervivencia ayudaron en la evolución trayéndonos al presente, pero con todo ello las necesidades materiales quedarían reducidas a mínimas. Relacionado a ello, algunos han expresado que en el Mundo Antiguo no se pudieron lograr tantos avances tecnológicos, porque el esclavismo se presentó como solución a problemas de productividad y construcción, a pesar de seguir admirando sus hazañas y hoy difícilmente podríamos igualar algunas de ellas. El pensamiento racional se explica y aclara, como el perfeccionamiento evolutivo del conocimiento natural, inteligencia y conocimiento experimental – hereditario, que junto a la intuición e imaginación fuimos llevando a esferas más elevadas, movidas y encausadas por las necesidades de vida, biológica, dependiendo de ella; expresiones artísticas como canto, danza y atuendos son productos derivados de otras especies para la reproducción, por ende, reproducción de la misma. Es cierto, la constitución de creencias es fenómeno que con el tiempo se convirtieron en dioses, fuerzas supremas que moldean la vida trascendental, son derivaciones de lo mismo, por tener que ver con el estrago cotidiano, vivir o sobrevivir, vida natural. También es verdadero. Intentemos ver si lo que llamamos Espíritu Humano, es producto de lo denominado inteligencia superior del hombre.

La respuesta en ningún modo es novedosa, habiendo sido expuesta anteriormente de diversas maneras, entre otros Kant. Al ser producto de la inteligencia de la vida, es herramienta para la misma, y no explicación o conocimiento más allá de ello. Si la vida terrestre es una manifestación, una parte de la creación, es por ende finito, y como tal lo es cada creatura con sus características, como el conocimiento científico. El raciocinio requiere como primicia un conocimiento de sí mismo (epistemológico), luego objeto de estudio y de ahí las herramientas para estudiarlo (conceptos, categorías, etc.); y si del "objeto" que pretende conocer sólo posee una ligera intuición, ciertas atribuciones dadas por el mismo hombre, su conocimiento será tanto parcial como erróneo. La vieja pregunta "¿Qué fue primero: el huevo o la gallina?" Traducida ¿Qué fue primero: la fuerza creativa del hombre o él? La respuesta es obvia, pero ante todo, previo al hombre fueron otras especies, el mundo y esa fuerza infinita y eterna Creadora de todo. La razón es entonces una herramienta para la existencia terrenal, no para la plenitud humana, ni la vida misma, ella ha existido y continuará con o sin nosotros; y la razón por sí misma satisface pocas cosas, entre otros un enlace neurológico, que además es producto del cerebro primitivo, de la vida; es seco o árido, ya muchos lo han tenido y elevado, pero a cambio de una vida infeliz, pudiendo incluso hallarlo en calles, aulas y laboratorios, muchos de ellos envueltos en una grosera envoltura llamada intelectualidad, mofándose y criticando todo aquello que no pase por "el foro de la razón", el laboratorio, donde precisamente todo conocimiento debe, debería ser pesado en la proporción que beneficie la integridad de mayoría de toda sociedad, incluyendo quien la predica. Pero el pensamiento científico es también producto de lo sublime, y al serlo es a la vez medio de acercamiento, conocimiento de Ello, cuando se deja llevar, en cambio, como tantas veces ha ocurrido, cuando es encausado a la simple satisfacción material o vanidad, solamente da como resultado el fantochismo y/o la estupidez, pero si se enfoca a la vida misma (es la parte que aquí concierne y veremos), y lo que en esencia implica, da como resultado la sabiduría.

La vida biológica en sí se entiende, pero no se explica; pude vivirse en todas sus potencialidades, pero no encontrar una experimentación más allá de lo simple, salvo las que marca la evolución. Por ello, si no hubiésemos traspasado esas barreras, nuestras almas se hubieran quedado en el reino animal; y aunque el espíritu humano es un don más que un hallazgo en ese periodo evolutivo, nuestras capacidades por si solas siempre han sido insuficientes para encontrar, explicar y vivir la plenitud, que trascienda la experiencia biológica, pues como cualquier don u órgano, de no usarse se estropea y es lo que sucede cuando la anclamos a la pura experiencia terrenal. Así, al poseer todos en mayor o menor medida una porción de lo sublime, es sólo ello, un llamado, dependiendo de nuestra voluntad conocerlo. Si bien el arte es una manera de experimentarlo, la razón es de acercamiento, al menos contemplativo. Esa sensación de percibirlo en todas partes, pero no verlo ni oírlo intuyen la omnipotencia, y la mente intenta bosquejos, trazos dando solamente pinceladas aisladas por ser infinito y eterno, lo trazos quedan únicamente como ideas, líneas mentales elevadas al cielo y todo lo que rodea, al no encontrar definición alguna, permanecen en una compatibilidad entre mente y creación, y esa pequeña reflexión del todo en la razón crea la idea pura (recordemos a Platón), aunque careciendo de conceptos claros, nos queda solamente construir atributos, siendo precisamente éstos los frutos más directos, al vernos como reflejos de Él, como el amor, uno que pueda hacer el milagro de la vida. Pero la mente, al ser parte de la inteligencia natural, experimental, busca una satisfacción más allá de la idea pura, y al hallar en la creación únicamente manifestaciones, la mejor manera de experimentarla es ella misma, no como racionamiento puro, pues el mismo raciocinio sabe que posee solamente percepciones, por lo cual las manifestaciones puras y pensamientos de misma índole, son volcados hacía sí mismo dando inicio el descubrimiento de los componentes esenciales, del hombre mismo, dentro y más allá del cuerpo, incluyendo la misma inteligencia que se va convirtiendo a medida que se va profundizando en la mejor teoría - práctica y analogía de ser con el Todo, conllevando a mayor claridad de percepciones y proyecciones de lo propio con la creación, relación con lo sublime – trascendental, y tanto conocimiento como experiencia adquieren la categoría de verdad irrefutable, vívida. Por lo tanto, esa creencia - hipótesis intuida, va materializándose en la persona misma, en un cuerpo que, si bien por fuera es el mismo, los frutos dan testimonio de un ser cuya plenitud es en proporción al conocimiento (que implícitamente es de él mismo) – experiencia de él con lo sublime. Así, el pensamiento racional encuentra no sólo la mejor respuesta en la experiencia de lo que es parte, sino que al profundizar en la constitución de lo participe, ofrece la mejor respuesta de lo que son semejantes y creación, al ser irrefutable, va quedando patente al demostrar que ha dejado de ser un simple efecto del Cosmos, para convertirse en causa de sí mismo y lo que rodea, en agente creativo, transformativo de una vida simple.

Suficiente con esto. Después de todo, el Espíritu Universal Creador, no requiere de ningún argumento humano para glorificarse a sí mismo. Por otra parte, nuestra inteligencia solamente tiene sentido en la medida que sea encausada al bienestar de nuestro planeta y todo cuanto lo habite.

La vida cotidiana del hombre promedio, transcurre a través de una ambivalencia o debate entre la parte animal y sublime, donde las fuerzas invisibles creadas por él convierten la vida en pesada carga, y cuando se observa algunos con una apariencia de seguridad inquebrantable, tal es el caso de los prototipos exitosos sociales, porque se encuentran sustentados en lo material, conseguido o arrebatado, dicha seguridad es más ilusoria que real, bastando con que se vacíe la cartera o los ojos volteen al lado opuesto de ellos, para que surja su verdadera esencia. Este ejemplo común, equiparado al de pocos hombres cuya seguridad radica en sí mismos, mostrando una personalidad sólida ante las circunstancias, es muestra clara de cómo el Espíritu sublime pude elevarnos de una vida mezquina, a un nivel evolutivo digno por ese don, y podamos ver un mundo justo, habitado en lugar de una minoría que explota y somete las masas por la mentira psíquica – material, a otro donde la mayoría viva en la libertad, que sólo puede lograrse con la verdad.

Para conseguirlo necesitamos hacer uso de los tres dones que en esencia definen y distinguen de otras especies. 1) Sabiduría: Es más allá de la manifestación y explotación de la suma de inteligencia y pensamiento racional de la vida y por ella misma, sino de todo aquello que se pueda percibir y descifrar para plenitud de nuestra especie y lo que rodea. 2) Amor: No tiene que ver con el erotismo sexual, placeres, ni aun con el sentimentalismo promovido por la cultura de masas. 3) Voluntad: Que comúnmente sucumbe ante la fuerza animal, manifestada comúnmente en vicios y pasiones, siendo uno de ellos del que comúnmente el régimen obtiene grandes ganancias, las corrupciones sexuales. Los demonios existen, se llaman trampas psíquicas, fueron creados por nosotros y aunque habitan en la cabeza pueden desplazarse al entorno, teniendo mucho que ver en la construcción del mundo que nos gobierna, y aunque son siete las principales potestades (pueden relacionarse con los siete pecados capitales, pero esa idea nos pone como víctimas, ubicándonos como seres que debemos purgar una condena en este mundo, por ende, a justificar el gobierno terrenal), descansan sobre un poder trinitario, confundidos en uno a la vez, y esa trinidad terrenal se llama: Estado, Valor de Cambio (dinero) y todo el sistema ideológico que sustente y se sirva cualquier institución o régimen para el sometimiento y explotación de humanos, donde pueden incluirse las partes de las religiones institucionalizadas como ciertos dogmas, y jerarquías encausadas a la acumulación material, con una doctrina de consuelo para las masas. Pero se debe recalcar, nunca se intenta atentar contra los de "manos limpias y corazón puro" que ahí laboren o sigan, menos aún los considerados fundadores, porque las tradiciones así consideran. Pero esas potestades subjetivas invisibles, tienen su eficacia porque conocen mejor que la mayoría de mortales, de lo que estamos hechos, por ende necesidades, sabiendo manipular la inteligencia humana, de hecho son más brillantes que muchos, usando por lo regular lo que nos constituyó por millones de años: los instintos; o dicho de otra manera, la "inteligencia" de ellos gobierna la inteligencia de las masas, o los instintos, y sus creencias constituidas someten la inteligencia de las mayorías. Bien, pasemos lista a esos lugartenientes de que se sirve el poder terrenal, de mayor a menor jerarquía.

El primero es el prostituidor del alimento. Lo es por ser la necesidad básica de todo ser vivo y de donde se derivan las demás. Esta vil transgresión, no es otra cosa, sino la más baja violación al derecho de vida de otro ser, y no precisamente el arrebatarle el pan al semejante, sino la decisión arbitraria entre naturaleza y el hombre de quiénes, qué y cuánto deben comer; cuantos viven y cuantos mueren, cuyo veredicto se lo atribuye bajo las máscaras de propiedad privada, división del trabajo, enajenación del hombre y todo cuanto hay sobre la tierra, el dinero, entre otros; y desde los comienzos del Estado de encarnó como notario de las cosas divinas, es decir, productor de la creación, siendo la única especie que lo lleva a cabo, y entre los medios más sofisticados del mundo moderno se encuentra la especulación de granos en los mercados bursátiles, donde el lucro del hambre es inmenso negocio de seres sin escrúpulos. El hambre en ningún momento de la evolución de nuestro planeta ha sido un delito o pecado (pero esta idea, entre otros, nos coloca como seres que deben purgar una condena terrenal, y con ello, la justificación del crimen, del régimen), sino principal motor evolutivo, y las crisis más agudas han sido precisamente las de variaciones y perfeccionamiento, o siendo lo mismo, que gracias a ese aliciente nuestros ancestros trajeron al presente, entre las causas han sido producidos por los cambios geológicos, nunca porque a un ser se le ocurrió lucrar con la vida de otro, siendo esa la más grande vergüenza de nuestra especie, al ser la única que desde hace milenios ha podido producir más de lo que necesita, paradójicamente muchos mueren de hambre. El gran poder de este ente radica en su sutileza metafísica, carente de determinación específica, que por otra parte adquiere la envoltura de justo y sagrado, por las mismas leyes y dádivas, así como la continua promesa y manifestación tácita, pues podemos verlo, tocarlo, aunque no siempre adquirirlo, y porque a dicha potestad tampoco le conviene las extinciones masivas (no siempre, lo ha llevado a cabo muchas veces), ya que se sirve del hombre vivo, habiendo encontrado los medios para que las masas sobrevivan con lo más mínimo. Por otra parte, este jinete del apocalipsis ha cabalgado con la espada llamada equidad, progreso, democracia, tierra prometida, socialismo o comunismo, hablándole al hombre de un lugar o mundo donde todos serán iguales y no habrá hambre; aunque muchas veces le ha puesto otro de mayor crueldad, pero no menos atractivo, ya que millones han caído en aras de las conquistas y expansiones. Pero el hambre se manifiesta como una necesidad a satisfacer, parte del instinto de supervivencia, que, al moverse en un rango de tiempo y medios propios de cada individuo o especie para obtenerlo, desde hace cientos de millones de años, y es en esa parte donde el ente se manifiesta o encarna, usurpando no únicamente toda facultad humana, sino pretender ser la misma naturaleza, productora, creadora de vida.

Segundo, el comercializador del placer, particularmente el cuerpo humano, específicamente el sexo. Siendo nuestro cuerpo obra maestra de la Naturaleza, su maravillosa complejidad y eficacia, particularidad estética y características como el placer sexual, cuyo privilegio que a diferencia del resto de especies, somos casi la única de poder disfrutarlo con la mayor frecuencia, prerrogativa otorgada cuyo fin es el fortalecimiento conyugal en la entrega y conocimiento mutuo, aunque sabemos que tan elevado grado de placer, es el principal incentivo para que los individuos desplieguen todas sus potencialidades, cuyo máximo y más excelso fin es la reproducción, la vida. Al tener que usar el individuo todas sus capacidades para alcanzar tan elevados privilegios, cualquier engaño o alteración implica la prostitución, devaluación y degenere de todo lo que lo involucra. Proporción, simetría, fuerza y tamaño son algunos de las características de belleza corporal, siendo traducciones de salud, fertilidad, buenos genes y todo lo demás que se requiera para la garantía reproductora, suministro de medios y cuidado de la familia. Cuando se dice que la prostitución es el oficio más antiguo, surgió precisamente por ese medio de sobrevivencia, pues Estado y Valor de Cambio se distinguen sobre todo por la usurpación de facultades del hombre, el engaño, pero nunca la explotación del hombre había gozado del nivel actual por la diversidad de medios que posee para hacerlo. No extrañe que después del alimento, el sexo sea el condimento principal publicitario, pero lo más grave es que el placer en su apariencia externa sea comercializado bajo el emblema del amor, pues siendo el amor la experiencia, actitud ante la vida más bella que poseemos como humanos, sea también pisoteada y manipulada por el régimen, lo cual explica en parte, lo infeliz de tantos individuos.

Tercero es la superficialidad del ego, esa necesidad que los demás sepan que existo. Es la transgresión de conciencia individual, el robo de identidad plena como ser personal que para serlo requiere de una proyección y reflexión de congéneres, donde todos muestran y desarrollan sus facultades a medida de su crecimiento, por medio de ello el hombre no sólo se conoce, sino encuentra el lugar correspondiente en la colectividad o la manifestación de las partes y el todo, el proceso de vida. El éxito de la consolidación del Estado radicó ahí, en la fragmentación del hombre tanto individual como colectivamente, y una vez logrado nos ha tenido sometidos. Claro, a cambio de ello el régimen ha otorgado diversas identidades que en ningún momento han parecido anormales, al contrario, la más redituable es la de "civilización", y el hombre simplemente se somete o resigna; si ocurre la resignación es solamente esperando el cambio de roles, y sin lugar a dudas la de mayor éxito en la historia ha sido la de ciudadano, sobre todo por la máscara de igualdad, sorprendiendo como masas de millones se desbordan y entregan al son o manifestación de cualquier expresión nacionalista; pero también los de "pueblo elegido", humanidad redimida por la "verdadera fe", "los verdaderos fieles", etc. Pero el "secreto" radica precisamente ahí, ya que si el individuo se encuentra sumergido en un mar de desconocidos, eso no importa, tanto él como resto son números de esa cifra que el Estado o "su dios" sí conoce; en un mundo de incógnitos hay un único conocido y conocedor de todos, cada uno lleva el apellido de "hijo de la patria", dispuestos a cualquier sacrificio, no solamente al que atente contra el ello, sino de aniquilar a sus propios familiares y seres queridos; preguntémosle a las guerras civiles y religiosas.

En el cuarto lugar está la manipulación de la compasión. En el reino animal observamos alegría y dolor, compañerismo y lealtad, incluso ciertas muestras de compasión y duelo, pero todo ello permanece en un campo limitado, nunca como fines o medios sino partes del fortalecimiento grupal. En nosotros la compasión aparece como elemento sublime, de ayuda, lucha y entrega por un semejante, grupo o un valor noble, altamente estimable, pudiendo llevar a los más altos actos de heroísmo y sacrificio sin esperar recompensa alguna. Un aliciente escondido, es que las ideas impuestas de placer y dolor, riqueza o pobreza pierden todo significado ya que metas y medios borra o aniquila. La compasión es el encuentro más pleno de esa búsqueda sublime, parte del Espíritu Universal que da todo sin pedir nada, no requiere algo de nosotros, es el inicio del verdadero sentido de vida y plenitud. Este don es el que más resistencia puede encontrar ese demonio, pero también la trampa psíquica ha desarrollado astucias. Entre los medios que se vale podemos mencionar cuatro. Uno es la distracción individual o masas, que desde Roma ha venido incrementándose y nunca había tenido el alcance y diversidad de los tiempos modernos. Segundo la apatía, sea bajo el pretexto de la carga cotidiana, el poco o mucho tiempo que sobra lo dedicamos a lo personal, o porque la misma corrupción social nos deja ver seres de apariencia miserable o necesidades que producen asco, desconfianza o miedo, por ende, que cada quien se preocupe por sí mismo. Tercero el maquillaje, y aquí son tan variadas y diversas que actúa el Estado o sociedad, contra el mundo o nosotros mismos, siendo la mejor palabra la hipocresía, demostrada por la actitud dadivosa del Estado, "ayudas desinteresadas" de gobiernos, compañías o bancos a desastres o necesidades sociales, limosnas de religiosos o creyentes para comprar almas o el cielo, o simplemente ponernos cualquier ropaje de víctima o sufrimiento para conseguir algo. Cuarto, es el disfraz antagónico de grupos, y éste, al igual que el anterior es complejo y variado, pero se presenta comúnmente desde individuos o grupos en un salón de clases, pandillas, clubs deportivos, partidos políticos, países, grupos étnicos, religiosos, ideológicos, etc., donde la única consigna es el anatema, siendo la expresión más errónea de competidor y la que nos lleva, ha llevado, a cometer los actos más brutales y vergonzosos.

En el quinto lugar tenemos uno de doble faceta, la mentira y transgresor de la verdad. Mientras la mentira tiene un origen vil, más temprano que tarde sale a relucir, el otro posee diversas formas y contenidos pudiendo incluso presentarse bajo una apariencia noble, seduce y convence, llegando a quedar inscrita en mentes, corazones y documentos bajo emblemas de justicia, inclusive usando el nombre de Dios. Al tener el hombre necesidad de exteriorizar sus necesidades y para conseguirlas se enfrenta a un mundo dominado por poderes psíquicos y necesidades ficticias, debe usar los mismos medios, considerados comunes y justos; y explica porque desde tiempos remotos empezamos a considerar las fuerzas de la naturaleza en básicamente dos categorías: buenas y malas, de allí, hayamos venido construyendo criterios de evaluación y definición, ante un mundo cada vez más complejo, y por más que intentemos, regularmente terminamos en tres simples definiciones: bueno, malo y equitativo, ya por convicciones propias, ya ayudados por la cultura y leyes.

El sexto es el acusador. Puede señalar todos nuestros defectos y con ello convertirnos en los más miserables, indignos incluso de la vida, o bien apuntalar virtudes y logros, para elevarnos a las más altas esferas de la soberbia, creernos superiores al resto de mortales y sin necesidad de nadie. Esta distorsión, aunque comúnmente se sustenta en la acumulación material y reconocimientos impuestos por el sistema, se apoya en la lógica, pues ésta se coloca en cualquier posición ya para sustentar, refutar, debatir; claro, previamente con un objetivo, sea defender algo, alguien o uno mismo, o atacar. Puede incluso cambiar sutil y rápidamente de posición, colocarse en medio sin ser percibido, llegar a treguas y otorgar indulgencias. Por apoyarse en esa parte, se presenta como buscador de la verdad o la justicia, y sus veredictos pueden causar severos traumas o complejos graves.

Al séptimo llameémosle el distractor. Al habérsenos otorgado un alma superior, nos encontramos conscientes o no, conectados a algo elevado, y es esa conexión la que continuamente o momentos más difíciles nos levanta, percibiendo al menos una ligera luz. Por ello esta ilusión psíquica adquiere múltiples características, pudiendo ser desde la que llamamos prioridades de la vida, como el trabajo; la mejor disposición del tiempo libre donde abundan opciones, vicios; el cansancio privándonos cualquier energía o disposición. La distracción no es únicamente la vida misma, sino la vitalidad de componentes iniciando con la persona, congéneres, incluso labores que bajo el nombre de la ciencia o labores sociales absorben al individuo en una totalidad que apenas tiene tiempo para necesidades básicas, llegando incluso a convertirse en instrumento de la sociedad o quienes rodean; vive y entrega a todo y todos excepto él mismo. También puede convertirse en idea elevada, un paraíso terrenal, volcando esa fuerza a idolatría de algo o alguien; o simplemente plantarlo con los pies tan firmes en la tierra, donde tiene múltiples opciones de convertirse, ofreciéndole incluso la decisión de tener una o varias o irlas alternando a lo largo de la vida, siendo lo más común, pues es lo que menos esfuerzo requiere, y formar parte de las masas, simples ciudadanos de este mundo, de cualquier país.

Estas trampas psíquicas, a simple vista parecerían posiblemente para algunos, solucionarse por diversos medios de la ciencia como medicina o psicología, y aunque esta última ayuda, causas y orígenes se incrementan y fortalecen, pero sobre todo recordar que las prioridades científicas son y han sido otras, pues desde la Revolución Industrial ha servido a la ganancia económica y reconocimiento social, aunque y sobre todo, hay campos del alma humana donde es imposible por medio de la ciencia, ir más allá de algún sondeo, catalogar o describir fenómenos. Otra línea a seguir, podría pensarse, ser encontrada en la religión, pero una de sus características es la segregación, entre otros por adjudicación de la verdad divina de cada una, y en la historia abundan los errores y guerras en el nombre de Dios. Es una labor ardua, llevada a cabo en pequeños grupos, pero sobre todo individualmente. Veamos entonces como podemos liberarnos (en la medida que queramos), o al menos aminorar, la vida de cada uno, de la sociedad.

Empecemos viendo algunas partes principales, aunque ya vistas anteriormente, es necesario retomar.

1. La Estructura Anatómica: nos referimos únicamente a tres áreas distribuidas a lo largo de la columna vertebral, iniciando en el sacro a la corteza cerebral, donde tenemos.

a) La parte instintiva. La parte baja, donde encontramos glándulas, músculos y órganos como el estómago, lugar donde inicia la verdadera metamorfosis del alimento, pues en la boca prácticamente se prepara para ser ingerido, y una vez allí da comienzo el complejo proceso metabólico de transformación, distribución y evacuación. Es entonces un proceso que podríamos llamar autónomo o mecánico, determinado por la evolución desde hace millones de años. Órganos sexuales, que, en contra de cualquier argumento, en sus inicios y mayor parte de nuestra evolución, no fue el placer, sino la reproducción, y el goce sexual es un medio, un aliciente de tal magnitud por lo que busca, la continuidad de la vida, pero la delicia más elevada y sublime es (debería ser) la vida misma; no obstante, el acto sexual y placer implicado, es a la vez un medio de fortalecimiento de la pareja, de permanencia conyugal, la familia. Entre estos dos aparatos (digestivo y reproductivo), se halla una serie de músculos y glándulas como el hígado, reguladores de procesos y ayuda en momentos críticos como peligro, cuya combinación de hormonas y músculos pueden producir fuerzas insospechables, incluso para uno mismo, al ubicarse en algunas de las áreas más fundamentales que cualquier ser vivo necesita. La característica esencial de esta parte es entonces la supervivencia, su funcionalidad principal instintiva o mecánica, su aliciente la comida y el placer, su manifestación la fuerza.

b) La parte afectiva. Localizada en el pecho, cuyo órgano representativo el corazón, que en cada palpitar da y recibe sin mesura alguna y cansancio, siendo el ejemplo de mayor claridad que junto a los pulmones (respiración) trabajan sin descanso o "reproche" para todos y el todo. Pero sabe que también necesita del otro u otros, y cualquier daño ocurrido a alguno le afecta, sea órgano o seres queridos. Respiración y pulmones son una especie de enlace externo y consigo mismo; el corazón se profundiza interiormente, la respiración sin apartarse de esta parte lo eleva exteriormente. A diferencia de la parte baja que requiere un suministro esporádico y concreto, material y placentero, el suministro que esta parte requiere es continuo y sublime, lo adquiere gratis y en todas partes, por eso su característica generosa, aunque también se altera, por ejemplo, la parte baja requiere de un mayor suministro, se aceleran para proveerlo; otra, si algún semejante, más si es cercano, es dañado, altera su ritmo; pero a la vez, si los otros tampoco le dan la atención, afecto necesario, músculos y respiración se contraen. Glándulas localizadas en los contornos como la tiroides, tienen una función similar, pues a diferencia del estómago que si se le permite puede estar funcionando continuamente (comer es también un placer), o acostumbrarse (como tantas veces ha ocurrido) a prolongadas hambrunas, esta glándula actúa como moderadora, digamos menos instintiva. De esta manera, la característica de esta parte es la vida en sí con el todo interno y conexión con el externo, su finalidad la unión del uno con el otro, su aliciente el afecto y la entrega, su manifestación la sensibilidad armónica de la cesión mutua, ser correspondido.

c) Parte neurológica. Es la correlación cerebral de tres partes: la central, vital de cualquier vertebrado, hipotálamo, la sensorial y la externa donde ocurren los procesos neurológicos de cuadros o ideas, desde las más simples hasta las de mayor complejidad; y la relación de estas tres con el resto del organismo - individuo, y de él con todo lo creado, visible e invisible. La labor principal de esta área es la codificación de mensajes, sensaciones, imágenes y toda la complejidad de relacionar, compaginar, inducir, deducir, etc., de la mejor manera posible para las actividades de los procesos del mundo, por lo que a lo largo de la existencia va desarrollando o construyendo toda una serie de criterios o verdades según circunstancias y periodos, de su experiencia y lo que el mundo circundante le va ofreciendo o permitiendo, siendo entonces una creación tanto del individuo como del mundo, construyendo la cosmovisión interna y externa en una mezcla de subjetividad y realidad, guiado por las necesidades de ambos, es decir, el hombre y ese mundo que edifica, los dos en ocasiones luchando o en armonía, con la diferencia que el mundo subjetivo es eso, quimérico, y por lo tanto insensible a las verdaderas necesidades del hombre, y al ser poderes ficticios, pero reales en la mente humana, son cambiables, por lo que éste tiene que ajustarse a leyes o caprichos de ese poder que aparece y rodea en todas partes, por ende omnipresente, convirtiéndose en idea dominante, apartándolo de partes fundamentales como naturaleza. Pero esta área, al pertenecer a otras que por diversas características se encuentran más unidas a la naturaleza y otras facultades, la instintiva, afectiva y sublime, que en ocasiones chocan con leyes o criterios impuestos del régimen, cultura o religión, se encuentra en continua lucha, pero como se enfrenta a poderes psíquicos, la batalla se vuelca hacia sí mismo y otras áreas o personas. La característica principal de esta parte es entonces, la unión neurológica del resto interior del ser humano con toda la creación, su funcionalidad determinar de la mejor manera esa relación de mundos movidos por necesidades, intereses y fuerzas para que coexistan; su aliciente, toda creencia u objeto que se presente, desde lo que proclama la tecnología, anuncios publicitarios, un líder carismático, una nueva propuesta religiosa, científica o filosófica; incluso catástrofes, tragedias o guerras, donde se amplía el horizonte para vencedores y sobrevivientes; o bien las del llamado divino, que desde hace milenios se ha venido promulgando por los Grandes Maestros de la Humanidad, cuya esencia de vida y enseñanza, encierran el amor, la justicia y la verdad.

2. Alcances y limites psíquicos. Lo que a primera vista surge, es que nuestra herramienta o don más importante, la inteligencia, supuesta solución a todos los problemas, parece ser el principal enemigo, un arma de dos filos cuyo lado antagónico se descarga contra el hombre, y en cierta manera así sucede, más bien, ha sucedido en los últimos milenios. Por otra parte, la estructura psíquica, específicamente el cerebro, tiene alcances, limites definidos, que aunados a la manipulación del Leviatán tricéfalo, no puede ser la solución, al menos, relegando a esa área como herramienta infalible.

En muchas ocasiones se ha hablado del "eslabón perdido", esa conexión que ayude a una explicación más clara de la transición de mono a hombre, lo que quizá no se encuentre en un fósil, sino en el Sistema Nervioso (Cerebro, Columna Vertebral y Gran Simpático), conectado al sistema endocrino, podría darnos la pista. Se sabe que el éxito de cualquier especie no se basa en fuerza, tamaño o inteligencia, si bien ayudan en conjunto o separado, no se consideran determinantes. Cualquier característica u órgano viene a ser otra herramienta y no póliza de vida, y al parecer las formas más simples de vida aparentan tenerlas. Es por ello, debemos de ver el aparato psíquico como herramienta, que no siempre le hemos dado buen uso. La psiquis aparece como herramienta para ayudar a la especie a tomar una actitud o acción ante ciertas circunstancias, y aunque regularmente se considera la detección de depredadores o peligro como su principal motor evolutivo, al parecer eso ocurre sólo cuando la experiencia acumulativa lo va determinando por depredadores, competidores y fenómenos, o bien se esconden o presentan con elementos benéficos, pues un niño por sí solo no sabe la diferencia entre una manzana y un escorpión, y es común que nuestras determinaciones ante ejemplos como éste sean unilaterales. Este enlace codificador entre nosotros (interna y externamente) y lo que rodea se basa en un catálogo de cuadros y sensaciones, cuyo eje determinativo se basa ante todo sobre lo útil, lo que podemos percibir y debemos alejarnos. La lucha entre especies es siempre un último recurso, o se da en momentos específicos; la finalidad es siempre conservar la vida, nunca arriesgarla. La codificación aun llevada en el cerebro, encamina entonces a dos actitudes, pasiva o activa, la cual es determinada por el conocimiento que establece el grado de seguridad del individuo o grupo, y que no se manifiesta precisamente por una actitud demostrativa de valentía y fuerza, la prudencia, espera o alejamiento pueden ser las mejores opciones. Pero es común que el desconocimiento de uno mismo y entorno se expresen de manera pasiva por el miedo, siendo lo primero que produce la inseguridad. Aunque genéticamente nacemos con ciertas aptitudes, familia, grupo y cultura irán formando la personalidad, ya por un temperamento agresivo, por el miedo o desconocimiento, o un carácter templado y armonioso por la seguridad de un conocimiento propio y el mundo.

Podría pensarse entonces, la solución es la creación de seres cultos, educados en la mayoría de ciencias y disciplinas, pero no precisamente, al menos la tendencia educativa actual, por lo que hemos intentado exponer y porque la ciencia no está ni estará terminada, pero sobre todo, porque el esfuerzo científico lo han forzado a enfocarse a la tecnología y medios lucrativos, por lo que los sistemas educativos se encuentran en la misma situación, ese es uno de los principales obstáculos, los límites que marca la sociedad. Tenemos otros medios para lograr mejores alcances individual o grupalmente, pero también aquí siempre serán limitados, ya por la percepción sensorial, abstracción u otro. Reconocer o conocer nuestra parte instintiva es importante, pero comúnmente somos derrotados ante el inmenso bombardeo publicitario y entorno material, sobre todo, porque en nuestra historia evolutiva, la parte racional, es el elemento más reciente, digamos añadido tardíamente, una de las razones por las que sucumba tan fácilmente, más aún siendo tan bien manejado por el régimen. Lo que hasta cierto punto mantiene en pie, es la parte afectiva, y es tanto por la parte sublime como por la fuerte dependencia familiar, aunque aquí también (nuevamente) el límite es el chantajismo impuesto, y cada vez usado entre individuos, donde el afecto se transforma en un sentimentalismo y los individuos cada día más aislados, intentan compensar inútilmente esa parte con los medios electrónicos. En resumen, nuestros alcances se han aminorado, sobre todo porque la herramienta otorgada por la evolución ha sido cambiada por aparatos y mercancías, limitado nuestras capacidades racionales, afectivas y emocionales, tanto así, que muchos al sentirse tan aislados en medio de la muchedumbre, para sentir que están vivos y conectados con un semejante, para pensar, sentir y expresarse, tienen que prender un aparato, y la simple idea de alejarse a un refugio natural como el bosque o la playa, entre animales, aterra aún más, desprotegidos de ese "enlace" entre ellos y el mundo.

3. La armonía de las partes. Es el establecimiento de la base donde se sostiene el hombre, y no el punto tenso y frágil donde fácilmente se desequilibra la balanza, o las tendencias se mueven continuamente de lado. Una especie de reencuentro con su esencia, al mundo natural, el cual en ningún momento es primitivo. El resto de especies lo encuentran fácilmente, y como lo hemos venido haciendo debemos considerar como referencia, re aprender algunas cosas olvidadas o reprimidas.

La existencia del mamífero se mueve solamente en un plano horizontal, y aunque su esencia se puede desplazar hacia los extremos de ambos lados, por naturaleza, siempre busca el centro, ahí está digamos, la plenitud de su ser. Es un simple ser ahí, no como conciencia pura, sino sentir y verse a sí mismo, al igual ve y siente el entorno, cualesquiera que puedan ser y nunca pretenderá alterarlo. Ver al mamífero en el centro de ese plano horizontal, se mueve hacia adelante (en otra línea tendida) que denominamos su tiempo y espacio, y un origen y destino claros como en una conciencia propia, tanto instintiva como de su inteligencia en los procesos naturales de la vida. Moviéndose en esa dirección y línea, en la otra podemos ver en ambos extremos de uno el placer y el otro el dolor, trabajo y descanso, sin ser por lo que vive o muere, sólo condiciones o medios. En ese movimiento determinan las actitudes y acciones, (personalidad) con sus características propias que va desarrollando siendo básicamente dos: inteligencia y fuerza, y con ello los grados de seguridad o inseguridad, miedo o valor ante cualquier circunstancia. La plenitud del mamífero se encuentra ahí, en ese movimiento natural de la vida, sus facultades como conocedor de sí mismo y entorno que lo ha determinado en un continuo ser ahí.

La conciencia del mamífero, la más elevada de otros animales reside en su cerebro, elabora cuestionamientos. Puede verse en su curiosidad, específicamente frente a las cosas, animales o fenómenos animados que observa, toca, huele o muerde. Pero ese interrogante se agudiza en situaciones de peligro, defensa o ataque como la cacería. Puede deducirse que por el cerebro pasan tales "¿cómo, qué, dónde?", cuya respuesta es según la situación y capacidades, pero una vez concluido el desenlace, sea cual sea, para el animal no existen cuestionamientos como "¿por qué o para qué?", en un sentido de juicio o condena hacia algo o alguien, y aunque pueden observarse escenas de dolor y consternación, por ejemplo un descendiente sucumbe como presa o hambre, el duelo dura poco, quedado sólo como experiencia para mayor cautela o un nuevo depredador en el archivo, si fue el caso, volviendo la vida a su equilibrio. Ese equilibrio determinado por las características propias, donde se toma y entrega lo que hay y puede, que por otra parte se encuentra relacionado con otros elementos percibidos por todos, el sol, aire, otros; compañerismo, lealtad, pudiendo encontrar actos de heroísmo no solamente entre ellos sino hacia nosotros sin los intereses mezquinos o prejuicios humanos. Ese es nuestro mismo principio, aunque olvidado o alterado, latente y donde algunos han encontrado cierta solución o alternativa ante la corrupción social y símbolo de rebeldía como los ermitaños, San Francisco de Asís o el movimiento hippie, aunque el ejemplo más palpable sigue siendo los pueblos primitivos. Consideremos esto, como una llave, un elemento que definió y caracterizó hasta hace algunos milenios, para abrir el cofre donde se encunaran los dones otorgados: Amor, Voluntad y Sabiduría.

La ciencia inicia y termina sobre todo aquello que tengamos un objeto o idea clara para su conocimiento y explicación, donde muchas veces más que herramientas y laboratorios, la imaginación es lo más agudo que poseemos, sólo ello puede llegar a áreas donde ningún bisturí, microscopio o telescopio puede hacerlo, y con todo ello arribar únicamente a ciertas conclusiones que a lo largo de nuestra historia hemos tenido luego que desechar o cambiar, o en otras elaborar conjeturas o hipótesis. Al haber surgido del uso de herramientas y fenómenos que ayudaron en la vida, desde el Mundo Antiguo ha tenido un enfoque sobre todo a lo material, entre otros porque es ahí donde se patentan ciertos alcances, convirtiéndola en parte como algo "concreto", por lo tanto, los límites que se le han impuesto son específicamente tecnológicos, producción de bienes materiales y armas. Ya se ha visto esto muchas veces antes. La sabiduría nos da como principio esta primera distinción: que el hombre creó el hacha de mano y no ésta a él, que posee una utilidad y fin específico; así como la lanza, luego el fuego, al ser obras o elementos con las que el humano puede tener un "control", precisamente por la razón de su creación, encontrándose ahí la esencia del hombre y objeto; el primero conocedor y creador de su obra, la razón clara del por qué y para qué de uno sobre el otro, pues cada una es en proporción a necesidades básicas; inteligencia, fuerza y destreza de su constructor y dueño; el hombre emerge como dueño y señor de sí mismo en una esfera más elevada del animal, pues puede dominar algo fuera de él, fruto de sus facultades, y ese poder lo tiene precisamente porque puede dar cuenta del qué, cómo y por qué de todas las partes y el todo; no se percibe, no existe la menor idea de engaño, al ser determinado por facultades propias quedando determinadas en su relación y uso con semejantes en la naturaleza, lo cual a la vez otorga un conocimiento más profundo del mundo, pero sobre todo de sí mismo, al ir descubriendo secretos guardados, y en ese recorrido a medida que va incrementando conocimientos y aplicaciones lo va haciendo en proporción a sí mismo, escudriñando un alma diferente a la animal, percibiendo una esencia más allá de la terrenal, ya que si es conocedor de la esencia material, tiene la facultad para ir moviendo el velo de las espirituales, siendo esta la expresión más clara de la sabiduría: el conocer y distinguir entre la esencia del mundo material y el sublime, lo pasajero y eterno, lo que lo puede corromper, perder, o elevar y salvar.

Todo uso de fuerza involucra un consumo de energía, por lo que su inversión debe tener un fin determinado, y tanto la causa, medio, fin y órgano que involucren deben justificar uso y consumo, primero porque el suministro de alimento no siempre es fácil ni garantizado, siendo ahí uno de los fines básicos donde se invierte fuerza y facultades. Los mamíferos hemos evolucionado para el suministro y administración de ello de diversas formas, pero habiendo un denominador casi común, determinado por estaciones del año, reproducción y épocas de abundancia y escases, por ejemplo, las especies que deben incrementar peso y volumen como reservas. Pero aparte de la acumulación de grasa, hay otros como cambio temporal de dieta o sistemas de enfriamiento para evitar desgaste por el sudor. A la naturaleza le sobran recursos para administrar la vida. La fuerza es controlada por una voluntad o sabiduría, y si bien se puede ir invirtiendo paulatinamente en el desarrollo o aprendizaje, en cantidades grandes como obtención de alimento o reproducción, o extras de supervivencia tales como hambrunas o peligro. Son tres los casos donde el organismo está dispuesto al máximo uso de fuerza poniendo incluso la vida en juego: alimento, reproducción y peligro, es en esos casos donde de diversa manera la vida se pone a prueba. Para tal uso y exposición de fuerza se requiere no sólo de circunstancias, sino características específicas, por ejemplo, osos y búfalos en peso y tamaño, lobos en inteligencia y destreza; mientras para un leopardo el peso es un problema; en otro algún atuendo, pudiendo ser cuernos, colmillos u otros. Del mismo modo en nosotros, en los últimos millones de años el consumo de energía fue cambiando, ya que anatómicamente al convertirnos en nómadas y enfrentar en el suelo más depredadores y competidores, masa y fuerza fueron desplazándose a piernas y volumen (altura), pero también el tamaño y funciones del cerebro fue requiriendo mayor consumo de energía. Otras evidencias es que nunca requerimos un exceso de peso, implicando mayor carga y obstáculo para movilidad y destrezas, a excepción del neandertal que necesitó una complexión más robusta y baja estatura al serles de mayor utilidad en la era de hielo. Nuestra mayor inversión de energía fue entonces encausada a la obtención de alimento, confección de herramientas y utensilios, a las actividades artísticas recreativas que se fueron desarrollando, claro, poseían una función importante como canto y danza, y la reproducción; pero en esta última, al requerir el grupo fuertes lazos de unión, para la obtención de pareja se han encontrado fórmulas que eviten grandes desgastes o exterminios entre contrincantes, por ello si bien se requiere de un alto consumo de energía, nunca fue exceso extremo; por otra parte, en nuestra especie al parecer, el nacimiento de hembras siempre ha sido mayor al de varones, además de si tamaño y fuerza son importantes, nunca determinantes; y por otra parte el placer sexual no era un fin, ni mucho menos se encontraba enmarcado en toda la serie de prejuicios, mercancía, o restricciones impuestas por la cultura, sino medio de reproducción. La voluntad es ese mecanismo entre la fuerza mecánica instintiva hormonal e inteligencia natural, que puede ir moderando el uso de la fuerza, llevar súbitamente grandes descargas, permanecer en una pasividad, un estado de latencia esperando el momento adecuado para arremeter o repeler; una mezcla de termómetro y acumulador, que en ciertas circunstancias pueda hacer uso de todas sus capacidades a cualquier extremo, pero nunca una voluntad arbitraria, enajenada por apariencias o vicios. Se ubica en la parte más profunda de conexiones físico – químicas, comparables a $E = mc^2$, que puede sobreponerse a muchas circunstancias, rebasar cualquier valor o miedo, seguridad o inseguridad de conocimiento neurológico; sucumbir en aras de la vida, pudiendo llevarnos a regenerarla si estaba perdida, recuperarla; o bien perderla, si el verdadero sentido porque se luchaba fue vencido o mancillado, enajenados o ultrajados, sólo perdiéndola el honor puede rescatarla; es el aliciente o código que puede convertirnos de hombres, héroes y dioses, o bien entes, bestias o demonios.

Pero si la sabiduría es la luz que nos muestra la esencia de la vida y el mundo al colocarnos como creadores y conocedores, dueños de nosotros y las cosas, y si la voluntad es el llamado que invita a dar ese paso que convierta en trampolín o palanca de donde somos lanzados a mover las potestades internas, capaces de mover montañas para convertirnos en lo más excelso, hace falta la corona de laurel, se nos muestre y ciña para no dejar apagar la antorcha de la verdad ni soltar la espada de la voluntad; descubrir y constatar que si existe o no una vida después de ésta, al menos podemos edificar la gloria terrenal, la cual se cimienta, construye y alimenta únicamente con el amor.

El sentimiento afectivo en el resto de mamíferos como en nosotros, tiene como base un interés mutuo, de las partes involucradas cuyo origen es lo compatible de elementos químicos y atracción para un fin específico, que una vez llevado a cabo pueden separarse. Las especies se requieren entre ellas o diversas, y es en la reproducción y ayuda donde ese interés se convierte en un tipo de moneda corriente, donde en cierta manera hay que pagar algo y a la vez guardar un tipo de ganancia e intereses, y el lucro puede ser el deseo que escondido se convierte en placer, para lo cual los individuos trabajan y acumulan algo pudiendo ser tamaño, fuerza, velocidad o inteligencia. Otro aspecto de ese atesoramiento, que podrá usarse posteriormente por las etapas de dependencia y vicisitudes fortuitas de la vida, donde si el individuo o grupo ha acumulado suficiente afecto, éste podrá ser compartido, recuperarlo. El afecto es pues una condición de la evolución entre individuos y especies, un lazo de unión que puede ser determinante en la selección natural, teniendo claramente el qué, cómo, cuánto y para qué, pero el cual en tiempos de escases puede ser radicalmente alterado o erradicado en un simple aquí y ahora, nosotros o ellos, tú o yo.

El primer eslabón que nos conecta con algo elevado, apartándonos del reino animal es la compasión, y el origen es una especie de antítesis del deseo y placer. Los individuos se preparan para las circunstancias de la vida donde nada está garantizado. Por ejemplo, es no solamente un aliciente para la reproducción, sino el comer o reír, cualquiera es pasajero incluso puede ser fugaz; hay un clímax donde hubo una gran inversión de energía y el individuo en ocasiones debe llevar a cabo una serie de preparaciones, a veces arduas, para volverlo a conseguir. En cambio, el dolor y sufrimiento tienen una doble característica: primero la derrota aparece como frustración del organismo – individuo, o grupo, pues el golpe no es sólo la pérdida del objetivo con su fin, aliciente y medios implícitos sino todo el proceso de preparación y huella que deja, que pueden convertir todo ello en un dolor, a *priori*, aquí y ahora, y *posteriori*. El otro aspecto es la herida más concreta, la anatómica o en ocasiones mutaciones cuyo periodo de recuperación y pérdida es largo y doloroso, que además de lo psíquico pudiera involucrar la independencia de sí mismo. El placer es fugaz, el sufrimiento prolongado. La compasión inicia con el conocimiento del dolor ajeno, que a diferencia de la fugacidad del placer llega para hacer una estancia en el individuo o grupo, el cual se presenta como consuelo o alivio. No es masoquismo, la compasión no busca el dolor, sino al aminoramiento o sanación. Al buscar ser sustento de otros, la compasión se va haciendo no únicamente conocedor del verdadero sufrimiento, sino de las causas reales y necesidades de misma índole, lo cual le va otorgando esa facultad de discernimiento y fortaleza, y por un lado adquiere cierta inmunidad ante lo que en apariencia causa dolor y soporta, y evidentemente origina, convirtiendo a quienes lo practican más fuertes y agudos, interior como exteriormente. El alma del compasivo se vuelve entonces poderosa, puede lidiar con el sufrimiento propio y de otros, empezando a alejarse de la mezquindad y estreches del cómo, cuándo y por qué del deseo afectivo, donde sufrimiento, herida y llaga son sanados, manejados y reconocidos como fenómenos de purificación y renovación, pues la compasión es el primer elemento que se entrega desinteresadamente, ante lo cual, la ganancia, recompensa del placer, síntomas y secuelas del sufrimiento se devalúan. Por este medio, puede iniciarse a adentrar en una esfera superior del alma humana, ya que el miedo al sufrimiento empieza a desvanecerse, pues se puede imponer como muralla, un velo que no deja ver cierta luz. Si el placer aparece como recompensa a los esfuerzos de la vida, ante ello hay una serie de obstáculos, llámesele fracaso, rechazo, una herida física o emocional, incluso la muerte. Ciertas o presentes sólo en la mente. La compasión no va en busca de ellas, al ser el objetivo el alma que las padece, las vence, se vence a sí mismo y al quedar ello derrotado en el prójimo concreto, es la conquista más clara y plena del Yo interno, pues el "necesito" sucumbe ante la entrega desinteresada, y esa muralla que había sido construida bajo cualquier fin se desmorona, y un ejemplo que nos lo patenta con claridad, aun latente, es la Madre Teresa. Pero Almas Grandes como ella se presentan solamente como primer peldaño o expresión. El inicio de la conquista del sufrimiento es paralelo al conocimiento de éste y su esencia, como el conocedor a su obra, así, el dolor aparece como condición de algo superior, semejante al dolor vaginal para experimentar el placer posterior, cuyo fin es recibir la semilla de la vida; su apertura que constituido vea la luz; la muerte para resucitar a una vida nueva. La esencia de este conocimiento, implica por sí solo el discernimiento de las trampas mundanas que también crean sufrimiento, las verdaderas miserias que degradan, y por ende vencerlas. La fugacidad placentera del aquí y ahora del sentimiento afectivo empiezan a desvanecerse, por ser analogía de la entrega perpetua en la experiencia de los elementos eternos, como el sol y el aire, constancia de esa actitud desinteresada e inagotable. Esa unión con el prójimo siendo a la vez con uno mismo, luego sentimos ser correspondidos con la creación que muestra su origen eterno, semejando que entre más da, menos se acaba, y la fuente de vida empieza a vislumbrarse omnipotente, todo lo puede; no requiere de nada ni nadie, y al bastarse por sí misma es entonces todopoderosa, siendo de esta manera no sólo atributos de lo que podamos concebir como divino, sino de aquel que experimenta, explota, porque los vive y comparte. Se es pleno porque se reconoce en la totalidad de esa creación, si todo lo ha recibido gratuitamente, es para compartir de la misma manera, quedando como único resultado, la paz y armonía; Nirvana.

Compasión, es el comienzo del amor, lo único que encuentra sentido y esencia en la vida como experiencia y sus medios. Actitud y experiencia sobre la que nuestra voluntad eleva de cualquier sensibilidad instintiva traspasando cualquier placer, a donde los sentidos hallan una complacencia que no encuentra cabida en lo tosco y vulgar, sino lo realmente bello, interno y externo. No condena ningún tipo de experiencia sensitiva, antes bien, libra de las trampas psíquicas, convirtiéndola en la experiencia más plena de estar vivo con todo lo que hay en el Universo, por medio de cualquier facultad. La luz del sol divino que no puede ser eclipsado por las trampas de la ciencia, ideologías o dogmas religiosos. No busca refutarlas, sino comprenderlas como manifestaciones, intentos de acercamiento y conocimiento de lo eterno e infinito, inefable, visible e invisible, y unirlos en armonía como muestra tangible de la diversidad de las partes, que lejos de enfrentamientos estériles, sobre todo cualquier fundamentalismo, invita a un acercamiento de nuestras verdades relativas, cuya veracidad tiene la única aceptación en proporción de su conocimiento y aceptación, entrega a que juntos se conviertan en frutos de un mismo fin.

Pero no hay que interpretar el amor como búsqueda o una especie de estado parecido a algo fuera de este mundo. Siendo el cuerpo medio para que nos experimentemos en la plenitud terrenal, la mente el enlace de unión con lo de arriba para no conformarnos y quedar atrapados en el régimen material, y el amor el único medio y fin por el que se equilibran todas las partes, la única luz que colma a la sabiduría y máximo aliciente que motiva, impulsa nuestra voluntad a hacer lo imposible. Las leyes naturales no cambian ni alteran, pero la tosquedad de ideas implantadas como tragedia, muerte, pobre, etc., que hemos usado para definir el mundo animal y nuestro, adquieren un sentido diferente, pero sobre todo las potencialidades que despiertan y activan, sirven para encausarlas y usarlas en beneficio propio en lugar de convertirlas en armas, luchar en la vida y dolor ajeno; como medios para desarrollar facultades y llevar nuestra evolución a planos superiores, pues ¿de qué otra manera podríamos demostrar que somos dignos de convertirnos en seres humanos plenos, héroes o dioses, sino a través de las pruebas de fuego, cuando el llamado del prójimo y hábitat nos necesita y está en peligro? Es en esa ascensión de lucha continua donde la experiencia con sus victorias y fracasos, de manera individual y colectiva, vivimos y construimos esa experiencia de todos. Al menos alguna vez en la vida hemos experimentado algo de Ello, y nada ni nadie puede refutar; algo que muy en lo profundo nos mueve, y no es el instinto de supervivencia, es diferente; por el que muchos han llevado a cabo hazañas, locuras y muerto, siendo muestra clara de la existencia de algo superior dentro y fuera de nosotros, lo cual es imposible concretarse de manera individual, en cualquiera de sus manifestaciones, de pareja, familiar, humanitaria, dándonos muestra que es un don humano, y si es el único medio por el que podemos vivir plenamente, es entonces la vía para construir un mundo de paz y justicia, y una vez edificado ese paso donde la mayoría experimente una vida digna, según cualidades distintivas de otras especies, podemos avanzar a esferas más elevadas, evolucionar como especie. Así, independientemente de las carencias de estas definiciones, de esta exposición, que sean pues esas facultades humanas los medios, para que todos o al menos la mayoría iniciemos la construcción de un mundo mejor, habitado por seres humanos donde la voluntad se impone y guía la fuerza, la sabiduría a la ciencia, y el amor sea colocado en medio y sobre ellos como condición de experiencia y esfuerzos, que sin dejar de lado la experiencia sexual, sensitiva en áreas como las ciencias y artes, sea en la experiencia mística que conecta con el solo y único Dios, creador del Universo y cada ser humano que habita este planeta.

1. Ideas de estabilidad, tiempo y espacio.

Por un lado, algunas de las leyes de física nos dicen que un cuerpo en reposo así permanece hasta la aplicación de una fuerza, por otro, un cuerpo en reposo o movimiento está hecho de átomos, e incluso el uranio, aunque después de millones años se convierta en plomo, encontrándose en continuo movimiento; y aunque nosotros dormidos o despiertos, apreciemos o pensemos que la Tierra se encuentra estable, nuestras células y el planeta están moviéndose. Relatividad. Si lo que llamamos espacio es infinito, y lo que denominamos tiempo es eterno, sabiéndolo o ignorándolo damos importancia, pero al parecer muchas veces quisiéramos terminar tajantemente con muchas situaciones, otras pretendiendo que la vida o ciertos eventos lleguen pronto, uno tras otro, devorarlos, y a la vez nos aterra la muerte y aferramos a la existencia, pretendiendo eternizarla. ¿Relatividad? Recordemos, de acuerdo al tiempo geológico, ha habido especies que han dominado el planeta por cientos de millones de años, algunas han estado cuando otras se han ido y seguirán aquí, incluso si nosotros nos vamos, sobre todo, nuestra aparición en el mundo inició (proceso de transformación) recién aproximadamente hace seis o siete millones de años; como *homo sapiens* alrededor de cien mil años; más aún, eso que llamamos civilización escasos miles de años. Sea suficiente con esto para tener en mente, que el mundo como creemos verlo y sentirlo, aparte de su fugacidad, es hecho a imagen y semejanza sólo en parte a nosotros, sobre todo, dicha hechura no es para siempre, y la pregunta obvia: ¿por qué nos aferramos a este tipo de mundo? Nuestra relatividad mental se deriva de lo recién mencionado y es tanto producto de ello como de la misma mente, parecido a una reciprocidad justificada, en sí. Esta parte se desarrolló cuando consolidábamos nuestra dependencia sobre algo material, cuando el por qué y para qué de las cosas mostraba uno de sus lados frágiles, es decir, algo nuestro, no en el sentido del resto de mamíferos, sino esa parte creadora, transformadora nuestra y algo concreto; la figura creada ya firme en el cerebro que, podía reproducir el objeto una y otra vez se dañaba, perdía o destruía, y tal idea nos forzaba a reproducirla; el artefacto reside tanto en realidad como apariencia, porque en la mente seguirá intacto. Sus bases son: por alrededor de un millón de años el modelo del hacha de mano fue el mismo; pero lanza, arco y flecha (complementos y derivados de lo otro), también lo fueron por cientos de miles de años. El objeto, la idea coloca al hombre en la ambivalencia, entre la seguridad y el miedo, pero tanto uno como el otro es en proporción a que el hombre sea tanto dueño de ambos, es decir, de sí mismo o vuelva a sus facultades propias. Si el hombre posee el objeto, está consciente que le facilitará ciertas cosas, pero solamente en la medida que sea conocedor y diestro con ello, en cambio, si el individuo no es pleno conocedor del objeto sentirá desconfianza y peor aún, sin la cosa sentirá miedo, por lo que buscará una dependencia extra, ficticia o material. Esta relatividad mental se traduce tanto a la pasividad, es decir, colocar la idea como fija en la mente, que en apariencia emerge como garantía para el individuo, y por otro la actividad creativa, donde esta última es el motor de nuestro desarrollo, pero únicamente en unos cuantos, específicamente aquellos que han desafiado las ideas dominantes, mientras la pasiva prevalece en las mayorías, ya por miedo o ignorancia. Otra faceta de ello, es el sueño mental, algo que surge como ideal propio y/o colectivo o lo que mueve a muchos, que esa idea algún día se concretará porque otros lo hacen, o porque ellos ven que algunos lo logran, de acuerdo a los criterios sociales, ellos quizá lo harán. Todo se mueve en verdades relativas, ilusorias o materiales.

Es común que el hombre promedio vea entonces un mundo contradictorio, pero ya hecho y se somete. Aquí la relatividad mental adquiere varios niveles, a la vez son válvulas de escape, tanto de ideas como de una verdad más clara, pero lo que aquí interesa es el de la colectividad, y aunque haya individuos que se aíslan o sumergen en su mundo propio, es sobre todo para evadir la contradicción externa. Existe un margen tanto para ideas como hombres, pero siempre con el temor a no sobrepasarlo, so pena de ser castigado o miedo a alterar lo que se considera una ley divina o inalterable. Estos pequeños mundos son partes de un todo, es decir, tienen grados de desplazamiento o modalidad, pero las reglas son claras, o al menos así lo consideran. En fin, desde el Mundo Antiguo hasta el presente, al hombre se le ha permitido moverse en esa relatividad mental y tanto romanos como pueblos sometidos quedaron sujetos a ello, mientras hoy los cientos de millones de humanos lo están en su estado nación correspondiente, grupo étnico, religioso, partido político, bloque económico, etc., que de alguna manera es considerado determinado, a la vez, muchos quisieran cambiar, pero "¿cómo, si así es el mundo?", y el atrevimiento es, el más grande miedo.

El tiempo, la idea popular, es quizá la más grande aberración inventada por el hombre. Tuvo que haber nacido con la agricultura y luego aplicado a la arquitectura e ingeniería, aunque en esos tiempos más que una tergiversación para hallar un qué hacer, en el sin sentido de muchos, o un "matar el tiempo" en las cotidianidades de tantos, en ese entonces era aún un ensamble con los ciclos naturales, cuando el hombre se veía ya en esa relación de *cómo es arriba es abajo*, pues los procesos terrestres eran guiados por los astros celestiales. Otras aplicaciones inteligentes del "tiempo" son en la música, para ciertos avances en física, o algunas abstracciones de la razón, como lo hizo Kant, con todo, son pocas. Pero el tiempo se engendra por lo regular, como un despótico capataz de la mayoría de mortales, y un juez que redime o condena, según hayamos cumplido las tareas de los procesos dictaminados por el régimen. Aunque esa idea tosca tiene en parte sus raíces en algunas creencias religiosas de la creación, donde se pinta al Creador como un ser que poco a poco va haciendo las cosas y termina cansado, digamos defectuoso, y por ende los mortales deben igual cumplir sus tareas, de acuerdo a quienes los dominan, y esa relación de los procesos naturales se empieza a convertir en un amo, donde el régimen parece ser eterno y el individuo su esclavo, siervo o empleado, so pena que el sol se apague (según la creencia azteca), no envíen las lluvias o no alcance las cifras de producción y ganancia de la compañía en el tiempo determinado. De esa manera, el régimen ayudado del "tiempo" se ha venido convirtiendo en dueño de los ciclos naturales, vidas y actividades del hombre, convirtiendo la existencia para muchos en una carga sin sentido y problemas, que desde la antigüedad lo atestiguan, por ejemplo, el autor del *Eclesiastés*, y, por otra parte, una carrera que a pesar del miedo a la muerte muchos quieren concluir rápidamente, llenándola de frivolidades y placeres cual fuese el único medio y fin para llevarse a la tumba. Por ello, se ve el mundo como algo inmutable y no como esa fuerza cambiante y regeneradora de vida; y es porque gobiernos, instituciones y sus "obras" inmortales le parecen atestiguar al humano, que aquí han estado y estarán antes y después de él, se nazca o muera, por lo tanto, cualquier atentado contra ese orden es el más vil sacrilegio.

Así, esta distorsión mental surge de las herramientas y elementos que construimos y usamos para ayuda en nuestra vida y evolución, que en un momento se convirtieron en mediadores entre naturaleza y nosotros, luego dominadores al encarnarse en representaciones y objetos, adquiriendo la facultad de inmutabilidad, lo que nos da seguridad ante nuestra fragilidad, la simple idea de romper con ello nos aterra, pues ellos son en parte pasivos, permanentes, y nosotros debemos trabajar para alimentarlos; es una quimera, un sueño que creemos convertido en realidad, porque somos "civilizados", gracias a ellos dejamos de ser "primitivos". Pero esa idea en que no únicamente debemos bañarnos todos los días en sus aguas, sino beber de ellas, nos dejan ver que tienen cualidades cambiantes, vida propia, por eso nos orgullece enormemente que el esclavismo y la oscura Edad Media sean cosa del pasado, esa agua sigue fluyendo y muchos ensalzan sus logros, y tantos seguirán augurando la tierra prometida para todos, por ello, toda la muchedumbre desde el más modesto trabajador hasta cualquier gobernante o empresario tiene ya su vida empeñada a cifras y cosas por producir, adquirir o construir, cualquier minuto es desperdiciado, la vida se acaba, la omnipresencia del despótico capataz e inquebrantable juez gobiernan el alma humana.

Así como los astros se mueven en orbitas y frecuencias, los seres vivos requerimos de ciertos márgenes de movilidad. Al bajar de los árboles e iniciar nuestra transformación de mono a hombre, el nomadismo fue condición de ello, por lo que la idea o noción de espacio adquirió una especie de dimensión sin límite, y aunque en ocasiones las cuevas se presentaban como acotamiento, eran ante todo centros de reuniones y refugios temporales. La agricultura y la aldea si bien representan una adaptación evolutiva sedentaria, es relacionado con la caverna, donde la aldea es reunión grupal y de resguardo, del que se sale a las labores a espacios sólo limitados por la capacidad y necesidades, y es cierto que choques con otras aldeas y grupos ocurrieron, incluso antes, pero la Tierra seguía siendo un espacio vasto, para evitar exterminios grupales, siempre existe la opción de moverse. Pero la idea de ayuda de algo externo se transforma en dependencia que se irá encarnando en las tierras de cultivo y casa habitación, que junto al dictamen temporal de ciclos agrícolas, el espacio empieza a encontrar una relatividad, tanto en lo "mío" como lo "nuestro", el grupo humano en esa seguridad que ofreció el hábitat, por miedo a ser invadido delega parte de su libertad a algo que no es suyo, y sin dejar de ser un ente activo, en el área empieza a nacer una pasividad, que con el tiempo y sus vaivenes de vacas gordas y flacas, se irá transformando en la verdad que sueña con la "tierra prometida", la que pisa o puede encontrarse en otro lugar, y al ocurrir este fenómeno en un periodo corto, como resabio de nuestra estancia en los árboles, esporádicos en cuevas, alternando con los millones de años de nomadismo, pronto una relatividad mental de espacio va quedando a merced del régimen que proclama ser el resguardo del hombre y pertenecías, y éste sin dejar de ser proveedor de su sustento y los suyos, se convierte también del régimen, sirviéndole de administrador o soldado, y la Madre de todo ser vivo, la Tierra, siempre vasta en recursos para regenerar la vida y alimento, empieza a ser ultrajada convirtiéndose en concubina del sistema que emerge como patriarca, la restringe y ensancha según las fuerzas y sangre que sus hombres le puedan ofrecer, y por ser ese el precio, tanto propiedad privada individual y colectiva, aldea, ciudad, reino o imperio se ciñen con la envestidura sagrada, emerge también eterna en el régimen y los límites del hombre bien marcados y restringidos, como su vida. Puede ensancharse y acaparar más que otros, solamente en la media que le sirva al Estado.

No extrañe, desde el Mundo Antiguo al presente, las fronteras de pueblos, reinos o imperios han sido definidos por las armas, donde para ganar unos metros o inmensas extensiones, con todo lo que haya en ello, hombres, animales, etc., requiere el solo pago de sangre humana, que le sirve a esa idea surgida del espacio. El Estado es la muralla inquebrantable, no importa que tanto puede restringirse o ensancharse a lo largo del tiempo, y ante esa potestad que da "seguridad", el individuo por eso construye la suya y aísla, temor y seguridad a la vez, no depende de él, sino de esos límites territoriales tan diversos, porque incluso muchas veces el lugar que habita, su espacio, ni siquiera es suyo, o bien renta, hipotecado, endeudado, y al salir se encuentra con un mundo, un espacio tan fraccionado y limitado que si transigiere, incluso lo poco que tiene lo pierde, es encarcelado, en otra propiedad del Estado.

Las ideas del tiempo y espacio impuestas al hombre, son un estricto régimen de qué, cómo, cuándo y dónde se han de llevar a cabo las actividades a lo largo de las etapas de la vida, supuestas metas que han de lograr según criterios de evaluación de un mundo ya hecho y a la vez cambiante, a cuyos ritmos y caprichos el hombre debe marchar. De esta manera, la vida para cada individuo queda ya dictaminada, incluso estadísticamente del trecho que ha de abarcar, dejándole un reducido margen de libertad cada vez más limitado, convirtiendo la existencia en esa aberración de diversos "tiempos - espacios" (año, mes, semana, día, hora, etc.; mundo, países, estados, ciudades, propiedades, etc.) un mundo tan fraccionado de tantas y diversas formas donde el hombre debe moverse dentro de espacios y ritmos claros, pero al ser todo ello producto de la mente, dejan siempre insatisfecho, vacío al individuo que se ve incapaz de lograr abarcar ese espejismo mental, pues el resto de su ser, sentimientos y pasiones, incluso sus necesidades más elementales e íntimas, han sido ya dictaminadas. Los ciclos naturales de la vida, la eternidad que junto con lo infinito del universo y vitalidad de la sangre y oxígeno que se mueve por el organismo, semejante a todo lo que habita el planeta, esa fuerza regeneradora de vida, de plenitud, no tienen cabida en el régimen de dominio humano, en cambio le ofrece su idea perpetua del progreso, del "mañana será mejor".

2. Resistencias y reacciones, naturales y subjetivas.

Adaptabilidad. Las especies nos adaptamos según se nos presente el entorno, que es condicionado y cambiante por las fuerzas naturales y del Universo, movidas a diversos ritmos. El cerebro, de cualquier especie, tiene ya la facultad de saber que posee con una fuerza cambiante de dicho entorno hasta cierto punto, para una vez que ese entorno haya llegado a ese límite, las especies se muevan temporalmente, con ello la vida se va regenerando, pero eso ocurre en armonía, por ejemplo los frutos ya arrancados, sus semillas serán esparcidas y fertilizadas por el que las comió; el carnívoro mantendrá un control de sobrepoblación de herbívoros, evitando la sobre explotación de pastizales y posible erosión de suelos, además de ser medios de desarrollo y explotación de facultades de las partes involucradas. Así tanto entornos como especies, se mueven en procesos regenerativos de los diversos ciclos que pueden ser constantes, por ejemplo, aquellos en continuo movimiento, recorriendo enormes distancias, o los que tienen espacios más reducidos y deben invernar o permanecer largos periodos inactivos, latentes, para reactivarse en el momento apropiado. Nosotros somos los que más desarrollamos esa adaptabilidad al entorno, desde tundras a desiertos, las montañas a los valles, gracias a herramientas, utensilios, elementos, versatilidad en dieta e inteligencia. Esa facultad de saber discernir entre las fuerzas cambiantes dentro de un orden eterno y nuestros medios, fue creando la idea y recursos para ir encontrando una mayor estabilidad dentro de esa conexión hombre – naturaleza, hasta que agricultura y ganadería aparecieron como las de mayor estabilidad, lo suficiente para que la mente otorgara parte de su facultad a algo que fungiera como administrador y ordenador del nuevo sistema de vida, claro, de buena fe, aunque también ignoraba ciertos elementos que podían alterar gravemente su sustento, por ello se irá viendo forzado a ceder cada vez una mayor fuerza a algo o alguien que solucione los problemas. Dicha potestad fue encontrando los medios para responder a demandas, a cambio de un incremento de mayores y mejores servicios, y el Estado iba encarnándose, aumentando tamaño y poder a medida que el hombre lo perdía.

El éxito de la especie depende de la adaptabilidad donde se mueva dentro de los márgenes del entorno cambiante, y no hábitat a las injerencias de las especies, y cuando eso ocurre, la naturaleza puede responder de diversas maneras, tal y como lo ha estado haciendo en el planeta por los daños que hemos ocasionado. Como los cambios en la naturaleza pueden ser súbitos o paulatinos, toda especie posee la facultad de vivir con ellos, por ejemplo, si en una primavera ya avanzada se presenta una nevada inesperada, los individuos podrán resistir las bajas temperaturas temporalmente, o si el cambio es lento, la adaptabilidad entra en acción al ritmo y nuevas circunstancias, llevándose a cabo las transformaciones requeridas, de lo contrario, simplemente se aplica la selección natural. Los cambios son simplemente procesos para que las especies sean más aptas, desarrollen y exploten potencialidades. Con todo, retos y adaptabilidades exigen esfuerzos y encierran grados de peligro, sobre todo los súbitos, y la diferencia entre el hombre y el animal, es que el ultimo responde y actúa según facultades propias, inteligencia y fuerza, mientras el hombre también, pero con la diferencia que involucra los medios creados por él, y es ahí donde puede darse la solución, o el inicio de un problema medular.

Esencialmente, podría considerarse el *homo herectus* como nuestra conclusión anatómica, más no psíquica. Al expandirse el *herectus* por gran parte del planeta, espacio, tiempo y circunstancias crearon en él una gran adaptabilidad, no sólo por la gran diversidad geográfica en que habitó, añadiendo a ello los elementos creados y usados para solventar los retos que se le presentaron como la lanza, uso de pieles y el fuego al enfrentar la edad de hielo, además de ser considerado como tronco de donde se desprendieron otros como el neandertal. Entre el periodo del *herectus* a nosotros, se consolidó lo suficiente la noción o idea de poder, digamos, de hasta cierto punto "negociar" nuestra adaptabilidad por poseer cosas que ayudaran a ello, añadido al nomadismo presentaba mejores alternativas; en otro lado, no únicamente de esa adaptabilidad con el entorno, sino de hallar algo que nos sirviera. Vida, entorno, circunstancias y medios materiales se conjugaban en una búsqueda a los continuos desafíos. Todas las especies poseemos resistencias y reacciones naturales al hábitat y sus cambios, predominando siempre la resistencia, pues el entorno es real, se conoce y se hace o han hecho las adaptaciones *ad hoc*, pero si en el ambiente se presentan alteraciones bruscas o que empiecen a romper el margen de estabilidad, y con ello el aumento de riesgo, los individuos se enfrentan a la adaptabilidad con todos los riesgos y peligros implícitos.

Se dice, que el hombre se ha hecho a sí mismo, por lo tanto, podría pensarse que paulatina o súbitamente se llevó a cabo un rompimiento con el reino animal y natural que nos engendró, para reaparecer o reconstruirnos como especie diversa de ellos, diferencia traducida a superior, y por ello señorear sobre ellas no de acuerdo a necesidades, sino más bien caprichos. La adaptabilidad evolutiva es la arquitecta de la diversidad tanto del reptil al ave o al mamífero, y algunos mamíferos después de ser terrestres regresar al mar mientras nosotros de ser "cuadrúpedos" a bípedos, etc. Por otra parte, tampoco lo determinó el uso de herramientas, como pudo haber ocurrido con el *habilis*, sino la diferencia convenida por el confeccionarlas y llevarlas, que al paso del tiempo iba transformando en ayuda corporal, luego dependencia, después en una creencia de alianza y terminar en una distorsión mental de sometimiento. Antes del Neolítico, nos movíamos en un tiempo, espacio y entorno natural, pero ya con una firme resistencia, dependencia de nuestras facultades, herramientas y utensilios, donde nuestras respuestas a cambios de entornos y circunstancias, iban tomando reacciones de adaptabilidad en el mismo destino, respondiendo enterrando los muertos y ¿plasmando pinturas en cuevas? El poder de la mente sobre el resto del cuerpo posee resultados tangibles, contundentes y seguramente antes del arte rupestre el hombre ejecutaba preparativos para la caza, pudiendo incluir el grabado corporal, lo cual no era magia, como comúnmente se conoce, sino un aliciente mental que estimulaba fuerzas y capacidades humanas. Eran acciones similares a los pueblos primitivos que tienen una función social, análoga para cualquier ser humano actual, uniformes, envestiduras o atuendos, ejerzan su influencia colectiva sin importar lo experto o inepto de quien lo use, incluso si la apariencia es prestada o usurpada. Previo al Neolítico en nuestra evolución, habiendo hecho adaptabilidades para responder a los retos que presentaba el entorno, donde si bien tanto facultades propias como herramientas eran importantes, el núcleo de la vida era la unidad del grupo, donde en ocasiones el fuego adquiría cierta representación, si bien los lazos sanguíneos y afectivos eran invisibles, este elemento se presentaba como algo más tangible, elementos que se había venido integrando y desarrollando a lo largo de cientos de miles de años, aunque evolutivamente considerados cortos, no pudieron solventar con la suficiente inteligencia los retos presentados por el Neolítico, que en pocos miles de años alteró nuestra adaptabilidad evolutiva.

El mundo, el entorno se presentan a las especies como un conjunto de fuerzas, formas, entes y fenómenos que se manifiestan con diversos grados de intensidad en sus características según las transmitan o perciban, dependiendo la disponibilidad, necesidades y capacidades de cada uno. Algunos poseen características más estables, otras mayores variaciones en sus cambios, mientras otros se distinguen por la ambivalencia. En esa dinámica, las especies intentan encontrar un tipo de vida estable, sinónimo de mayor garantía, aunque también poseemos genéticamente la adaptabilidad, pero este elemento natural tiene sus propias características que responden a la alteración del entorno o circunstancias que activen inteligencia, reservas y opciones de respuesta para los cambios a ejecutar, para lo cual debe llevarse a cabo en un periodo de tiempo determinado, un mínimo de transcurso generacional, que entre otros guíen o atestigüen a las especies con claridad las nuevas modificaciones. La paleontología atestigua que los cambios vitales en nosotros se dieron, aunque con un cierto aceleramiento paulatino, pero comparables a los ocurridos en el Neolítico, pueden considerarse repentinos. Por ejemplo, para nuestra transformación "cuadrúpeda" (en los árboles) a bípeda, aunque pocos millones de años; la consolidación al uso de herramientas, específicamente el uso del hacha de mano, un millón de años aproximadamente, de éste al uso del fuego ciertos cientos de miles de años; y si bien del enterrar a los muertos al arte rupestre, las evidencias muestran que fueron décadas de milenios, con todo ello, entre el ultimo considerado para muchos esencial, hay una brecha de al menos cincuenta mil años. Es cierto que la aceleración de cambios fue, digamos, en proporción a nuestra evolución donde paulatinamente íbamos siendo seres con mayores capacidades, pero aun así, los cambios del mundo tampoco se mueven a ritmos vertiginosos, claro a excepción de los cataclismos, pero el fin de nuestra evolución ocurrió en la última edad de hielo, cuyo fin fue gradual y en el cual ocurrieron los últimos dos cambios ya mencionados, del acto funerario al arte rupestre, mientras el tercero, al Neolítico, ciertamente el fin de la era glacial lo permitió, fue una transformación más que natural, influenciado por la mano del hombre, pero sobre todo en un periodo de escasos miles de años. ¿Estábamos preparados para la magnitud de cambios ocasionados?

Lo ocurrido en el Neolítico, en eso que llamamos civilización, consistió en ser la primera especie en llevar a cabo cierta reinversión de roles con respecto al entorno natural. Antes de ello, al igual del resto de especies, nos movíamos, digamos, en nuestra propia orbita en torno a un núcleo natural de vida, ese sol que a todos ilumina, calienta y provee de existencia, el cual semejando al resto de planetas cada uno se mueve, vive de manera diferente, pero todos dependiendo de la Madre Naturaleza, viendo la flora y animales, el entorno moviéndose del mismo modo, tal como había ocurrido desde la creación de la vida. La consolidación de la agricultura, ganadería y casa habitación, la aldea, se convirtió en ese centro. En efecto, el entorno, la civilización materialmente es real, tanto como nuestro cuerpo o masa que ocupa un lugar en el espacio. Pero toda masa o cuerpo se mueve interna y externamente, ya sea parte o estructura (electrones con respecto al núcleo, lunas a sus planetas, estos referentes al sol, sistema planetario a galaxia, etc.,) siendo condición a sujetarse por las leyes universales. El presentarse la aldea como "entorno real", donde efectivamente sus elementos presentaban una mayor garantía, seguridad, incluso excedente, el hombre se aferra a mantenerlo como núcleo de vida estable, para lo cual hemos venido construyendo toda una serie de obras, herramientas y artefactos en aras de perpetuar ese entorno, orden, que le otorgue el sustento. Pero naturaleza, planeta, nosotros mismos continuamos moviéndonos, evolucionando en la sinfonía eterna. Claro, la respuesta obvia es: *Nosotros lo hemos venido haciendo. Tan es así, que ya iniciamos "la conquista del espacio"*. La civilización material, es decir, el entorno, es real, sólo en proporción a su proyección mental.

Para ojos y cerebro del mamífero, el entorno real se presenta tal y cual es, con diversos ritmos de movimiento (día y noche, estaciones, temporadas, etc.) Sabe que no puede detenerlo, sino moverse a su ritmo. La agricultura solamente en parte presenta esas características; la ganadería o domesticación de ciertas especies, que implica una mayor alteración impuesta a ellas, involucra la obligación de construir casas habitación; cimientan la idea de un intento de estabilizar un entorno apropiado con elementos suficientes de seguridad, lo cual funcionó, tal como lo hace un nido, trampa o guarida para otras especies, pues el hombre poseía ya suficientes conocimientos de los ciclos naturales, pero sólo en periodos determinados pues ignoraba la existencia de fuerzas internas y externas, movidas a ritmos más lentos y otras capaces de manifestarse repentinamente, y ante esos cambios los individuos inician la eterna lucha de reconstrucción, permanencia, mejoras a ese entorno que busca perpetuar en un intento por darle un orden cada vez más estable, y ese mundo producto de manos y mente a medida que cree va aumentando en tamaño y mejoras, se va convirtiendo en el núcleo de la vida. Para la mente nómada, lo mismo herramientas de caza y resto de utensilios y prendas, eran elementos movibles con él al ritmo natural, y como esos objetos de dependencia podían sobre pasar la existencia humana, el entorno material estable presentaba similitudes por ser producto de una labor en conjunto, el grupo le otorga esa proyección real y permanente. Es cierto que requiere restauración, mantenimiento, se deteriora e incluso puede destruirse, pero lo mismo ocurre con el hombre, otras cosas y animales, y así como la naturaleza provee las materias primas para regenerar al hombre, éste piensa que de la misma manera ese entorno creado por él puede serlo, con la diferencia que para la colectividad, ese mundo va adquiriendo la característica de permanencia y en poco tiempo ostentará la de inmutabilidad mental, que al paso de siglos intentará plasmarlo en obras que imiten la inmortalidad, desafiando tiempo y elementos, obras que hasta la fecha perduran, pero no son sino el reflejo de ese orden material, régimen al que el hombre se ha sujetado.

En apariencia, los astros vistos en el firmamento nunca cambian, y si lo hacen como la luna, es en procesos repetibles permanentes. Muchas generaciones pueden observarlos como reales y pensar que son eternos en la apariencia percibida. Lo mismo ocurre con ciertas cosas sobre la tierra, un lago, un río o una montaña. Todas las especies, específicamente nosotros, sepamos o ignoremos, todos esos astros, fuerzas y fenómenos nos influyen y moldean, y hasta cierto punto determinan. Una especie una vez "constituida", funciona dentro de esos patrones que lo atan, le han marcado pudiendo durar desde siglos, milenios o incluso millones de años. Órganos y cerebro funcionan en concordancia con esas fuerzas mientras estas no le marquen o exijan cambios, pero mientras eso no ocurra, la especie responderá a esa dinámica, ese entorno real y vivo. Por eso es que nosotros tomamos de esas fuerzas consideradas inmutables y renovables en sí mismas, y otorgamos a un mundo determinado según nos han hecho creer, para imagen y semejanza de la especie que podría considerarse "obra maestra" del planeta, y a pesar de las catástrofes naturales y las propiciadas por nosotros, nos hemos venido esforzando en reconstruir, mejorar y engrandecer ese mundo que creemos da la vida. Incluso aunque muchos o algunos hoy sepan que todo lo que vemos en el cielo es un pasado que puede ir desde unos momentos hasta millones de años, incluso ya no existan, y lo que percibimos es un espejismo; o de igual manera, "nadie se baña en las mismas aguas de un río dos veces", etc., seguimos otorgando toda la credibilidad al mundo material. Para la mayoría, toda masa o cuerpo puede tener una vigencia de tiempo y espacio, dependiendo tipo y jerarquía u orden, en lo cual se incluye el ser humano, pero el mundo civilizado es el único en poseer cierta característica transmutable material, por el germen otorgado del progreso y perfección, al ser parte de su esencia y por ello, no importa que las obras materiales y pueblos sigan pasando, desapareciendo, pues si la grandeza de griegos y egipcios desapareció, qué más da que el presente sucumba, pues ese espíritu de la civilización de apariencia eterna, siempre podrá de las cenizas de cualquier obra material y masa humana, reconstruirse.

La esencia del entorno natural, es el poseer un alma, fuerza que mueve y transforma, y al ser regenerativa tiene obviamente vida, razón por la que las especies se mueven a su ritmo. Es un núcleo sobre el cual todos giran. Algunas especies ejercen cierta influencia y alteraciones sobre el entorno y en apariencia así permanece temporalmente, mientras otros tratan de mantenerlo con características determinadas, por ejemplo, constructores de madrigueras, nidos, mapaches, abejas o termitas, pero esos entornos o son temporales, pueden ser movibles, se cambian al ritmo de procesos naturales, o poseen un centro de vida como la abeja reina, madre de toda la colonia. Ahora, el hecho de que toda especie busque una permanencia, y dicha característica se refleje y proyecte sobre el entorno, y que los individuos busquen esa regeneración y reconstrucción de su hábitat por serle más propicio para la existencia, no es producto de ningún raciocinio, sino de los genes de toda célula. Nuevamente, la esencia de los entornos es la Madre Naturaleza en sus diversas manifestaciones, y las especies se mueven en torno a Ella ya como elementos en apariencia solitarios, como el oso polar o en grupos, sea construyendo "asentamientos" dentro del proceso natural o en continuo movimiento. Hasta hace escasos siete mil años, genética como mentalmente vivíamos en esa armonía y movidos por esa fuerza invisible de vida, hasta que pensamos que podría estabilizarse, que aunado a la dependencia de objetos materiales, uso de elementos y toda nuestra capacidad psíquica desarrollada, el entorno transformado y creado por nuestras manos nos fue confeccionando un nuevo molde, creándonos a su imagen y semejanza, no porque el Estado, la civilización tenga la esencia de la vida, sino por ser obra del hombre, de la misma manera que herramientas de caza, fuego, cuevas, etc., creados y manejados por nosotros, fueron y fuimos confeccionando nuestra evolución por millones de años, luego todos esos elementos simplemente adquirirían formas y manifestaciones diversas, donde al momento de estabilizarlos dejen de formar entorno nuestro para ayudarnos, para transformarse en núcleo nuestro, y nosotros pasamos a girar y depender de ello, pero como ese entorno artificial carece de alma propia, para que la vida se regenere y desarrolle, nosotros le hemos dado parte de la nuestra, semejante a elementos imprescindibles de otros grupos como el idioma, para convertirse en especie de convencionalismo, y como tal tiene una función y por ende eficacia que es más mental que real; moviéndose todo en relatividades, el entorno civilizatorio nos ha venido guiando y moldeando con patrones fijos y cambiante, otorgados de parte nuestra tomados del natural, con la diferencia que la idea de civilización se encuentra firmemente enraizada más que en puntos geográficos, en la mente, pero el éxito de la idea no es que otorgue respuesta a necesidades y demandas de las mayorías, sino al convencionalismo mental de miles de años que hasta cierto punto nacemos ya con ello, puede desde hace decenas, cientos de generaciones a todo mortal que arriba a este mundo se encuentra con ese entorno, dando por sentado que es natural, tan obvio que todo semejante se mueve, vive y depende de ello. Aunque con el tiempo el individuo aprenda que tal mundo ha cambiado y seguirá haciendo, posee un alma estable y regeneradle en sí misma, incluso perfeccionista, pero de cualquier manera el hombre ha estado y debe seguir sujeto a ello. Esta idea es por un lado el cimiento de grandes avances en diversos campos dignos de admiración, pero se debió a que llegamos en un momento cuando habíamos ya desarrollado grandes capacidades, llenas de potencialidades, tan es así, que pensadores de la altura de

Aristóteles y Hegel lo han considerado como uno, o el más grande logro hecho como especie, aunque por otro lado es quizá la más grande aberración por tener la validez y fuerza sólo por ser atributo mental; que al quedar arraigada como elemento puro y estable, el hombre, un ente que se mueve y depende de ello; luego transmutable y regenerativo, y el humano rehén de sus ritmos y caprichos, alimentándolo, quedando condenado a una trampa mortal. Además, nunca ha sido fuente de desarrollo o bienestar para las mayorías; y al estar anclado materialmente y muchas veces haber sido barrida, desaparecida desde sus cimientos, tanto por fuerzas naturales como el mismo hombre, el espejismo mental no desaparece. Para las fuerzas del Cosmos y nuestro planeta, nuestro mundo es simplemente otro fenómeno o accidente topográfico, como puede serlo un desierto o selva que hoy es y mañana desaparecer, no es producto de la fuerza de vida variable, en cambio, el ser humano tanto en su grandeza como miseria es otra especie que aferrada o libre de ese entorno, es un ser no estable, pero a pesar de seguir aferrado a esa idea material ficticia, decimos, de manera similar a Galileo: *y, sin embargo, se mueve.*

Pero, ¿en qué se sostiene y de qué manera se mide la proporción del entorno en la mente para que sea real? Los sentidos nos muestran una percepción y efecto de las cosas, pero no la esencia, y dicha percepción sea permanente o esporádica, sabemos que existe tal y como ciertos fenómenos o procesos ocurridos en nuestros cuerpos, vidas, y ambas experiencias internas y externas, sea conozcamos o ignoremos, sus causas son reales en cuanto su efecto, visible a invisible. Para que este lenguaje pueda darse, los activos deben poseer una esencia, una parte o manifestación del Espíritu Universal, y en los seres vivos ello no es lo suficiente claro, pero también lo podemos encontrar en los elementos que dan o propician la vida. Así, todo mamífero no puede tocar el sol, pero lo ve y siente, y aunque se oculte se sabe que no muere; e igualmente el aire, escuchamos y respiramos, pero no vemos, sea en cualquiera de sus manifestaciones e intensidades. Elementos como estos tienen para la vida su esencia implícita y explicita, tangible e intangible. En cualquier mamífero ocurre algo análogo. Por ejemplo, un cuerpo femenino o masculino con óvulos maduros y buena cantidad de testosterona, atraen y excitan, y el acto sexual es el medio, pero no la esencia, el fin es la reproducción, para que una vez consumado el acto y satisfechos, la forma externa, los cuerpos pasan a ser partes del grupo o sociedad. Lo que determina y es real es la esencia de las cosas, hayan sido creadas como el Cosmos y naturaleza, o el que las usa como medio para un fin determinado, y dicha esencia hasta cierto punto adquiere la categoría de medio de vida, a la vez la mente le adhiere, digamos, parte de su alma, y es aquí donde da comienzo el fetichismo e idolatría. El objeto es real sólo en cuanto elemento material, tangible como una piedra o árbol; veraz en cuanto sirva como medio para un fin específico, a la vida humana, en esencia. Ambas realidades deben ser compatibles en cuanto a naturaleza humana y mundo natural, es decir, ambos son parte, producto y medios de vida de un todo, y el hombre por más que intente salirse no puede, pero el objeto al estar presente requiere algo que le dé la suficiente fuerza de permanencia, que exista, vida, lo cual únicamente puede ser otorgado por la mente. La falacia del mundo material es entonces en proporción como medio, pero sobre todo fin, para la vida del hombre.

El mundo material no solamente se cimentó, sino continúa dependiendo del sector primario, con la diferencia que a partir de la era industrial la sociedad al parecer lo ha ido olvidando. No nos adelantemos. El "alma" o aparente inmortalidad del entorno material es el Estado. El hombre sabe que pueblos y civilizaciones han desaparecido, pero al estar conscientes que todo procede de algo, linajes hereditarios por sangre, herencia, leyes o tradiciones, de la misma manera el Estado encarna esa dinastía múltiple e inagotable, en la que algunos se dicen "herederos de Gracia y Roma", otros "descendientes de Abraham y David", etc. Pero desde esos orígenes, incluso antes, los seres humanos más de una vez en la vida, han demostrado su inconformidad y rebelado ante el régimen, y varias ocasiones hemos arrasado esos entornos materiales y sus representantes, en un inútil afán de erradicar sus males, pero sólo para que de sus cenizas nuestras almas resuciten el ave fénix, en la creencia que será completamente renovada, simplemente para volver a ser devorados, continuar repitiendo la historia, pensando que destruyendo las obras materiales y sus gobernantes, el nuevo orden será justo, sin saber que hemos sido amamantados y sus genes poseen ya el nuevo vástago que debemos alimentar, y grilletes someter.

Tanto alma como esencia son imperceptibles a los sentidos, y sin embargo es lo que hace que cualquier cosa o ente sea, y manifieste de diversas formas, sutilmente o con una claridad perceptible. En nuestro caso, sobre todo según el régimen, esas manifestaciones requieren materializarse para poder satisfacer algunas necesidades vitales, debiendo ser compatibles con ciertas características nuestras, para lo cual adquieren representación tanto sensorial como sutil, esa fuerza que sabemos existe, pero es invisible, compatible con el Alma Universal, la naturaleza, nuestra y ajena a la vez. Una parte vital en nuestra evolución fue el grupo, cuyos lazos de unión eran tangibles e invisibles. Ambos, individuo y grupo, el alma individual y colectiva y del mundo natural, se basaban y exteriorizaban en tres principales formas: inteligencia, fuerza y sentimientos, que fueron y siguen siendo principales motores evolutivos, aunque añadiendo el cuarto elemento, sus creaciones materiales. Ahora, si el mundo material, la civilización, encarna esos artefactos que ayudaron a evolucionar, y si el Estado es el alma, todo ello como ente vivo que proyecta la mente debe también exteriorizarse, de lo contrario carecería de esencia o alma, no daría satisfacción a las necesidades de la muchedumbre, y es ahí donde el Estado por un lado se manifiesta en su forma más clara y a la vez guarda sus secretos, su aparente inmortalidad y meta transformación, entre otros porque no es producto de una mente; moviéndose todos los grupos sociales en torno a ello, pueden desplazarse de una a otra orbita, y a lo largo de la historia inteligencia y fuerza lo han rediseñado una y otra vez. Cualquier mortal que llegue a este mundo y observe ciudades amuralladas, castillos y aldeas, o cualquier ciudad del presente, muchedumbres donde unos someten y las mayorías obedecen, al paso de su existencia vea la gente nacer y morir, sencillamente dará por sentado que esa fuerza a la que todos obedecen, o es designio divino y/o del Demonio, es una necesidad inevitable, prescindir de ello equivaldría a morir ("¡sin dinero, moriremos de hambre!"), a un caos total ("¡qué sería si no hubiera gobiernos!"), a la destrucción o al menos un "retroceso social humano", y en el peor de los casos, un completo retorno al "salvajismo" de las cavernas, cosa inconcebible y denigrante para el actual hombre "civilizado".

Al igual del resto de especies, en los últimos millones de años, fuimos evolucionando sobre todo en la fuerza e inteligencia, por ello el Estado encarnado en la civilización material y rápida consolidación, se sustenta en primera instancia en esos dos elementos, pero sin poder dejar de lado el tercero. Antes, elementos materiales creados y manejados por inteligencia y fuerza, eran componentes activos, girando en torno al hombre; naturaleza creaba al hombre y él sus obras. Casi de manera súbita, la naturaleza parece anclarse y para que se mantenga de tal forma las herramientas de caza deben transformarse, luego dividirse (en el sentido de convertirse en diversos tipos) y multiplicarse, y éstas crean otras obras materiales (casas, cercas, diques, etc.), que al ir aumentando en número, ancladas, el hombre va siendo rebasado para poder señorear sobre esa multitud material, cada vez más cimentada, terminando atado, invirtiéndose roles, el hombre ahora gira, depende de ese núcleo; se transforma en su siervo. Para que ese nuevo entorno pueda funcionar, el hombre debe transformase en proporción a ello, dividido en sí mismo y multiplicarse, por lo que deja de ser pleno en todos los sentidos, fuerza, facultades, inteligencia van siendo absorbidos por ese orden; amenazado internamente (el mismo hombre), y externamente por dos frentes, otros grupos y fuerzas sobrenaturales, y al percibirse un antagonismo claro como invisible, ese nuevo entorno responde de la única manera posible, fuerza e inteligencia del mismo hombre, contra él mismo, semejantes y todo aquello que amenace; las transformaciones de herramientas de caza a armas, del líder valiente y experimentado al gobernante corrupto y déspota, del fuego de la hoguera a dioses y demonios, es sólo cuestión de tiempo. Por eso, el Estado posee un hechizo real activo en la mente, y para que conste se materializa con toda su brutalidad e inteligencia; sabe negociar, a los que le sirven enteramente los colma de poder y riquezas materiales, otorga pan y circo, a otros dadivas, y a muchos simplemente aniquila. Pero como no puede exterminar completamente al hombre, es decir, como éste cree que no puede vivir sin ello, el hombre ha tenido que hacerse concesiones a sí mismo –por muy raro que suene. Pues un ser sujeto a fuerzas subjetivas, ya sea por instinto de supervivencia o dignidad y respeto a sí mismo, ha usado inteligencia y elementos sublimes para encontrar soluciones, al dilema del mundo considerado inevitable– y a lo largo de la historia, se han manifestado en luchadores sociales, hombres virtuosos y estadistas, que han dado momentos de cierta armonía y frutos plasmados como *Los Derechos del Hombre* y leyes justas para las mayorías, lo cual en cierta medida, en algunos lugares han sido ejecutados. Por otra parte, a pesar de la brutalidad con que el Estado responde y destruye hombres y el entorno material, e inteligencia para regenerarse tiene el otro elemento humano, que en todos los pueblos y épocas se manifiesta de diversas formas, y han dado y legado todo tipo de obras, dignas de admirar, conservar y seguir transmitiendo a las posteridades, entre otros nos muestra que detrás de esa parte oscura siempre hemos poseído y tendremos vastos talentos para salvarnos y regenerarnos, entre ellos la construcción de un mundo justo para todos los que habitamos este planeta, como muestra se encuentra el legado de los Gigantes del género humano, antorchas que iluminan y guían, hablándonos y recordándonos que dentro de esa miseria mostrada a lo largo de la historia y el presente, habita en nosotros una chispa divina, dispuesta a brillar enormemente en las almas de todos los hombres.

Ante la aparente lógica del mundo y deslumbre, después de todo no hemos perdido completamente la capacidad de maravillarnos, incluso de la naturaleza, ese entorno nos ha inyectado algo parecido a una sobredosis de droga de triple efecto, al verlo imprescindible; una obra representativa de siglos o milenios de trabajo y avances; algo derivado o producto de leyes naturales, sólo que elevado por la mano humana a su máxima potencia.

1. En efecto, simplemente que con una gran distorsión. Entre sus argumentos y justificaciones son:

a) Todo organismo es un conjunto de células y órganos que responden a un comando.

b) El modelo se reproduce en cualquier grupo, particularmente mamíferos, por ser condición fundamental de desarrollo.

c) Toda parte cede algo de su esencia, autonomía a la parte que gobierna, como condición para que en esa seguridad se desarrollen las partes en plenitud.

2. Su respuesta a las expresiones negativas contra el mismo hombre o todo lo que lo atente:

a) Todo organismo posee un sistema inmunológico, cuya función es no solamente defender el cuerpo de invasores, sino dispuesto a mutilaciones y sacrificios en pro del resto.

b) Dichas luchas no son únicamente condiciones de desarrollo y vida, también medios para que la especie sea cada vez más fuerte, apto, en resumen, exitoso.

c) Gracias a esta evolución, hemos llegado a constituirnos no sólo como especie, sino a coronarla con la civilización.

3. Lo que dice respecto a relaciones entre hombres, otros seres y entorno:

a) Dentro de cada grupo, las luchas desarrollan y explotan capacidades, donde los más fuertes e inteligentes deben liderar, por ofrecer las mejores garantías al grupo.

b) Estas luchas no ocurren únicamente de manera violenta para conseguir el mando, o explotar semejantes, sino facultades como las ciencias y artes.

c) A pesar de la aparente rivalidad grupal y secuelas en ocasiones mortales, no tiene que ver con la parte humana sublime, en tesoros como sus sentimientos, el amor o caridad, ya que no han desaparecido a pesar de todo lo ocurrido; mientras que:

d) Así como hay luchas dentro cualquier agrupación, ocurre lo mismo entre grupos para proteger sus territorios y familias.

e) Estas luchas no implican siempre el exterminio, sino extensión y/o dominio que pueden terminar en fusiones donde todos se fortalecen.

f) Entre los grupos, no siempre ha prevalecido la hostilidad, sino alianzas o uniones en pro de un bien común, y.

g) Es precisamente esta lucha de contrarios, por demás recordar que es una ley de la dialéctica, lo que ha permitido el desarrollo humano hasta el presente.

Para estos argumentos con que se sustenta y justifica el Estado encarnado en el mundo material, ya se ha respondido en otra parte y retomaremos el tema más adelante e intentar aclarar otros puntos, por ahora solo diremos y reiteramos:

1) El mundo material, sea en todo su esplendor o pobreza, es sólo un medio y no un fin para la vida, como tal, todos debemos ser dueños de ello en la misma proporción que lo construimos, en justicia y libertad, conocedores de su esencia, señoreando sobre él y no a la inversa.

2) Si el mundo civilizado es nuestra coronación evolutiva, como especie, debería serlo para una mayor plenitud y no medio de enajenación, explotación, sometimiento y degeneración no solamente de nosotros sino de otras especies y planeta.

3) No existe argumento ni ley natural, mucho menos universal, que sustente teoría alguna que fuimos creados o evolucionamos para llegar a construir la civilización; facultarnos para sobreexplotar el mundo a nuestro capricho o destruirlo, incluyendo a nosotros, como tampoco a otras especies; ya que, si llegase a ocurrir otra destrucción masiva de especies, como las anteriores, sería otra condición de regeneración, incluso nuestra.

4) Si como especie llegamos a construir este mundo, con todos sus aciertos y errores, entonces debe continuar evolucionando y avanzar a la construcción de un mundo mejor, en la consciencia clara que podemos vivir sin el Estado, al menos el tipo de régimen que nos ha tenido sometidos, cambiándolo por otro que se sustente más en la verdad y la justicia.

Así, validez o realidad del mundo material con todo lo que le sustente, específicamente el Estado y el dinero, lo son en cuanto a la proporción otorgada por la mente: a) En forma pero no en contenido; b) medios para ciertos objetivos y necesidades, más nunca en fines para sí mismos; c) objetos que deben girar y depender del hombre y él de la naturaleza, y no a la inversa; d) partes secundarias, cuyo valor es en proporción a las satisfacciones de necesidades primarias, más no como entes de cuya sabia depende la vida humana; e) concreto, al ser masa que ocupan un lugar y espacio determinado, pero no como entorno permanente y regeneradle para sí mismo; f) objetivo en cuanto es producto del conocimiento y experiencia evolutiva, subjetivo porque conocimiento, educación y formación del hombre son encausados para servir a ese mundo; g) verdadero por poder ayudar a la plenitud humana, falaz porque no ha sido ese su uso; h) racional, ya que nos ha llevado a grandes glorias, irracional porque hemos sido manipulados, y por ello ha propiciado nuestras más grandes desgracias. Algo más que lo atestigua, es que a lo largo de la historia algunos seres humanos se han orgullecido al decir que la civilización los distingue de los animales y acerca a los dioses, mientras las mayorías comúnmente se resignan o consienten, y en muchas ocasiones otros se inconforman y rebelan, luchan para destruirlo o transformarlo. Eh aquí otra prueba de ello. Intentémoslo.

3. Las posibilidades del caos

Los adelantos tecnológicos no permiten presenciar y estudiar en el cielo y la tierra explosiones de estrellas, choques y coaliciones de astros y galaxias, agujeros negros, terremotos, huracanes o tornados, explosiones volcánicas, etc., comúnmente denominados caos, y en apariencia algo se destruye o un fenómeno ocasiona algo similar, parcial o total a otro. Caos puede ser interpretado entonces como destrucción y/o muerte, a la vez también condición de renovación o inicio de otro proceso, de una nueva vida. A la luz de la lógica humana, esa imagen aparece la mayoría de veces como algo negativo o un castigo divino, atreviéndonos a afirmar que dicha interpretación inició en el neolítico, porque el producto del trabajo del hombre, del que a partir de entonces depende y ese hábitat producto de sus manos, se ve agravado o destruido por fuerzas incontrolables, no desconocidas, sino algunas fuerzas naturales empiezan a adquirir categorías de malignas, originando entre otros las ideas del bien y el mal.

Gracias al avance de conocimientos, hoy sabemos que en millones de años por venir el sol dejará de brillar, la Vía Láctea y

Andrómeda colisionarán y fusionarán, seguramente los continentes volverán a juntarse y crear una nueva pangéa. Las condiciones del planeta seguirán cambiando, paulatina o drásticamente, cuando el Sol se expanda seguramente la calcinará, destruirá y; añadiendo a lo aquí referido recordemos las extinciones masivas de especies, entre otros, muchos pudieron progresar, y llegar a nosotros. Por nuestras cualidades, nuestra permanencia en el mundo y Cosmos, depende de las decisiones sabias que tomemos. Si como especie tenemos esa posibilidad, para empezar, debemos cambiar la actitud ante nosotros mismos y planeta, y después comprender que entre los secretos de la vida y por el Espíritu que se nos ha dado, el inicio de esa transformación, regeneración de los vicios en que hemos caído, la búsqueda de soluciones deber ser pronta. Pero el simple hecho de imaginarnos un mundo diferente literalmente aterra, por la sencilla razón de implicar cambios drásticos, una "destrucción y regeneración" interna y social; el miedo natural y el impuesto por el régimen hacen acto de presencia, además de ser normal en cualquier especie por los retos y peligros implícitos. Con todo eso, siempre hemos demostrado poseer los medios para solventar adversidades, además de por más que cerremos los ojos y continuar con esta tendencia, tarde o temprano la situación se reinvierta drásticamente, por lo tanto, empezando a tomar medidas prontas, las posibilidades de reducir el daño aumentan. Tarea sumamente difícil, la cual obviamente no será llevada a cabo por ningún gobierno o promovida por las minorías beneficiadas del régimen. Creemos pertinente, hacer un breve repaso por la historia para observar algunas situaciones de caos, donde según algunos, hemos venido mejorando.

Aunque reiterado en diversas ocasiones, es necesario nuevamente partir del neolítico, por ser ahí donde inicia un dilema al ser considerada la más grande revolución llevada a cabo como especie, siempre en un sentido positivo, ante lo cual muchos preguntarían "¿Dónde está el caos, la destrucción?" La respuesta es: En la mente, el cuerpo, el alma, aunque de manera sutil. Es un periodo, de efectivamente, grandes cambios no solamente internos y externos del hombre, sino del inicio sobre el mundo y otras especies por la mano humana. La aparente garantía y prosperidad presentadas por el nuevo sistema económico, obliga al hombre a reconfigurarse a sí mismo, por ende, un caos interno de readaptación a las necesidades de su nuevo mundo externo. Primero, su metabolismo debe reajustarse a nuevas dietas de los entornos de asentamiento, pero específicamente a los cereales, base alimenticia de los pueblos hasta el presente; y seguramente las hambrunas dejan de ser menos frecuentes, aunque por otra adquieren nuevas formalidades por la imposición de explotación humana, variaciones de ciclos agrícolas, plagas y todo tipo de alteraciones propiciadas al alimento desde la abundancia de comida chatarra, productos transgénicos, uso excesivo de hormonas y feticidas, etc. Otro de mayores repercusiones y complejidad en el cuerpo es el sedentarismo, con grandes secuelas donde se han acentuado mayormente del siglo XX al presente, cuya tendencia es a incrementarse. Entre los criterios para clasificar un ser pleno, tenemos la autonomía para desarrollar todas sus facultades, bastándose en sí mismo y demás compañeros del grupo, donde todos participan dependiendo de aptitudes conforme a etapas de desarrollo y sexo, lo cual fue llevado a cabo durante el paleolítico, y a partir del neolítico se inicia un proceso de disgregación humana al ir asignando actividades específicas, y depender de sujetos que no siempre son los idóneos; y el uso de objetos materiales adquiere una transformación de dependencia que va más allá de lo sensorial, manipulada, dando de esta manera el comienzo de limitación y segmentación del hombre. A medida que el ser humano va siendo disgregado, el entorno lo va absorbiendo y la nueva vida sojuzgando, el orden externo aumenta en proporción al caos interno humano; él se fracciona o destruye para construir uno nuevo, fuerzas, voluntades, inteligencia, etc., le pertenecen sólo en parte, el resto está disgregado en un mundo también caótico, el aparente orden no lo es: pueblos, aldeas pelean y sucumben, destruyen y recrean, mientras el hombre es una simple materia prima de ese caos y orden, donde ambos se justifican como en la defensa y protección de familias y propiedades. De este nuevo sistema, entre los principales legados siguen siendo: la explotación del hombre por el hombre, la conversión de herramientas de caza en objetos para matar hombres, mujeres y niños: las armas y las guerras. Pero como todo debe reivindicarse a sí mismo y encontrar un chivo expiatorio, da como resultado, entre otros: las toscas ideas del designio divino en que un sujeto debe gobernar, la de un dios que castiga esa muchedumbre de pecadores y que el Demonio es el principal culpable: la institución del infierno sobre la tierra.

El Imperio Romano puede considerarse la mejor representación de nuestro nuevo orden. El hecho de que la construcción de algo implique la destrucción de otro para ser transformado en materiales, para reparar o regenerar, no es producto de ningún proceso neurológico racional, sino de la vida misma, basta mirar el aparato digestivo, las células, abejas u hormigas, donde estas últimas transforman materiales en alimento. Roma toma todo cuanto puede (hombres, territorios, animales, dioses, etc.) para construir su imperio usando la inteligencia, pero sobre todo la fuerza. El orden humano bajo cualquier lógica, es más de forma que de contenido, pues su interior es caótico. Primero, ningún ser vivo, grupo o pueblo, al menos la mayoría de los que conformaron el imperio es un orden o parte armónica, pues la mayor parte de ellos llevan existencias turbulentas, miserables; comúnmente la alternancia del poder era a través de traiciones y guerras; el populacho romano vive de pan y circo, para alimentar ejércitos sea para defender, expandir o abanderar caudillos que buscan el poder; su historia está llena de luchas internas, guerras civiles, sublevación de pueblos sometidos y esclavos. Todos los componentes y niveles son continuas luchas, aunque a veces pasivas o reprimidas, a penas contenidas por alianzas, dádivas, concesiones, pero sobre todo por la fuerza. Cierto, hay periodos de paz y florecimiento en todos los sentidos, porque todo organismo o grupo tiene un límite de lucha, debe recuperarse, o ha encontrado cierto beneficio, resignación o asimilación, que por lo demás son únicamente elementos secundarios o transitorios en busca de una verdadera armonía. El precio para que Roma viva es elevado: sangre humana, de animales, gran explotación de recursos naturales, etc., mostrando un caos cuya lógica de existencia es la brutalidad destructiva; un ser humano en continúo debate, un dilema humano y animal, siempre insatisfecho, ambivalente; luchando contra todos, todo y nadie; nada ni nadie escapa de ese orden a que se aferran, y a la vez tratan de destruir o al menos cambiar.

Como era de esperarse, ese régimen sustentado en tales características aunado a otros factores como las invasiones germanas (mayor caos y destrucción), al paso del tiempo desaparece y emerge otro aparente orden humano. El cinturón de fuerza con que Roma se sujetaba es roto, sólo para que sus partes vuelvan a encontrarse arremetidas por otras fuerzas externas, claro, no buscan una fusión armónica, pues invasiones como las vikingas eran de destrucción y saqueo; mientras el islam, era simplemente otra versión de dominio, en el fondo era copia de los imperios anteriores, que con sus matices significaba para los grupos europeos no únicamente un nuevo sometimiento, sino antagónico, lo cual ejerce un efecto de catalizador que permite cierta fluidez y cohesión a esa heterogeneidad de grupos inestables. La Edad Media está lejos de ser un mundo armónico, encontrando grupos humanos sometidos unos a otros y forzados a cierta unidad por invasiones y amenazas externas, aunque también hay momentos de estabilidad como el imperio de Carlo Magno, es por lo mencionado anteriormente. La mente del hombre simplemente debe hacer ajustes para sobrevivir al aparente orden, propiciado por él mismo.

Del Renacimiento al presente, la dinámica incansable por construir un orden no se ha detenido, en cambio ha adquirido mayor número de variantes en poco tiempo comparable al medieval y Mundo Antiguo. La regla es la misma: diversos grupos europeos empiezan a ser absorbidos comúnmente mediante la fuerza para conformar grandes reinos, que terminarán siendo los actúales estados nación. Esa cohesión interna controla y encausa la fuerza hacía afuera, la conquista de inmensos territorios y todo cuanto se encuentre en ellos, sometidos bajo la única lógica conocida: sangre y fuego. La consolidación del capitalismo y Revolución Industrial, únicamente incrementan a su mayor potencia la fuerza depredadora, creyente que a mayor destrucción y transformación de humanos, animales y recursos naturales, el régimen se robustece y adquiere mayor estabilidad, creencia que dará entre los resultados, las dos guerras más destructivas de la historia humana. Esa idea de cohesión y dominio, poseedora de una gran adaptabilidad ideológica, asombra la forma entre voluble, inquebrantable, ambivalente y caprichosa en que la mente ha venido moviéndose en estos últimos cinco siglos, entre otros al observar una aglomeración de grupos bajo un poder, salida o expulsión de algunos para someter otros y ponerlos a los pies de dominantes, luego, insurgencias de esas partes sólo para quedar sometidos a otro amo. Pero esta dinámica, aunque es la misma desde la antigüedad, en los últimos siglos ha adquirido mayores variantes.

La formación y división política del mundo como la conocemos en el presente, es prácticamente nueva. Alrededor de doscientos años atrás, el planeta se encontraba dividido en unos cuantos imperios europeos, los más importantes eran el británico y el español. En la actualidad, el alrededor de doscientos países en que se encuentra dividido el mundo, no es otra cosa que producto de guerras, acuerdos entre potencias, vaivenes fronterizos por invasiones, luchas armadas o imposiciones, sometimiento interno por ideologías, caudillos, etc. La fragilidad de cohesión de muchos es clara, en ocasiones disfrazada o amortiguada por chovinismos populistas, promovida por gobiernos, problemas mundiales, grupos extremistas, líderes y partidos de toda índole, medios masivos por eventos como el futbol, y cosas por el estilo. Además, en los últimos dos siglos las masas humanas han sido movidas y sujetadas, aparte de las fronteras, guerras y migraciones voluntarias y forzadas, la mayoría de veces, por las promesas de una patria de libertad, progreso e igualdad, sea la del capitalismo o socialismo, o el método tradicional de la fuerza bruta, pues entre otros en la gran parte del mundo han prevalecido las dictaduras militares o de partido, oligarquías o el gobierno corrupto y despótico.

Así, después de haber bajado de los árboles y en algunos millones de años convertirnos en humanos, luego seguir viviendo en el mismo orden natural, aunque con nuestras propias características por alrededor de cien mil años, una rápida mirada a la historia permite ver que los últimos milenios han sido un caos, una lucha en la búsqueda de un nuevo orden, donde al parecer la inteligencia se ve incapaz de dar respuesta o convierte en rehén del sistema, o simplemente es rebasada por la fuerza, y en el presente la tecnología es ante todo aliada del régimen.

La profecía de un futuro apocalíptico como el descrito por Juan (bueno, según algunos), a causa de la maldad humana, hoy tiene un sustento más real que ficticio por condiciones reales y a corto plazo, ya relatado incluso por medios como la literatura y el cine. Ante tal panorama, ha habido la respuesta oficial donde los voceros comúnmente presentan la tecnología como una especie de mesías, mientras otras, la de pequeños grupos, y familias sobre todo, construyendo pequeños resguardos o bunkers de supervivencia, aprovisionamiento y una "preparación" psicológica y de defensa ante cualquier semejante o ser que se presente en una situación de máximo caos. Actitudes que dejan ver un ser tan aferrado al mismo mundo y en una crisis de estabilidad al mismo tiempo, dispuestos a vivir con o sin el régimen, quizá presintiendo un fin. Sin afán de ser pesimistas, pero observando algunos hechos ocurridos en las últimas décadas de ciertos siniestros naturales, aunado a la complicada problemática mundial, daños al medio ambiente y toda esa serie de acontecimientos conocidos por la mayoría, muestran claras posibilidades para que uno o más de esos elementos que desencadenarían otros, para en efecto, daría la impresión que los ángeles sonarán sus trompetas y liberar una furia destructiva y sufrimiento sobre el planeta, donde la mayoría de sus efectos se sentiría sobre las ciudades, específicamente las mega metrópolis, las cuales ante la presencia de esas fuerzas se convertirían en trampas de extinción masiva. Independientemente de cualquiera que pueda ser tal catástrofe, a mediano o corto plazo, lo único cierto es que como especie tenemos alternativas, pero también estamos conscientes de cualquier propuesta que atente contra el régimen será no solamente rechazada y atacada, incluso por las mismas masas sometidas. De la misma manera, posiblemente para la construcción de un nuevo orden, sea necesario un incremento del caos ya existente cuyos costos serían inimaginables, situación a considerar y en la medida de lo posible evitar, sobre todo por evadir que la fuerza bruta pueda dejar algún germen del sistema actual, aunque sin olvidar que no se puede construir sin destruir, sobre todo cimientos y pilares de este régimen corrupto.

II. FUNDAMENTOS BÁSICOS

1. Estabilidad y realización.

El Sistema Funcional Humano (SFH), crea lo requerido para la vida. Lo que necesitamos es.

1: las bases de subsistencia. Por subsistencia nos referimos, a la educación y ocupación que cada individuo requiere para obtener los bines básicos tanto biológicos como materiales, para la satisfacción de sus necesidades vitales, lo cual se encuentra en cada uno de los mortales que habitamos este planeta y el Mundo Natural, al igual que en cualquier otro ser vivo. Colocamos en primer lugar la educación por ser una de las especies más endebles y que requiere largos periodos de cuidados, desarrollo y preparación para la etapa de madurez, autonomía. Por educación, no nos referimos a los sistemas encontrados a lo largo de la historia y el presente, claro, tiene que ver, más bien entre otros y como inicio, a reconocer o recordar que la educación ha sido enfocada sobre todo a la reproducción del régimen de los últimos tiempos, de la misma manera en el pasado, únicamente que más discriminativa. Nuestro enfoque es preparar a todo ser humano a una autonomía, que lo haga verse como un ser en sí mismo y miembro de un mundo a compartir y cuidar, por depender de él y otros semejantes, y no como un ser inmerso en un planeta diverso por fronteras, ideologías, religiones, competidores, etc., donde debe prepararse para batirse diariamente. Lo veremos con mayores detalles más adelante. Al desarrollar nuestras facultades por medio de la educación, podremos estar listos para el segundo paso.

2: La ocupación. Salvo pocas especies son dejadas a su suerte desde el momento de nacimiento, a partir de ahí y a corto plazo solamente sobrevive por lo regular menos del diez por ciento, o siendo lo mismo, la mayoría nacen para morir. Este debe ser el principal problema a solucionar, en nuestro caso, no únicamente por características de reproducción, bien si es cierto, hemos sobre poblado el planeta y millones mueren de hambre, por guerras o injusticias desde hace milenios, la evolución nos había preparado para solventar varias adversidades, menos las creadas por nosotros mismos. Todo humano al alcanzar la suficiente madurez, sabe que posee las suficientes facultades para proveerse sus medios de subsistencia, los observa a su alrededor, pero muchas de las veces no pueden obtenerlos y en otras el mismo los produce, sólo para que se le arrebaten. Incluso hasta la persona más tosca sabe que por medio de un trabajo físico, por muy rudo que sea, puede obtener su sustento. La ocupación, es decir, un lugar y parte del tiempo donde el hombre desarrolle sus potencialidades y explote sus capacidades para obtener la satisfacción de sus necesidades vitales, no es un derecho que esté escrito en ley humana alguna, sino un principio universal para que todo exista. Esta educación es simplemente la facultad innata de todo ser vivo, que le permite de una u otra forma obtener lo requerido para vivir, y pueden ser moldeados por los cambios evolutivos, pero si en el caso nuestro, la especie sabe posee capacidades, pero el entorno natural u otros individuos lo condicionan, el hombre pasa de la frustración a la degeneración, y por ende a nuestro mundo corrompido. La educación en el Sistema Funcional Humano, es enfocada para que cada uno conozca y desarrolle todas sus capacidades y las emplee en una ocupación, un tiempo determinado para que las explote y no carezca de los bienes necesarios para la subsistencia, y por subsistencia nos referimos a lo que el cuerpo necesita, alimento, vestido y una vivienda digna, lo cual son bases para que cualquier ser vivo pueda por si solo auto realizarse. Conocimiento, uso y explotación de sus facultades le permiten además la conciencia de sus alcances, sus límites, entre ellos saber que carece de elementos, ayuda para complementarse, lo cuales encuentra en sus semejantes y el mundo, a la vez él posee algo que otros necesitan, y él, las carencias o dones de otros y propias, son la base complementaria para el tercer paso, la realización.

3. Excedente objetivo. Fuera de cualquier proceso racional, los organismos tienden a proveerse de reservas, comúnmente grasas, incluso algunos zorros y aves almacenan víveres para el invierno. En ello hay una lógica y un límite por capacidad acumulativa o caducidad, y si se excede, se convierte en dañino. De manera análoga, en el SFH se produce un excedente objetivo

por las razones recién mencionadas, parecido al llevado en nuestra larga historia nómada, pues sabemos que de ocurrir lo opuesto, se crea lo que hemos sido en los últimos milenios, el ser rapaz depredador. Este excedente debe ser encausado en tres niveles. Primero, a que cada persona tenga una cantidad suficiente de bienes reales para cualquier situación planeada o imprevista, personal o familiar. Segundo, el grupo o sociedad a la que pertenece posean en conjunto el mismo excedente ante cualquier siniestro natural. Tercero, toda sociedad humana tenga el mismo excedente para cualquier ayuda, ante calamidades que puedan ocurrir en cualquier parte del planeta, donde ciudades o regiones pueden ser devastadas, nunca sabiendo cuando la necesitaran vecinos próximos o experimentar en carne propia. Este elemento no es precisamente una póliza de vida, es un don que la evolución ha otorgado para una vez satisfechas nuestras necesidades vitales, podamos emplear tiempo, energías al peldaño de mayor realización, para lo cual también se nos ha dotado de una variedad de posibilidades según las etapas de la vida, sexo y facultades personales que nos elevan del peldaño biológico – animal, al humano – racional – espiritual, en donde podemos empezar a vislumbrar el verdadero sentido de las riquezas verdaderas, siendo parte de la frase "No sólo de pan vive el hombre"; lugar donde se halla el inicio de poder convertirnos, o al menos contemplar, el verdadero sentido de ser ricos.

4. Tiempo de recreación. Es el resultado de la suma de los dos puntos anteriores, y se ha ya mencionado algo. El hecho de que cualquier ser humano tenga las capacidades suficientes para desarrollarse, en las diversas etapas de la vida con todo lo que hay en el mundo, sea cualesquiera su personalidad en la libertad plena, no es porque algún filosofo lo haya expresado, ha estado escrito en nuestros genes y por lo tanto la madre de todos, la Tierra, a pesar de los daños que le hemos causado, sigue siendo sabia y generosa, y únicamente requerimos retomar consciencia de quienes somos, y por medio de nuestras facultades obtener de ella lo necesario, y con el conocimiento claro que a pesar de nuestro trabajo siempre se moverán alrededor de ella "vacas gordas y flacas" –algo olvidado, mal interpretado por el sedentarismo—,

nos coloca no como seres endebles, más bien un recordatorio que la vida en sus procesos de desarrollo requiere de espacios y tiempos de descanso, regenerarse, pero sobre todo, estamos llamados a la dependencia mutua tanto de ella como de semejantes, que trabajo y explotación de facultades propias y grupo nunca serán suficientes si no se está dispuesto a suplir las carencias de otros, lo cual no es otra cosa que recompensar las propias, principio del verdadero sentido de ser poderoso. Estos límites y alcances que se logran en parte con el excedente objetivo, deja margen suficiente para las verdaderas realizaciones personales y grupales, habiendo tantas: deportivas, artísticas, científicas, pero sobre todo las espirituales; esas que enseñan, todo ser humano nacido en este mundo tiene garantizados por lo menos dos periodos de dependencia; siempre existirá alguien cercano o lejano quien necesite mínimo ser escuchado, uno mismo; estamos feliz y afortunadamente condenados a la libertad de requerir y depender unos de otros y la Madre Tierra, por ser ahí donde da principio el salto a la verdadera plenitud, a vislumbrar la esencia de la vida y las enseñanzas de los Grandes Maestros de la Humanidad, y nos pueden llevar al siguiente peldaño evolutivo, entre otros por constatar lo escrito, que si lo buscamos, lo demás "se nos dará por añadidura", lo cual incluye los bienes necesarios para la vida, encontrando el único reino que puede y debe ser conquistado, el propio.

2. Propiedad y posesión.

Por propiedad nos referimos a lo inalienable, sea de cualquier ser vivo o esencia de toda particularidad del Universo. Por posesión a la actitud humana de adquirir, apoderarse o usurpar algo; alguien en la creencia de por cualquier idea, circunstancia o medio le permite hacerlo, incluso puede llamarlo lícito. Propiedad es condición de esencia, del ser de cada uno para que todo exista, incluye que ni siquiera las partes o el todo pueden alterar el orden, es ley universal, divina. La posesión es enajenable, tal y como ha venido ocurriendo a lo largo de la historia humana entre hombres, cosas, ideas o creencias, y al moverse en esa dinámica, el hombre deja de ser dueño de sí mismo, siendo entonces un círculo vicioso.

El primer principio de propiedad es: Nada ni nadie puede apropiarse de otro ser humano. Cada individuo que nace es ante todo producto de la Creación, se le puede en ese sentido atribuir otros como de la evolución o de Dios. Segundo, es producto de dos seres semejantes, los cuales, obvio, son sinónimo de lo recién mencionado, y al ser producto de dos deja de ser propiedad de ambos, por ser indivisible, para que el individuo sea uno, aunque a la vez los tres sean uno por ser condición de vida, es decir, para que exista un tercero dos deben unirse y desprenderse, única condición de reanudación de vida, permaneciendo los lazos invisibles de unión para que cada uno sea en su individualidad. Así, cada persona desde el momento de nacer, deja de ser propiedad de nada ni nadie, solamente de sí misma, para lo cual se requiere una formación, una conciencia que lo ubique como ente propio y autónomo, entre otros le permita ser libre de prejuicios, dogmas, ideas o vicios que esclavicen u obliguen a someter a otros; enajenen a algo que no debe, sea él mismo como vicios o debilidades, semejantes o cosas. Por lo tanto, propiedad en este sentido es sinónimo de libertad plena, sabiendo la persona poseedora de facultades suficientes para el inicio de la felicidad, plenitud solamente en sí mismo, inicio con el cual puede empezar a entender que incluso no es dueño de su propia vida, con todo lo que ello implica iniciando con su cuerpo, es decir, la vida que posee se le ha confiado para un fin y cualquier mal uso que haga de ella u otra vida, o algo fuera de él, es inicio de enajenación, perversión.

El segundo principio de propiedad posee dos variantes. El primero es el de pareja, en el sentido que dos deciden unirse para crear uno, lo cual no quiere decir que cada uno pierde su particularidad, deje de ser dueño de sí mismo, sino es correspondiente a la ley universal de positivo y negativo, tesis y antítesis para crear una nueva síntesis: el complemento. El complemento en tal sentido surge como particularidad divisible, solamente en cuanto medida reciproca que cada uno adquiera y aporte las partes correspondientes para que la propiedad se manifieste y encarne; ninguno de los participantes, la pareja, toma posesión de la otra, es solamente aun acción de entrega mutua, dando como resultado la relación matrimonial, aunque también distorsionada por sociedades y culturas de la historia sea movida por intereses materiales, políticos o religiosos, pero en esencia es, debería ser complementar las carencias de uno con las virtudes de otro y la procreación de vida, el amor, y tanto uno como el otro, vida y amor no son posesión de nadie, es decir, son únicamente propiedad de aquellos que entienden esa parte esencial de la vida y deciden realizarlo, vivirlo. Relacionado con esto, tiene un parecido con la felicidad, la cual es sólo una decisión de cada persona, una actitud y conocimiento que se encuentra en cada uno, pero si se desea elevarla a su máxima potencia, el amor, se logra solamente con la ayuda de otro donde ambos pueden llegar a hacerlo suyo, poseerlo. Es este aspecto el segundo sentido de propiedad es, claro, el familiar, lo cual se nos presenta con mayor claridad, todos lo experimentamos de una u otra forma, en ese núcleo donde cada persona emana, fluye continuamente en una especie de "propiedad" colectiva, para que sea, cada uno debe de manera análoga a la conyugal, entregar algo que es suyo para recibir lo que necesita; lugar donde las nociones de vida y plenitud empiezan a hacerse más patentes, entre otros por la entrega recíproca y desinteresada, los sentidos de propiedad y posesión parecen disolverse ya que se funden para cobijar a todos, todos son sin dejar de ser cada uno, siendo condición que cada uno sea dueño de sí mismo.

Relacionado con los anteriores surge el tercero, propiedad de grupo. Análogamente presenta tres variantes. Primero es la necesidad de ayuda y protección colectiva, que otorga una mayor garantía de desarrollo y supervivencia en circunstancias de crisis. El segundo, el lugar donde se encuentran e intercambian los complementos para la regeneración de la vida, como grupo y especie. Tercero, donde la colectividad obtiene los medios y bienes reales para su desarrollo. Como se sabe, este sentido de propiedad es el compartido con otras especies y en que vivimos por millones de años, lo que requiere una pausa para ver algunos detalles.

En principio, el grupo no pertenece a nadie. El líder, aunque juega un papel importante, en esencia es otro componente que al igual del resto es, de acuerdo a facultades propias. La fuerza que permite la vida del grupo es precisamente las facultades individuales, por consiguiente, inalienables desde fuerza, inteligencia, experiencia, facultad reproductiva, dones espirituales como la medicina, etc., donde todos se mueven y desarrollan en el devenir de ciclos y espacios siempre renovantes. Lo que es propio del grupo es de esta manera, una correlación de lazos invisibles, una especie de fuerza gravitacional donde cada uno tiene su órbita y giran en torno a un núcleo o sol de vida, el cual tampoco es de ninguno de ellos, se presenta como una fuente de la que todos pueden beber en la medida de la unidad. En lo referente al espacio, tampoco es una posesión. Un grupo de seres vivos es sencillamente cohabitado de un espacio donde hay otros grupos análogos o diversos, si no se encuentra al menos otro grupo, no puede existir uno. Nosotros mismos somos portadores de otras especies que viven y se alimentan de nosotros, y poseemos bacterias de las que dependemos. El espacio es por lo tanto un área que no pertenece a ninguno de ellos, cada grupo aporta un parte de sí para que los conjuntos puedan cohabitarlo, de manera similar a los miembros de una familia o grupo humano. Cuando un individuo o la colectividad toman por ejemplo un fruto u otra parte del árbol, es solamente ello, pero nunca se apropian del árbol –viéndolo en su manera pura, parecido a como lo concebían nuestros ancestros, previo al sedentarismo, siguen haciéndolo pueblos primitivos y otras especies, y no bajo la óptica de la posesión– en cierta medida sabe que el árbol no puede ser arrancado, y tal idea es simplemente inconcebible. De manera análoga, cuando se toma a la fuerza es similar al desprendimiento de un parte y no a la entrega del todo. Ante los ojos e inteligencia, todo lo que se mueve o fluye en un espacio y sirva para la existencia del grupo, es precisamente ello, medios de vida, que deben por sus propios medios adquirir, pero nunca se presenta subyugado o como posesión, pues existe una intuición o conciencia lo cual es parte de ese ecosistema, y en un momento dado regresa a él, es decir, en cierta medida pertenece al espacio.

Por otra parte, al vivir millones de años como nómada, esta concepción adquirió una mayor profundidad de la que aquí intentamos explicar, pues el hombre era parte de un espacio sin límites, nunca se ve como dueño de un área determinada o cierta parte de ella, incluso la cueva que podría presentarse como propiedad grupal, tiene un parecido al resto del entorno, un medio de vida, pudiendo encontrar ecos de ello, por ejemplo, en los pueblos nómadas de Norte América del siglo XIX. Por consiguiente, en el sentido estricto, el espacio y todo lo que posee no nos pertenece, son simplemente medios de vida, al igual del resto de especies que lo habitan. A esto muchos podrían decir. "¿Qué hay del territorio, ese que se defiende incluso a costa de la vida, no únicamente aptitud nuestra sino de otras especies?" La respuesta es: cierto, sabemos que caninos y felinos delimitan, defienden y compiten por territorios. Ellos se mueven no en un nomadismo total, más bien se acercan al sedentarismo, por moverse en radios amplios; poseen atributos y herramientas (dientes y garras) siendo parte de sus facultades en que se desarrollan y ubican como grupos para su existencia, además adquieren o desarrollan otras características como el olfato para determinar su radio de acción tanto del entorno, resto de seres vivos y ellos mismos, siendo vistas como condiciones de vida y desarrollo, por ejemplo, a un león o grupo de machos, les queda claro que juegan un papel temporal, en la medida que procreen descendencia y defiendan la manada, para una vez que sean desplazados, otros ocupen su puesto, no viéndose como dueños de la manada, menos aún del entorno. Por otra parte, el espacio ocupado queda restringido únicamente para competidores, ni siquiera las presas se consideran posesión al momento que llegan o pasan, son medios de vida, siempre y cuando puedan adquirirlas.

La propiedad es, debe regresar a su estado puro, ya que si lo es para otras especies, cuanto más para nosotros a quienes se nos ha dado un alma superior; una facultad que una vez desarrollada se transforma en una fuerza poderosa, lo cual al menos puede llevarnos a la realización personal, sea desde la persona que es dueña de su voluntad sobre sus instintos, vicios y pasiones, anteponer el amor puro y desinteresado sobre sentimentalismos y chantajes, el raciocino pero sobre todo la sabiduría sobre dogmas, ideologías, propagandas, etc.; el hombre consciente que por su propios medios puede lograr y dejarse conquistar, a otro quien lo complemente, sabiendo que puede llevar cabo misiones sublimes como la fidelidad, procreador de vida y protector de su hogar, y no los vea como medios para satisfacer sus instintos y caprichos, posesiones que le sirvan; o la persona a quien se le confía un rol en el grupo para desarrollar y en sus facultades, potencialidades que son parte de la realización plena, y no como ven los políticos de casi todas las épocas. Erradiquemos la posesión, esa actitud nefasta que nos presenta al semejante y entorno material como un fin, algo enajenable a cualquier precio o vicio, ese círculo vicioso y perverso.

3. Ideas de riqueza y valor.

Uno de los más grandes obstáculos con el cual al hombre más trabajo le ha costado lidiar, es el de sus propias ideas, creencias o concepciones, por las que varias veces ha pagado un elevado precio, uno de ellos es el de riqueza. La idea común, es una gran acumulación de medio de cambio, sea metálico o papel moneda, cuyo único fin es guardarlo o cambiarlo por otros, lo que en esencia es un trueque, pero subjetivo o condicionado; un intercambio de objetos materiales, con la diferencia, en primera instancia, el que simboliza la riqueza es en volumen mínimo, pero tiene la facultad (según la mente) de multiplicarse, transformarse en mucho. Lo pequeño puede absorber, dominar casi cualquier cosa que se le ponga en frente sin importar tamaño o características. Un poder enorme. Desde cualquier inteligencia, esto sobrepasa la noción de los sentidos, una incoherencia o quimera, o quizás la mejor explicación: el hombre ha convertido al dinero o el metálico en un dios todo poderoso. El valor de cambio se encarna como un ente entre los hombres, pero sólo a imagen y semejanza, es decir, entre individuos o pueblos puede haber tantas discrepancias o interpretaciones de todo cuanto existe, ellos mismos, incluyendo el lenguaje, pero el dinero sortea todo eso y más obstáculos, pudiendo manifestarse como el convencionalismo por excelencia, sin discriminar cualquier nivel, además de poder medir, pesar, clasificar, etiquetar y ponerle precio o todo cuanto existe incluyendo al hombre. Por ello se enviste incluso como juez y verdugo. El valor de cambio desde hace milenios se ha encarnado en el cerebro, o, mejor dicho, éste le otorga una potestad meta sensorial y metafísica, ante lo que el hombre cree no poder hallar un equivalente de carencias, entre ellos, y al suplir esas limitaciones humanas, llega el momento en que simplemente se corona como la suplencia de todo cuanto necesite. Pero un bien real material tiene esa esencia concreta, satisfacer una necesidad, el dinero no. ¿Para qué entonces llevar una cartera llena de billetes, los cuales no pueden alimentar ni cubrir de la intemperie? A ello, pensamos haber ya dado respuesta en otra parte, aquí intentaremos resumir, que fue por la independencia evolutiva sobre las herramientas, particularmente las de caza, las cuales suplían carencias, debiéndolas llevar consigo, esto ocurrido por millones de años y aumentando en incremento a partir del *homo habilis.* Se convirtió en una distorsión mental. De esta manera, la riqueza como consiste en una gran cantidad de medios materiales, no para satisfacer las necesidades elementales, ese concepto o bien se encuentra distorsionado o manipulado, en algo diferente, menos riqueza; y para el hombre promedio la riqueza tiene un principio, pero nunca un fin, es ilimitado, y ante tal idea el mortal siempre se siente desprotegido e insatisfecho, pobre y miserable.

La riqueza se implanta en la mente como sinónimo de cantidad, sobre la cual se han levantado incluso teorías. Pero el término cantidad aparece no como una proporción en cuanto algo, sino simplemente como parámetro acumulativo, siempre en crecimiento, pues lo contrario es crisis, pobreza, retroceso u otro. Es una concepción unilateral como lo "bueno" o lo "malo". ¿Cómo es qué se injerta esta imagen en el cerebro? Por más de cien mil años, ya *homo sapiens*, tomábamos de la naturaleza y llevábamos simplemente lo necesario, cualquier exceso estorbaba o era dañino, no únicamente para nosotros sino para cualquier especie. Algunos argumentan, debido a las hambrunas que padecieron nuestros ancestros, el consumir en abundancia era garantía de mayores reservas para el cuerpo, sobrevivencia, por lo tanto, biológicamente cerebro y mente poseen la tendencia a buscar y consumir lo que más se pueda, sobre todo carne y carbohidratos. Pero para cualquier especie nómada, que por millones de años fuimos y evolucionamos como tal, la obesidad o extremo corporal es carga extra, y al hombre esbelto le es más fácil correr y ejecutar maniobras, actividades fundamentales para la cacería y cualquier actividad propias del nomadismo. Por otra parte, basta una ligera mirada a la complexión de cualquier pueblo considerado primitivo. Nuestra respuesta es: fue una idea que fue acuñándose a partir del Neolítico, cuando la agricultura y ganadería aparecen como un excedente acumulativo, que con el comercio de otros bienes materiales; luego contradicciones de caducidad y problemas para llevar a lugares lejanos, van apareciendo otros "substitutos" como los metales que van "sintetizando" un solo común denominador de riqueza de posesión, "vigencia permanente" y un mayor convencionalismo entre diversos grupos o pueblos: nacimiento del valor de cambio.

Desde entonces, riqueza no es la obtención de bienes para las satisfacciones elementales de la vida, específicamente, sino la obtención y acumulación de un medio para la adquisición de otros bienes, reales o ficticios; obtener un medio subjetivo para conseguir uno objetivo. Es la primera trampa, contradicción donde ha caído la mente. La otra, el medio subjetivo no satisface ninguna necesidad real, y sin embargo, el hombre lo materializa, tiene forma simple, pero ante la incapacidad de dar al menos una satisfacción real y en apariencia todas, o al menos las inmediatas, el cerebro cae en ese juego, una disyuntiva sobre algo que en parte es un objeto, a la vez metafísico, y como tal sin importar la simpleza, por ejemplo una piedra o un rectángulo de papel, es equiparable a cualquier cosa como comida, hasta una casa; en otros montones de piedras a grandes acumulaciones de papeles, y en un momento determinado quedan devaluados y sin equivalente de cambio, o simplemente incapaz de satisfacer una necesidad real. La acumulación, o mejor dicho creencia de ser una especie de garantía de vida, que luego puede interpretarse como riqueza, es porque el valor de cambio guarda en sí su propia finalidad, gastarlo, y al aparecer como un medio intermedio entre el hombre y sus necesidades, se transforma en una idea dual, intrínseca y contradictoria, de paso, adquirirla – gastarla, y al existir en la naturaleza humana la conciencia de una continua satisfacción de necesidades, tanto acumulación como gasto usurpan esa parte y pierden toda proporción, medida, convirtiéndose en ese círculo vicioso donde el hombre nunca encuentra la satisfacción plena, un vacío imposible de llenar. Con el tiempo, esta imagen enajena la mente y desde hace milenios la historia, mitos, leyendas, ensalzan individuos o pueblos que bajo la fuerza brutal, rapacidad depredadora y sanguinaria han logrado subyugar todo cuanto pueden adquiriendo incluso categorías de héroes, pero sobre todo en el actual consumismo capitalista que lo ha elevado a su máxima potencia, no sólo glorifica las más elevadas cifras, y la tajante división entre ricos y pobres.

El valor. Una gran cantidad acumulativa de valor de cambio, es y no para la mente promedio, riqueza, posee y no valor, consciente y/o inconscientemente ¿El valor? Nuevamente, es que fue una derivación de las herramientas de caza de nuestros ancestros, desde el *homo habilis*. La herramienta tiene un valor verdadero como medio de obtención de bienes reales, es convencional y digamos, hereditaria y transferible. De estas herramientas se crean otras u objetos que igualmente suplen carencias o satisfacen necesidades como pieles, confección de huevos de avestruz para guardar agua; otros empiezan a mezclar satisfacciones reales con espirituales, o si se quiere, subjetivas como el fuego o ciertos adornos o atuendos corporales. Pero este tipo de valor, tanto implícito como explicito, es común para el grupo sólo en proporción al uso, capacidades de cada uno y a la vez uniéndolo al bienestar colectivo. Es un valor real, impreso por la mano y facultades del hombre, pero sobre todo es un medio de vida, ese es su valor, por lo cual no es ni puede ser usurpado. El sedentarismo y todas sus consecuencias, trajo un problema que hasta la fecha no se ha podido solucionar, intentando a través de los tiempos usar piedras, metales, sal, cacao, papeles, etc., y la razón es sencillamente porque el valor de cambio no satisface necesidades reales, no es riqueza, puede y evidentemente lo logra, en la mente figurarla, pero es tan sólo eso, de la misma manera que una bandera le puede representar un territorio, gente, etc., o una imagen un dios todo poderoso, de hecho, estas dos últimas son algunas derivaciones o partes de lo mismo.

El valor de herramientas de caza y otros utensilios es real y directo en cuanto al fin de cada uno, y en proporción a las necesidades como concepción o elemento implícito a lo largo de la evolución. El de cambio derivado y distorsionado de ello, se posesiona de las particularidades de cada uno, la proporción de ellos que luego se vierte sobre algo específico, posteriormente uno referente, convencional para terminar como medio y fin de sí mismo, un valor en sí y para sí, una emancipación del hombre del que este se servía para que ahora los roles se inviertan. Es una especie de símbolo surgido, elementos que identifican y unifican los grupos humanos, y hasta cierto punto la colectividad encontraba cierta protección o ayuda, si en algunos casos puede ser una experiencia espiritual, en otros solamente un fetiche, en este caso fue lo que surgió, por ser un elemento con poderes, características propias, real y abstracto.

Pero para que al hombre le quede patentado su eficacia, debe manifestarse en sus formas abstracta y real, la que ha quedado plasmada en el poder político, la fuerza, por ello desde la antigüedad la moneda tiene dos caras, la del Cesar y otra abstracta, en ocasiones alguna deidad. Por ello, si alguien quiere comprar o vender, debe llevar tanto en la mano como la frente, el símbolo de la Bestia.

Los problemas encontrados con el valor de cambio desde la Antigüedad han sido varios, desde equivalencias, substituciones y su obtención. Una paradoja de conseguir algo subjetivo para obtener un bien objetivo, pero que si bien en ciertas ocasiones ha llevado al hombre a hazañas de heroísmo a las que acompañan u ocasionan factores favorables, en muchas hemos también cometido acciones y crímenes de lo más vergonzoso, ya que lo hemos colocado por encima de la vida y dignidad humana, y al ser medida del hombre, entre los dilemas que ha venido enfrentando en los últimos siglos es el de la inflación, o lo que significa la devaluación del ser humano, su trabajo y dones ante ese fetiche con que se enfrenta, lucha, hace concesiones; piensa que si se aparta de ello conlleva a la más grande miseria en cualquiera de sus sentidos, por ende debe no solamente servirle sino entregarse totalmente a obtenerlo, cambiarlo, acumularlo, sin reservas ni medidas. Es un arma de dos filos mortales, si se detiene el flujo crea crisis; si se acelera demasiado ocurre lo mismo: inflación y devaluación, escases de circulante, liquides, de reservas "riqueza", algo impensable. Ante tal situación toda ganancia o pérdida tiene un valor, cifra específica empezando con el hombre, empleando parámetros toscos como "vale lo que pesa en oro", y al ser esta la medida por excelencia, otros valores sucumben como dignidad, libertad o integridad. Su poder es tal que nada ni nadie lo interpone, gobernantes y gobernados, gobiernos o estados pueden ir y venir, nacer y morir, pero el valor de cambio permanece, es para muchos la máxima expresión de fuente de vida y cualquier satisfacción, peor aún, lo colocan por encima de la vida.

Tales son las trampas en que ha caído el alma humana. El valor puro carece de cantidad, referente material o subjetividad, si se le quiere proponer proporción alguna, es sólo a sí mismo. Otros referentes pueden ser todo y nada, a la entrega desinteresada. Ninguna vida y todo lo que conlleva, desde su derecho a cohabitar el planeta y respirar el mismo aire, al igual el agua que bebe, la tierra que pisa o el sol que calienta carecen de valor alguno, por la sencilla razón que a nadie se les ha otorgado, y eso autoriza al individuo categóricamente las facultades de libertad, dignidad e igualdad ante cualquier otro semejante o especie. Otro referente o proporción es la unión de dos seres con la facultad de procrear vida, por ser un complemento inalienable de ambos para el cuidado de los frutos, ninguno adquiere u otorga más que el otro. Así como la unión, el conjunto de facultades de individuos que se complementan unos a otros, cuyo valor de los talentos de cada uno crean los verdaderos tesoros que nunca se devalúan, simplemente por no poder colocarse sobre ninguna mesa de negociación, nadie puede lucrar con lo que es de todos y de nadie, es inalienable, es un producto no nuestro, de las leyes y fuerzas que han creado el Cosmos, es otro sentido de la propiedad.

4. Trabajo y tiempo

El trabajo, a diferencia de verse como un castigo, es una acción que, desde su manifestación más sencilla como respiración y ritmo cardiaco, manifiestan el ser individual, un órgano sin reposo, al igual que todo lo existente, se encuentra en continuo movimiento. Sin embargo, en esta función se encuentran diferentes ritmos o tiempos, ya que su funcionamiento estable mantiene el cuerpo en un estado pasivo, en ocasiones en completa calma, para que en otras se exprese en su máxima velocidad de movimiento, lo cual es la expresión de los variados componentes del Universo movidos en diversos planos y ritmos, y del continuo transcurso, eterno de transformación de masa – energía, tiempo – espacio, movimiento – pasividad, vida, que no se crean ni destruyen, sólo se transforman.

Para que esto pueda llevarse a cabo, es requerido al menos dos elementos que produzcan un tercero, desde la dualidad de partículas con diversas cargas que mantienen el átomo unido, hidrogeno y oxígeno para crear agua, la pareja que se une para producir vida o la labor colectiva de un grupo; siendo de esta manera una labor individual como colectiva, inalienable como complementaria, y cualquier alteración lo degenera o produce caos o destrucción, siendo esa razón por la que muchos seres humanos vean el trabajo desde hace milenios como desgracia o castigo divino.

El nomadismo era en sí condición de movimiento, búsqueda de vida sin límites, fronteras o restricciones salvo las capacidades y metas del individuo y grupo, que llevaba implícita y explícitamente sus diversos ritmos, en concordancia entre el hombre y el mundo. El sedentarismo y su aparente estabilidad y abundancia, producen en el alma humana una nueva condición, readaptación, lo cual entre otros crea una pasividad que invita a un mayor consumo sin menos trabajo, y con ello la conversión a cierto parasitismo. Pese a ello y todas las consecuencias provocadas, la actividad no puede detenerse, por el contrario, va ampliando diversas áreas para que al paso del tiempo el sistema empiece a mostrar sus defectos, y ese hombre o grupo autónomo del nomadismo se vea ante las crisis en una fragmentación personal y colectiva, incapacitado al observar que trabajo y talentos no producen los medios de vida; la actividad de su ser se refleja primero defraudada, luego reprimida y condicionado por el nuevo régimen, y al no poder detener su ser la labor para procrearse, son medida de vida, se devalúa, busca al mejor postor sea mortal o fuerza subjetiva, se prostituye en alma y cuerpo.

El Estado y Valor de Cambio implantan una división del trabajo fuera de las facultades innatas humanas, porque éste por una parte queda fragmentado al dejar de ser una persona íntegra y autónoma para dedicarse a tareas específicas, no siempre las más adecuadas a sus capacidades o talentos, lo cual le lleva a sacrificar partes importantes de su persona forzado por la subsistencia, convirtiéndolo en cierta manera en un discapacitado; el régimen lo obliga a tareas que no siempre le permiten un desarrollo integral, esa parte forzada encuentra frustración, la otra que no puede ser reprimida del todo, al menos un deterioro, sometimiento, sentimiento parasitario, carga inútil y más frustración. Inconsciente o consciente el hombre se sabe poseedor de talentos, al menos suficientes para que por diversas acciones, trabajos, abastecerse de lo necesario para vivir, pero por todas partes encuentra condicionamientos, restricciones que lo colocan como un ser impotente y miserable, la vida parece cerrarle toda opción de usar esa esencia de lo que está hecho, hasta cierto punto excluido de ella, en ocasiones sobreviviendo de limosnas o dádivas con las que el régimen y sus representantes se envisten como beneficiarios que alimentan, dan vida al esclavo, siervo, ciudadano, o trabajador asalariado.

Esta idea distorsionada, al igual que otras, tiene su origen en la acción de conversión de elementos naturales en herramientas, que ayudan y en gran medida depende el hombre. La herramienta tiene razón de ser, esencia, únicamente en la medida que le hombre la crea y usa, convirtiéndose en parte y cierta medida imprescindible, una especie de simbiosis conjuntiva de acción, trabajo de ambos. El régimen de dominación humana transforma esa parte objetiva en fuerza subjetiva, que poco a poco va adquiriendo diversas facetas, aumenta desproporcionadamente en comparación a las capacidades humanas y con el tiempo, el hombre tiene que entregar trabajo y alma al Estado, el dinero, las religiones o la publicidad avasalladora consumista del presente. No sólo eso, esa herramienta aliada, fruto del trabajo físico y mental, que el hombre conoce y domina, se va convirtiendo en su peor enemigo, pues al principio sufre la primera meta transformación al convertirse en armas, a emplearse no únicamente para obligar al ser humano a obedecer, sino para arrebatar vidas. Idea que al paso de los siglos se convierte en concepto y sobre el cual se han edificado teorías, escrito tratados e incluso llaman "arte", para ensalzar individuos llamados "héroes", y regímenes que, a mayor cantidad de destrucción y masacres humanas, aumentan en gloria. Luego, esa herramienta se convierte en máquina, sobre la cual el hombre sufre otra aplastante derrota, sencillamente es incompetente ante ella, desplazado ante esa cosa inventada por él, pero que desconoce, el aparato en cambio posee en cierta medida y circunstancias mayor conocimiento del hombre. Peor aún, se busca que el artefacto reine sobre el humano, al cual, si los trabajadores ingleses del siglo XIX veían ya sus nefastas consecuencias y atacaban, hoy en cambio se le aplaude y cualquier ataque a la tecnología es visto como el más vil sacrilegio. Ante ello, todo trabajo o facultad humana, sencillamente carece de valor.

La vida de cualquier individuo que arriba a este mundo se encuentra ya condicionada, medida y cuantificada, poseyendo estadísticas de cuánto va a consumir, gastar, dormir, etc. Planeado y dictaminado según las necesidades del régimen, donde se incluye incluso, en casos necesarios, cuantos y quienes deben morir, sea por el mercado de las armas, posibles crisis u otros. Los tiempos y ritmos naturales han sido cambiados por la formación de individuos que deban ajustarse a los del régimen, donde qué o cuándo comer o dormir, hasta el momento de morir. Por lo demás, sabemos, en la planeación del futuro sólo se contemplan los avances tecnológicos, medidas para proveerse de fuentes de energía, priorizando siempre la funcionalidad de la industria y el Estado, fuentes de recursos naturales para la producción masiva, mercados..., y, poco o nada, para el bienestar de la humanidad.

Trabajo entonces: es la facultad incondicional de todo ser humano para que desarrolle y explote dones personales, y a través de ellos, obtenga no solamente los medios necesarios para vivir, sino le permitan un excedente objetivo que le otorgue tiempo suficiente para otras actividades, que le ayuden a una autorrealización plena, desde el uso de sus facultades artísticas, científicas, deportivas, espirituales o simplemente al descanso y convivencia con semejantes y naturaleza, el cual no es un derecho creado por ley humana alguna, sino de la Creación. Al ser el trabajo la única fuente creadora de riqueza, no debe, no puede ser medida con ningún tipo de valor de cambio, pues ningún fetiche puede estar a la par, o menos aún, por encima de cualquier facultad humana, carente de valor o cifra. Pueden crearse medidas de reparto justo, sabiendo que la competencia es factor de desarrollo y existen personas poseedoras de cualidades que sobre pasan el promedio humano, pero estos parámetros deben en proporción otorgar la exaltación del alma, que no promueve la desigualdad social, sabiendo además, el verdadero hombre talentoso, al genio, lo bienes mundanos le son de poca o nula atracción, por lo tanto parte del reconocimiento debe ser la corona de laurel, no el valor de cambio que corroe el alma. Trabajo, acción biológica, mental y espiritual que enriquecen por llevarlo al conocimiento personal, condición básica para comprender y valorar todo cuanto es y rodea, incomparable a otro, don que devalúa cualquier metal o moneda, sencillamente porque se consigue por medios propios, pero también de otros y la naturaleza, complementan sus carencias y deficiencias que tampoco pueden ser compradas con moneda alguna, salvo con la entrega recíproca, lo cual es, verdadera riqueza. Es la acción que conlleva a los verdaderos ritmos, procesos del día, la vida, la Eternidad, los cuales se hayan fundidos en la armonía sin tiempo.

Funcionalidad. Es un término que carece de precisión en cuanto a definición. Es adaptable, flexible y lo usaremos continuamente como medio de ajuste y aplicación a las diversas actividades humanas. Como todo, es relativo. Un tipo de herramienta cuya función es llevar a cabo arreglos, cambios según condiciones y circunstancias que puedan suscitarse o preventivas. El objetivo principal, es ayudar a la armonía de las partes y el todo, evitar en la medida de lo posible cualquier alteración, desproporción que ponga en peligro, y seguramente habrá casos en que deberá amortiguar o aminorar desgracias, pero incluso en los momentos más desastrosos funciona al ser parte innata humana sea por el instinto de supervivencia o la misma inteligencia, sabiduría. Su diligencia es variada pero precisa en cuanto a su fin, la búsqueda de la verdad y la justicia. Teoría y *praxis* la forman y definen, ajustan para un mejor empleo y desarrollo de los seres humanos y todo cuanto habita este planeta.

TERCERA PARTE
EL SISTEMA FUNCIONAL HUMANO

I. GEOGRAFÍA Y POBLACIÓN.

Los dioses y demonios creados por nosotros mismos y que habitan en nuestra mente, desde nos gobiernan, son los principales obstáculos para comprender lo que se presenta en esta parte. Sólo a manera de sugerencia, quizá se podría entender mejor, si primero se lee la parte 5 (Los incentivos y la estructura mental), para una mejor comprensión, lo cual incluso se pensó colocar en este apartado, pero al haber sido premeditado donde se encuentra, se prefirió por dejarlo ahí.

Algunas situaciones a considerar respecto a la familia, vivienda y otros. Primero, toda servidumbre debe desaparecer, ningún ser humano debe trabajar como criado o criada de individuo o familia alguna. Entre los crímenes creados por la sociedad reciente, es la idea de ver miembros de la familia como un estorbo, una pesada carga de la que se puede prescindir en cualquier situación o momento deseado, no solamente padres y abuelos, sino incluso los hijos, o su creación pueden presentarse como obstáculo para alcanzar estatus o logros materiales, para lo cual el Estado se presenta como el que resguarda ambas partes al legislar leyes, construir hospitales, asilos o albergues para los en cada vez más desamparados, de familias algunos, de alma y corazón los otros. La idea actual del espacio que habita la persona dentro de un hogar, familia o grupo, por ende tendencia que muchos buscan y justifican, siendo la del individuo aislado, parejas separadas, madres solteras, matrimonios de homosexuales, familias disfuncionales, etc., porque ha encontrado albergue incluso en códigos civiles, pero sobre todo defendida por psicólogos y políticos bajo emblemas de "libertad, equidad, privacidad o independencia", no es sino otro ejemplo de la sociedad enfermiza contemporánea. No es difícil recordar que este fenómeno tuvo sus causas, entre otros y muchos, en las dos guerras mundiales cuando se tuvo que llenar espacios laborales de los hombres que fueron enviados a los campos de batalla, ocupados por mujeres, lo que despertó potencialidades y reacciones de igualdad ante los variados machismos, que al paso del tiempo les fue abriendo brechas y consiguiendo derechos como el voto. Otro caso, el de los jóvenes, su rebeldía ante una sociedad y mundo injusto, desigualitario y destructivo, promovido por los regímenes políticos y económicos, herederos de dos guerras mundiales y viviendo conflictos bélicos en varias partes del planeta, dictaduras militares, ideologías antagónicas, (socialismo y capitalismo); presentando graves problemas a muchos gobiernos, sobre todo a fines de los 60s, encontrando como respuesta la represión brutal, pero también, el régimen tuvo que hacer concesiones, como ciertas libertades. Pero, sobre todo, tanto el caso de las mujeres como los jóvenes, el sistema capitalista pronto lo vio y transformó en una ampliación del área laboral, lo que significa, una mayor amplitud del mercado, del consumismo produciendo entre otros las mercancías que les otorguen la "belleza corporal y felicidad deseada", actitud que rápidamente promovió bajo diversos productos y slogans, dando como resultado, lejos de una mayor libertad y equidad familiar y social, la sociedad del presente.

A mayor relación y contacto entre los miembros de una familia o grupo, se incrementan los lazos de unión que ayudan y promueven el diálogo, concesiones, acuerdos mutuos, tolerancia; medios que propician un mejor entendimiento y conocimiento entre la colectividad y cada integrante, potencialidades y debilidades. No se requiere ser un observador agudo para verlo en algunos grupos de mamíferos, especialmente primates. Por milenios el grupo compartía el mismo espacio, fuese guarida o cueva. Sin lugar a dudas, en ocasiones se separaban en grupos o parejas para diversas actividades o necesidades, pero siempre existía un centro que albergaba a todos, incluso a partir del sedentarismo a lo largo de la historia han habido lugares donde grupos o familias se reúnen, y muchas de las veces la vida transcurría en comunidad, calles, plazas públicas o templos, encontrando en muchos casos casas habitadas por familias enteras desde abuelos, padres y nietos; pero sin faltar los casos que por diversas causas como migraciones o desplazamientos del campo a la ciudad por guerras, despojos de tierras y propiedades, donde en lugares alrededor de fábricas o edificios, en un solo cuarto encontrar familias o grupos apilados. Nuevamente, a partir del siglo XIX bajo consignas como "desarrollo y prosperidad" aunadas a las ya mencionadas como "privacidad", el negocio de la construcción y la política del "estado paternalista", ha visto en este rubro un negocio bastante redituable económico y político, donde en la actualidad, sin importarles el ya grave problema urbano y del medio ambiente, si pudieran venderle a cada individuo sobre el planeta uno u otro lugar para vivir, ni bancos, compañías o gobiernos dudarían en hacerlo.

Cada ser humano es principio y fin en sí y para sí, dentro una familia, un grupo y sociedad específico, y todo el mundo que cohabita con la humanidad y otros seres vivos. Para ello desde que nace, en la medida de lo posible, debe proveérsele de los medios necesarios para que a lo largo de las diversas etapas de la vida, se vaya construyendo en concordancia del bienestar propio y todo lo que le rodea, y la primera instancia para esta realización es la familia, por lo que debe ser vista, además de célula social, el lugar donde se producen los principios y valores fundamentales y vida; espacio donde nada ni nadie puede equiparar los lazos afectivos, amor entre pareja, hijos, hermanos y demás seres que cohabitan el mismo techo. Centro donde si bien los padres procrean la vida y medios de sustento, en momentos y etapas toman las decisiones en pareja, llega el tiempo cuando otros miembros se integran al núcleo por mayor experiencia o conocimiento. La dimensión donde los ciclos patentan claramente su huella, las alternancias de dependencia mutua, sin verse como pago o recompensa, en lugar de eso, una de las razones por las que venimos a este mundo, dar y recibir vida. Tomaremos el promedio de siete para toda familia, conscientes que es un proceso de crecimiento, desprendimiento de elementos y descenso. Con todo, cada casa habitación debe considerarse con un mínimo de cinco y un máximo de nueve habitantes. Tomando en cuenta que la pareja puede elegir entre uno y tres hijos, opten por solamente uno y decidan compartirla con los padres de ambos; que los tres hijos decidan crear sus propias familias a largo plazo y compartirla con ambas parejas de abuelos; o simplemente cada hogar tenga al menos una habitación extra para visitas o huéspedes temporales. Cada construcción debe poseer los espacios suficientes a compartir por todos, e intimidad personal o parejas, considerando entonces que debe tener un mínimo de tres recamaras y un máximo de seis.

Toda persona desde que nace hasta los 20 años, depende tanto de la familia como del Sistema Funcional Humano, quienes le proveen de lo necesario para una preparación integral, y una vez llegada a esa edad, es considerada parte funcional de la sociedad y no dependiente, hasta los 60 años, lo cual es elegible, donde puede volver a ser dependiente de la familia y el SFH. La persona desde que nace es cuidada por la familia hasta los cuatro años, cuando de manera optativa, puede ser enviada a los centros de formación, pero a partir de los cinco deberá ya hacerlo. Tema que veremos aparte. Llegado a los 20, la persona tiene las iniciativas de independizarse para integrarse a las labores colectivas por medio de sus talentos, formar su propio hogar, o combinar hasta los 30 años en la continuación de alguna/s formación/es, donde media jornada es dedicada a ello y la otra a una labor social, en la que el SFH le otorga lo necesario para continuar su adiestramiento, pero a partir de los 30, depende de él o ella. Es una sociedad igualitaria, pero el papel de la mujer sobre todo como madre, no debe ser ocupado por otra, siendo ella la encargada de las funciones domésticas y cuidado de los niños hasta los cuatro o cinco años, cuando estos son enviados a los centros de formación hasta los 20, y una vez que sus hijos han alcanzado los 15 de edad, ella puede regresar de manera completa a las labores colectivas, o parcial hasta que los hijos alcancen los 20, dependiendo los casos. Siendo la mujer, fuente de vida por naturaleza inalienable, que las distorsiones mentales han convertido entre otros, en dos polaridades: siendo uno la cultura islámica, como un ser reprimido, poco valorado; mientras en Occidente a una especie de objeto de escaparate para el sexo y consumismo, donde el ser madre y la crianza de hijos es visto como estorbo para la búsqueda de placeres y logros materiales; parecido a un libertinaje. Es el ser humano de acuerdo a sexo y etapas de desarrollo, quien debe encontrar su máxima realización, y el conocimiento propio es una herramienta fundamental, todos acompañados encontrando los medios y fines por y para lo que estamos en este planeta.

Si uno observa un atlas mundial detenidamente, o cualquier mapa que abarque un área grande o continental, pero si se observará de la misma manera el paisaje por la ventanilla de un avión en vuelo, o incluso cualquier transporte terrestre, percibimos un conjunto de imágenes o paisajes diversos y contradictorios, más que entre los naturales en los humanos, donde de cualquier manera y comúnmente consideramos normales, pareciendo que pueblos y ciudades fueron floreciendo al paso del tiempo similar a un bosque. Incluso una vista panorámica de una gran urbe nos impresiona y orgullece como especie, deseando verlas diseminadas por todo el planeta. Sin embargo, si pudiéramos imaginar o colocar al lado de uno de estos centros urbanos, una de las tantas ruinas de ciudades abandonadas esparcidas por el mundo, la cuales incluso pudieran haber alcanzado mayor gloria arquitectónica, o simplemente traer a la memoria que muchos de esos lugares hace poco tiempo o décadas eran ruinas de bombardeos aéreos y tanques, quizá empezaríamos a intuir, el sentido de la ilusión de maya.

Independientemente de la veracidad o falsedad de esa ilusión, debemos recordar al menos tres puntos. Primero, el paisaje geográfico es obra reciente, apenas realizado paulatinamente en los últimos dos siglos, no como producto o búsqueda de una mejora humana, sino entre otros del acelerado desarrollo capitalista por la Revolución Industrial, en la conquista de enormes aéreas de explotación de recursos naturales, y concentrar la población en centros urbanos para alimentar industria y mercado. Segundo, a lo largo de la historia, estos paisajes de crecimiento y destrucción o desolación, por abandono u otro factor, se ha venido repitiendo, por lo que no debiera extrañarnos volviera a ocurrir. Tercero, la mayoría de mortales hemos olvidado o ignoramos, que por millones de años fuimos nómadas, o posiblemente creemos que el sedentarismo es una esfera elevada evolutiva. Sean cualesquiera las razones por las que las especies se ven obligadas a hacer cambios en formas de vida y entorno, pero considerando lo expuesto aquí, debemos reconocer y enfrentar la realidad de la quimera, lo que geografía natural y urbana nos presenta, por los tantos temas ya tratados en muchas y diversas partes, conocidas y experimentadas por millones como sobrepoblación, contaminación, congestionamiento vehicular y humano, salud, etc., etc., que a pesar de promesas del régimen y sus representantes, las soluciones están no únicamente lejos de alcanzarse, al contrario, los problemas a incrementarse. Es sin lugar a dudas, uno de los principales problemas a enfrentar como especie por su magnitud, y de manera muy particular las grandes mega ciudades y contornos con sus decenas de millones de individuos, ya mencionado, ante cualquier catástrofe natural o social, de hecho, ya puesto a prueba y en bajas escalas, han demostrado se transformarían en algo parecido a trampas de extinción masiva. A pesar de que muchos consideran el surgimiento de las ciudades como la más grande manifestación de la civilización, donde han quedado patentadas las mayores glorias humanas, es importante valorar ciertos aspectos, tal y como las ruinas de las ciudades mayas, Egipto o Machu Picchu lo atestiguan. No olvidemos que por milenios, la mayoría de ciudades eran escasos kilómetros cuadrados, con pocos miles de habitantes, en la actualidad, lo que queda de ellas determinado por muchos, sólo el centro histórico, una pequeña fracción de belleza arquitectónica, el resto, producto de lo ya mencionado. Pero, retomemos solamente los casos quizá más conocidos, Grecia y Roma. La gloria de Roma se cimentó sobre sangre y fuego, la explotación de extensos territorios y pueblos, lugar donde muchos de sus palacios o construcciones fueron con la finalidad de promover o ensalzar las ambiciones de políticos, donde la magnitud de la obra era en proporción a la destrucción y sangre derramada. En el caso de Grecia, si bien parte de su historia está llena de guerras entre ellas y civiles (nada extraño en cualquier historia), se buscaron alternativas como la colonización, y observar más que el crecimiento material de la polis, el de sus integrantes, siendo ahí donde reside su gloria, ya que es el único pueblo de la historia humana donde brillan las individualidades, las facultades personales, espacio donde la gran luz colectiva de artistas, hombres de ciencia e incluso atletas, opacan cualquier vestigio material urbano. Aparte de esto, la inmensa cantidad de ciudades actuales, fruto del y para el capitalismo y no el bienestar humano, presentan patrones repetitivos, aunque sin negar los tesoros admirables que guardan algunas de ellas, merecedoras de su resguardo y protección por su legado arquitectónico y cultural, París y Venecia son algunas de ellas. Otro aspecto, son los mercados, como institución económica aparecen desde el Mundo Antiguo comúnmente en lugares abiertos, calles y plazas, hasta prácticamente inicios del siglo XX con ciertas variantes, como las ferias comerciales, y un comercio establecido escaso, por lo que pueblos y ciudades ofrecían un panorama muy diferente, considerando a la vez estética y funcionalidad urbana, pues sobresalían las casas habitación, construcciones religiosas o públicas, incluso palacios, lo cual a diferencia del desarrollado en las últimas décadas, donde ha surgido un notable crecimiento y variedad de locales comerciales y de servicios, que pueden abarcar calles y edificios enteros, o verlos a lo largo de kilómetros a los costados de carreteras: un acelerado incremento de los servicios. Problema, llamémoslo así, también a considerar. Con todo, la prioridad es el ser humano, no las ciudades o entornos materiales, menos aún los autos, tal y como se ha venido haciendo.

Mencionemos un tema que para muchos podría considerarse intocable, casi sagrado: el nacionalismo. Hasta hace relativamente poco tiempo, la palabra ciudadano o miembro de un país era inexistente o ambigua para las mayorías. Al recordar que aproximadamente dos siglos atrás el mundo estaba dividido en pocos imperios europeos. Al iniciar las luchas de independencia y muy avanzado el siglo XX, fronteras y seres humanos han estado en continuo movimiento. El siglo XIX en América, fue una constante lucha de guerras desde las de insurgencia, civiles, invasiones de países en conformación y europeos. Algo similar se dio en África y Asia en el siglo XX, aunado a lo ocurrido en Europa por las dos guerras mundiales y la conformación y caída del bloque socialista. Otro que nos puede ayudar a aclarar la idea, es un breve recorrido por el mundo. Iniciemos en América: el gran territorio del Canadá, casi despoblado la parte norte con algunos pueblos de esquimales, y la clara división separatista de Quebec. En Estados Unidos, la separación geográfica de Alaska, Hawái y más aún Puerto Rico, son poco considerables a la compleja sociedad estadounidense continental, donde "norte y sur" continúan siendo referentes entre uno y otro, pero sobre todo la gran variedad étnica y cultural se encuentra lejos de verse como un pueblo, donde muchos de los que viven ahí y descendientes fueron atraídos por un "sueño americano" personal o a lo mucho familiar, ni se ven o son vistos como una colectividad nacional. Este es uno de los países con una de las cohesiones internas sociales más débiles del mundo. El aparente nacionalismo mexicano no es tal, al considerar su diversidad –aquí, algunos podrían usar la palabra riqueza— multicultural, pluralidad de pueblos indígenas, marginados y apegados a sus leyes y costumbres, multiplicidad entre estados y regiones, donde no extraña que un norteño vea raro a uno del suroeste o viceversa, pero sin olvidar la desigualdad social desde siglos. En Brasil encontramos analogías al de norte América. África, ese enorme continente fraccionado y confeccionado según la ambición e intereses europeos, continúa en un debate por una ubicación y definición social y de fronteras en medio de luchas sangrientas en varias partes. Europa, con su aparente pasificación en Los Balcanes o los pueblos que estuvieron bajo el yugo de la ex Unión Soviética, el problema incluso separatista en la península ibérica, o el conocido problema ancestral de las islas británicas. El Medio Oriente con su viejo dilema, al parecer irreconciliable de pueblos, condimentado con grupos extremistas; o la "nacionalidad" de la India, legado del dominio británico. En fin, sea esto suficiente para observar que el aparente nacionalismo es otro producto del capitalismo y su fase imperialista, aunado a la labor de políticos, caudillos, la historia oficial nacionalista de cada uno con sus respectivos héroes y villanos, ciertos toques por eventos deportivos como las olimpiadas y el fut bol. Son pocos los lugares en el mundo donde puede considerársele cierta madurez, Francia quizá sea uno de ellos, pero en la mayoría del planeta, el nacionalismo es más de forma que de contenido.

A modo de resumen. Ante la difícil tarea de mover masas humanas y materiales, lo cual tampoco parece ser la solución óptima, se requiere de una reubicación espacio – temporal del mismo hombre, en el sentido de que se vea no como en el estado actual, un ser perdido y desconocido entre muchedumbres y él mismo. Hay cuatro cosas básicas requeridas para la plenitud: alimento, salud integral, resguardo corporal (ropa y un hogar) y un grupo de semejantes que comparten un mundo natural con otros seres humanos y especies, por lo que, en un momento dado, puede prescindir del resto, y, por lo tanto:

Primero. Todo ser humano es y debe ser solamente dueño y señor de sí mismo, no de ninguna institución o régimen político, económico o religioso. El problema fundamental de la humanidad, es la fragmentación del hombre, una parte pertenece al Estado, otra a quien lo emplea, una a la banca, otra al consumismo, alguna al grupo o creencia religiosa, etc., con ideas sustentadas como "los hombres se van, pero las instituciones se quedan".

Segundo. Después de esa propiedad individual e inalienable, cada hombre o mujer requiere en su momento oportuno, un coparticipe para compartir la vida, complementarse uno al otro y procrear la vida: una familia.

Tercero. Ninguna persona o familia puede vivir sin la ayuda o entrega dentro de un grupo de congéneres, la máxima expresión solidaria y complementaria de la especie, sólo en la medida que todos los integrantes se entreguen a las diversas actividades de procesos, ciclos de la vida, circunstancias y entornos, lo cual promueve y enriquece el conocimiento personal y grupal, aunado al del mundo que rodea y es parte.

1. Neo Polis y asociaciones

No han faltado quienes con tono irónico, pero no menos realistas, en caricaturas de periódicos entre otros, ponen la sobrepoblación humana como una enfermedad mortal para el planeta y resto de especies, y a los virus como los salvadores a tan grave problema. Considerando los 1000 millones de habitantes existentes en 1800, a los más de 7000 millones, según cálculos de la ONU llegó al

2011; pero los críticos plantean el problema por la actitud predadora humana y el consumismo capitalista. Es cierto que no se debe subestimar la cifra, como el resto de problemas conllevados, y considerando las probabilidades a elevarse son mayores a su diminución, sobre todo, cada ser vivo humano u otro, tiene derecho a existir, por lo tanto, la solución radica en la vida misma. Iniciaremos con una breve descripción de algunos términos a usar y luego con unos cuadros.

a) La familia, integrantes de un hogar: considerada en un promedio de siete integrantes (recordemos atrás, mínimo 5 máximo 7), 3 de ellos con las facultades de designación y decisión (votar y ser elegidos), conformada por la pareja (marido y mujer), y otro que puede ser algún suegro/a o un hijo/a mayor de 20 años, quienes tiene voz y voto en todo lo concerniente a la sociedad, deberes y participación (excepto si la esposa es ama de casa) en las labores sociales o funcionales. 2 de ellos como mínimo sean parte de las labores sociales o funcionales, pudiendo ser el esposo, algún suegro, o un hijo/a soltero mayor de 20 años. 3 dependientes, que pudieran ser hijos menores de 20 años, ama de casa, y/o algún adulto mayor.

b) El grupo: a partir de aquí se notará el número nueve como referente promedio en la parte de las actividades sociales, 90 por ejemplo, aunque el total sea de 270 en la misma línea, y los de designación y decisión social sea de 130, siendo la razón que esta cifra se considera adecuada para el mutuo y suficiente conocimiento de quienes comparten todos los días las labores sociales, al ser el grupo de donde emanan las personas más idóneas que por sus facultades obtengan los cargos de las diversas funciones sociales, aunque sean elegidas por las 130. El grupo además es integrado por las familias más cercanas en una población rural, barrio de un pueblo o ciudad, o algún edificio habitacional, pues el hecho de compartir un mismo espacio geográfico, aumenta lazos de unión y solidaridad, y muchas veces familiares. Cabe mencionar que, si se intentaran sacar algunos totales, las cifras no concordarían en los promedios, ya que, si se considera que por cada familia de las 45, al menos dos se encuentran en las actividades sociales (total de 90) y una ama de casa, por lo que 90 más 45 nos dan 135, reiteramos son aproximaciones y en este caso, se consideran a las familias jóvenes o recién formadas, donde solamente uno estaría en las actividades sociales. Cada grupo tiene un pre cónsul elegido por los 130 y parte de las A. S. (Actividades Sociales), quien representa a las 45 familias en la Neo Polis.

c) La Asociación Distrital: puede ser un grupo de menudas localidades esparcidas, un pequeño poblado, sección o colonia de alguna ciudad de aproximadamente 10 grupos.

d) Neo Polis: es una asociación de aproximadamente 100 grupos, libre y autónoma, en ciertos casos puede ser una sola población, es decir, poseer su propio espacio geográfico natural y material, en otras ser parte de alguna ciudad o mega metrópoli. Aunque nuestro cuadro tiene la cifra de 27000 personas, el número podría ser de 25000 en algunos casos, pero en ninguna situación debe sobrepasar los 35000.

Cuadro 1. Conformación de Neo Polis

Tipo de sociedad	Familias	Poder de elección	Actividades sociales	Pre cónsules	Prefectos	Depen-dietes	Población aprox.
Familia	1	3	2			3	7
Grupo	45	130	90	1	1	130	270
Asoc. distrital	450	1 300	900	10	10	1 300	2 700
Polis	4500	13 000	9 000	100	100	13 000	27 000

Cuadro 2. Asociación de Neo Polis

N	Tipo	# de polis	# de votantes	Labores sociales	Pre cónsules	Prefectos	Población aproximada
1	Local	10	130 000	90 000	1000	1000	270 000
2	Regio-nal	100	1300 000	900 000	10 000	10 000	2 700 000
3	Sub Cont.	1000	13 000 000	9 000 000	100 000	100 000	27 000 000
4	Conti-nental	10 000	130 000 000	90 000 000	1 000 000	1 000 000	270 000 000

N: Nivel,

A partir de ahora los tipos de asociación de Neo Polis van incrementándose en números de 10.

e) La primera es Local, donde ninguna polis, si son rurales, funge como capital o cabecera distrital –de aquí en adelante, en ninguna agrupación existirá ninguno de ambos casos, es decir, ninguna polis o asociación funcione como capital del resto, sino en cada tipo de agrupación, se irán alternando por periodos de cuatro años como sedes de convergencia para la máxima funcionalidad de todos, lo cual busca entre otros, cualquier tipo de centralismo político o crecimiento urbano poblacional, siendo parte de las medidas de desconcentración urbana y des congestionamiento–, otros casos pueden ser un ciudad actual o parte de una concentración urbana.

f) La Asociación Regional, podría darse en un espacio geográfico de tamaño considerable, determinado por sus características naturales, y en otros como seguirá ocurriendo, una ciudad o parte de alguna mega metrópoli.

g) En la tercera asociación, Sub Continental, que por sus dimensiones podría ser una enorme extensión geográfica o en otras alguna concentración de ciudades actuales, se inicia una organización que llamamos de conversión triangular (semejante a un triángulo isósceles), donde la cúspide del triángulo se ubica en una parte de las mega ciudades actuales y el resto se expande hacia el centro continental o las costas, según el caso, lo que podría dar la forma de una enorme pizza en rebanadas donde el centro, por ejemplo, sería alguna concentración urbana como Sao Paolo o la Ciudad de México, expandiéndose a los cuatro puntos cardinales, y en otros, la mitad o un parte de la "pizza" donde las conversiones triangulares estarían por ejemplo en Nueva York o Hong Kong, y el resto hacía en centro del continente.

h) La Asociación Continental es el mayor nivel para mejor funcionalidad, control de caos actual y mejores soluciones que requiere el planeta, debido no únicamente a las circunstancias sino a la misma estructura geográfico – social y global, la organización inicia en la parte más austral de cualquier continente, cuyas denominaciones corresponden a su ubicación, por ejemplo, en el caso de América se tendrían aproximadamente 5, teniendo como punto de partida la Tierra del Fuego, donde en primer lugar tendríamos Austro - América, continuaría Amazónico - América, luego Andes - América, continuaría Trasatlántico - América, y posiblemente terminaría con Bóreo - América. Del mismo modo en África se iniciaría en Sudáfrica, en Asia en la Península Arábiga, luego en Sri - Lanka, quizá, aquí por ser India y China los lugares más poblados continuarían en algún lugar de Indochina, y así sucesivamente. Considerando la población actual de aproximadamente 7000 millones de personas, se tendrían alrededor de 30 Asociaciones Continentales, conformando la Agrupación Internacional Continental, trabajando en conjunto y alternando sedes por periodos de 4 años.

Intentando resumir el porqué de esta división, y al paso de nuestra exposición se vayan aclarando otros pontos. Es cierto que toda familia es una célula social, por lo tanto cada polis es un órgano, la asociación local un aparato, la regional un sistema, mientras la sub continental todo un organismo libre y autónomo, desde una perspectiva biológico - geográfica, pero la Asociación Continental, es un alma y espíritu propio de las nueve sub continentales que conecta no sólo entre ellas, sino con el resto del planeta, que como cualquier organización orgánica con inteligencia propia, requiere y es parte del resto, un grupo de la conformación humana y planeta.

II. LAS PARTES Y EL TODO

1. Roles de servidores públicos.

Es natural encontrar en ciertas especies un líder del grupo; que todo sea guiado o impulsado por fuerzas invisibles. Nosotros los humanos, creemos, hemos llegado al momento evolutivo de reorientar nuestra forma de vida por el conocimiento acumulado y la experiencia histórica. Algo que sorprendería al hombre contemporáneo, es saber que la mayor parte de la historia el poder político se ha sustentado bajo alguna forma divina, desde el faraón egipcio, el emperador romano, el tlatoani azteca o los reyes europeos, aunque también algunos lo han exteriorizado por la fuerza como Alejandro de Macedonia, Julio Cesar o Bonaparte, sin faltar quienes apelan a ciertas partes subjetivas como Hitler. Este *modus operandi* dio cierto giro en los últimos tiempos, donde la democracia se eleva como una supuesta voluntad de las mayorías, sin considerar que es un producto del capitalismo, o siendo lo mismo, la otra parte subjetiva, la material, donde la fuerza subjetiva o poder mental descansa tanto en medios publicitarios, algunas veces expresados incluso de manera cómica o grotesca, pero que agradan a las masas –el viejo estilo circo romano—, sin faltar las dadivas, las ya viejas promesas del progreso donde la tecnología es la más utilizada y beneficiada – algo parecido a la nueva manifestación "divina" que el hombre ve y escucha, aunque no comprenda del todo y pueda hacerla suya—, siempre con la cubierta de libertad e igualdad, del respeto a la "voluntad" del pueblo o las mayorías, y sin faltar el toque nacionalista, donde el diseñador de tal modelo es una minoría oligárquica.

El poder, es uno de nuestros tres principales mandos partiendo de un conocimiento personal, lo suficiente para la conquista del único reino que es tanto obligación como permitido de llevar a cabo, el de cada persona, punto de partida para señorear sobre cualquier vicio, dogma, ideología o pasión que pueda llevar a la persona a convertirse en su víctima, su esclavo, y poder explotar y enriquecer sus talentos, le ayuden a su realización plena, y si dentro de ellos descubre o los demás notan la facultad de estar en alguno de los puestos públicos, debe verse no como obligación, privilegio al ver en ello uno de los medios de mayor autorrealización, no menor ni mayor al del médico salvador de vidas, el campesino productor de alimento o el artista que alimenta el espíritu. El poder o el poderoso, es quien se sabe fuente inagotable de sus fuerzas y talentos, quien entre más otorga parece menos acabarse; un ser vasto y a la vez autónomo y coparticipe de los demás, contrario a la errónea idea del político no sólo torpe, inepto, sino corrupto, o cualquier individuo que se esconde tras sus vicios, debilidades, incapaz de auto gobernarse y sostenerse que recurre a la explotación del próximo por la fuerza o la mentira para poder subsistir. El poder es de esta manera equitativo entre todos los integrantes, cada uno debe cumplir la parte correspondiente, sabiendo que si la persona al frente del grupo o sociedad por muy virtuosa que sea, si algunos de los otros caen en la esclavitud de la ignorancia, vicios o pasiones, pueden provocar la distorsión colectiva; aquí cada uno es responsable de sí mismo. A todos por igual se les puede y debe exigir el cumplimiento de deberes y en un momento dado substituir, y si el caso lo amerita, sancionar a quien por negligencia no solamente cometa errores, sino al crearlos pueda generalizarlos. En este orden, las personas saben del cambio de roles, nadie nace para ser algo o alguien, poseer título alguno, sino constituirse en un ser humano pleno.

a) Pre cónsules, cónsules y elecciones. El pre cónsul, surge elegido por el grupo y los representa directamente ante los administradores consulares de la neo polis. Esta persona posee nueve funciones, una ya mencionada, la representación del grupo, otra es la organización de las diversas actividades grupales, basado en las diversas facultades de integrantes y, promoción y desarrollo de otras, lo cual es parte de los roles. La tercera, siempre y cuando no descuide las prioridades, es el suplir en lo posible o hacer los cambios pertinentes, a alguien quien por enfermedad, periodos de descanso o alguna razón tenga que ausentarse de sus actividades sociales. Siguiente, la designación de un suplente en caso de ocurrir lo recién mencionado. La quinta, la defensa y enmienda en caso que alguno del grupo sea acusado o cometa algún delito, lo cual lleva a cabo en conjunto con el prefecto. El pre cónsul es siempre la primera instancia, si nota alguna anomalía en un integrante del grupo será el primero en intervenir, corregir; si la acusación o delito son claros él y el prefecto intervendrán ante la sociedad. Otra es la distribución de talentos, llevada semanal o quincenalmente los viernes después de la conclusión de la mayoría de actividades sociales, en el mejor de los horarios con un mínimo de una hora y máximo de dos, tanto para firma de recibido, como para una asamblea grupal, si es necesario, o cualquier caso concerniente grupal. La séptima es la legislación y proposición de acuerdos en la neo polis. Ocho, los encargados de los comicios; y la última formar parte de los juzgados junto a los prefectos.

Cada asociación distrital elige su propio cónsul, lo cual da un total de diez por polis, de ellos el de mayor número de sufragios pasa como representante a la asociación local de polis, y los otros nueve a las tres diferentes funciones consulares de la polis, donde también de acuerdo al número de votos surgen los tres cónsules principales de cada área, y el resto por turnos según los resultados o acuerdo entre ellos, a los puestos de cónsules auxiliares. Así, desde la polis a cualquier asociación, es administrada por nueve cónsules divididos en tres grupos de tres, en diversas áreas. En la Asociación Local de Neo Polis, todas las personas de designación y decisión, designan por voto directo los puestos de cónsules principales, de los cuales, también el que obtiene el mayor número de votos pasa como representante a la asociación regional, repitiéndose el mismo proceso ya que las asociaciones van aumentando en número de diez hasta llegar a la continental, donde el de mayor número de sufragios será el representante en La Asociación Internacional de Continentes.

Al no existir partidos políticos, se evita entre otros la rápida corrosión de grupos y toda la basura creada por las propagandas. La renovación consular de la Neo Polis es llevada a cabo en nueve días, iniciándose un sábado por la tarde donde cada asociación distrital se reúne en algún lugar público como calle, parque u otro, donde una comisión de tres pre cónsules elabora un programa de aproximadamente dos horas, por ejemplo, otorgar siete minutos a cada candidato para hablar, y el resto para una ronda de preguntas elaboradas por ellos y/o la población por turnos y sorteo. Al día siguiente por la mañana se eligen y por la tarde se dan a conocer a toda la polis. Al siguiente sábado por la tarde, las trece mil personas se dan cita en un lugar adecuado, donde de manera similar pre cónsules de las diez asociaciones distritales crean una comisión con un programa análogo al anterior; y al siguiente día por la mañana se emiten los votos, y por la tarde se tienen ya los resultados. A partir de ahora, la organización de los comicios no reside en las asociaciones distritales sino en las de organización de neo polis, por los prefectos principales, uno surgido por cada una que la integra siempre de diez, ejemplo, en la asociación local uno de cada neo polis, en la regional uno de cada asociación local y así sucesivamente. Entre los deberes de las comisiones, será que los medios de comunicación cubran tiempos y espacios específicos determinados y equitativos, para cada uno de los candidatos de manera gratuita, donde los medios a través de semblanzas, biografías, entrevistas, debates u otros los dan a conocer. En cada nivel, los candidatos deben cubrir solamente dos aéreas para lo cual se les está promoviendo, por la que contienden y la siguiente, ya que uno por cada asociación llegará al siguiente nivel. Para los dos primeros niveles (local y regional), se tendrán cinco días de lunes a viernes para la difusión de los medios y el domingo las elecciones, y para el sub continental y continental dos semanas. A partir del nivel regional los votos se contabilizan por los resultados de las Neo Polis por cuestiones prácticas, es decir, en lugar de resumir los, por ejemplo, 130 millones de votos del nivel continental, se hace por medio del número de neo polis, o bien puede ser por ambos. Así, desde la renovación consular de las neo polis hasta la máxima asociación, todo el proceso no llevará más de tres meses.

Aunque los periodos de elección desde el pre cónsul, prefecto hasta el cónsul del cuarto nivel o el representante ante la Asociación Internacional son de cuatro años, cualquiera de ellos puede ser sustituido si comete delito o error que lo amerite, incluso castigado dependiendo de la gravedad, por corrupción o incapacidad del cargo encomendado, donde los diez cónsules (los nueve en función y el representante del siguiente nivel), tienen la facultad de designar al suplente; demostrar su inocencia o culpa de la acusación, pero de resultar una calumnia, el acusador será castigado. En la búsqueda de equidad de deberes, si el grupo lo considera pertinente o el mismo pre cónsul, pueden ser re elegidos o cambiados cada año, así, cada grupo tendrá mayores opciones de propuestas, pues cualquiera de ellos podrá ser propuesto en la asociación distrital como cónsul. Una vez concluido el servicio consular, si lo desean y mostraron un buen servicio, pueden reelegirse, ser parte de las diversas actividades sociales de funcionalidad, volver a su grupo, ser re elegidos como pre cónsules, o regresar a otra actividad social.

b) Prefectos. La función principal del prefecto, puede resumirse como el encargado de la paz y orden, de las que emanan cuatro facultades primarias: intervenir entre conflictos personales, detención de acusados, investigación de acusaciones y delitos, y conformación de juzgados. Al igual que el pre cónsul, aunque es elegido por el grupo por cuatro años, puede serlo en esa área solamente por uno o dos años para que la asociación distrital tenga mayores opciones para el prefecto principal. El prefecto principal no es el juez de la polis ni del nivel de asociación de polis, sino el coordinador de su área, aunque sí los demás prefectos de su nivel le proporcionan los votos, puede serlo. Los prefectos son las únicas personas quienes en casos específicos pueden portar un arma. También, son los primeros encargados de conexión de la parte funcional de Contingencias y Emergencias, para cualquier situación social o natural se presente, ayudados de cónsules y pre cónsules. Su elección es simultánea a la consular, donde en cada polis de los diez candidatos de las asociaciones distritales, el de mayoría de votos pasa a candidato a la primera asociación de neo polis, y el segundo queda como prefecto principal. Al ir aumentando en diez las asociaciones, para cada ronda de nivel habrá diez candidatos, en los cuales el de mayoría de sufragios pasa como candidato al siguiente nivel, y los tres que le siguen como prefectos principales de ese nivel, claro, el siguiente en votos fungirá como principal de los otros dos, habiendo en cada

nivel entonces un grupo de tres con uno al frente, y el último
salido del nivel continental será el principal asesor del cónsul de la
Asociación Internacional Continental. Ya que no todos los
candidatos llegados a la siguiente ronda quedan elegidos, éstos
regresan como principales de donde emergieron. Al igual que los
candidatos consulares, a partir de las asociaciones de polis, los
medios de comunicación también deben de darles tiempos y
espacios específicos y equitativos, sólo que en menor grado.

c) A modo de resumen. El grupo es entonces, una asociación de
personas cuya actividad esencial es la búsqueda y obtención de los
bienes reales de vida, y demás elementos para el desarrollo pleno
de ellos y sus familias. Los integrantes pertenecen a una región
geográfica determinada (no puede rebasar la Asociación Distrital),
por lo que ese radio de movimiento permite una convivencia y
conocimiento. Aunque al grupo lo encabeza y representa el pre
cónsul con la ayuda del prefecto, los aproximadamente 90
miembros, se encuentran organizados en tres tridecantropomías
con un tricano al frente, cada una a la vez dividida en tres
decantropomías, encabezando cada una un decano, en la mayoría
de los casos. La suma total organizativa podría ser entonces: un
pre cónsul, un prefecto, tres tricanos y ocho o nueve decanos. Los
grupos pueden ser más o menos homogéneos o heterogéneos
dependiendo de la polis, situación y ubicación geográfica. Tanto
tricanos como decanos son propuestos y elegidos dentro del grupo
por voto directo, y solamente en casos específicos, por ejemplo, si
no hubiese candidatos, errores o situaciones que ameriten
destituciones y cambios súbitos, lo designa el procónsul y
prefecto. Cada decantropomía por lo regular tiene tareas, roles
específicos por ciclos o tiempos determinados, y el decano
responsable de que todos lo lleven a cabo. Cada tridecantropomía
pude tener únicamente de una a tres diferentes actividades, y el
tricano además de responsable, su función es ante todo supervisar,
ayudar y proveer de toda herramienta, material u otro que
requieran sus decantropomías. Tanto tricanos como decanos
pueden también desempeñarse como transportistas de sus grupos
si las necesidades lo requieren. Un grupo debe mantenerse como

tal por al menos un año, excepto claro por razones ajenas como los descensos. La Asociación Distrital, es una región geográfica determinada dentro una polis, representada por tres pre cónsules Alfa, quienes organizan y dividen las actividades de manera equitativa, cada uno al frente de un número de grupos pudiendo ir de tres a cuatro, dependiendo del tipo de actividades y necesidades, ejemplo en una asociación distrital puede haber quizá una pequeña o mediana industria, designando la polis un pre cónsul alfa encargado de ella.

En el lenguaje oficial jurídico se dice que la justicia es ciega, porque no discrimina. En muy pocos casos se ha sabido de rey, presidente, alto funcionario o empresario que caiga en sus manos, y cuando se ha impartido cierta justicia es ante todo una "cacería de brujas", luchas entre cúpulas; castigo del pueblo sublevado, destituye, destierra o pocos casos puestos en la guillotina, aunque Luis XVI y María Antonieta fueron sobre todo chivos expiatorios de un régimen es crisis. Esta justicia ha sido ante todo una teoría, un ideal de mentes brillantes o grandes almas que efectivamente, han luchado por que se plasme, porque el régimen de dominio ha permanecido corroído, sigue vendado, ya fuera de legislaciones o promulgaciones viejas o renovadas, continúan esperando una aplicación de esos buenos deseos, y un ejemplo típico es el mexicano, donde por alrededor de dos siglos, cuatro constituciones (considerando la de 1814) –algunos hablan incluso de requerir una nueva— unas de ellas incluso sofisticadas para su época, pero la justicia e igualdad continúan siendo promesas lejos de alcanzar. Otro aspecto de esa ceguera, es que la parte judicial nunca se ha preocupado por la enmienda o erradicación de los orígenes de degradación social, sino el castigo, y uno de los aspectos fundamentales de la justicia debería, debe ser la búsqueda de una sociedad sana, cuando sabemos que las cárceles más de las veces son escuelas de delincuencia, incremento del deterioro humano, además de encontrar en ellas gran cantidad de inocentes, luchadores sociales o rebeldes que por reclamar la justicia y verdad a quienes deberían ejemplificarla y aplicarla. Otro síntoma de esta ceguera, es el siempre y viejo argumento que la ley está por encima de todo, cuando la ley debe ser subordinada de la verdad y la justicia; ninguna ley debe estar por encima de ellas; no debe haber ser humano que sea puesto sobre extremo de balanza alguna y colocarle en el otro libro, articulo o argumento que pese más que la verdad. Este tipo de discursos, al igual que otros, el Estado y juristas usan, aplican, modifican o interpretan de acuerdo a sus "verdades". Quitémosle la venda para que contemple a todo ser humano por igual, la espada que ha sido descargada sin misericordia sobre muchos, más que culpables víctimas de un régimen corrupto; la balanza al igual que otras cosas, ha convertido al hombre en objeto que se mide y pesa, en ocasiones la libertad y justicia se consiguen poniendo un precio en el otro extremo. Coloquémosle sobre una mano la antorcha encendida de la verdad, en la otra la corona de olivo, que con los brazos abiertos y extendidos invite, cobije y proteja al género humano. Uno de los objetivos principales del Sistema Funcional Humano, es la constitución de una sociedad justa, sana, equitativa. Sabemos que el hombre no nace siendo corrupto, delincuente, el mundo donde se vive lo hace. Uno de los medios de lograrlo, es si bien los prefectos principales son los encargados de conformación de juzgados, y pueden ser jueces, pre cónsules, cónsules y prefectos de grupo o principales fungen como defensores o fiscales, según el caso, y cualquier persona de toda actividad social el jurado, todos quedan exentos de sus deberes cuando se les llama. Ningún cónsul, en cualquiera de sus niveles, como ya se mencionó, queda exento de ser destituido y sancionado, donde de ser encontrado culpable el punto de partida es la sanción, dependiendo del caso y gravedad, en la función de cualquier actividad social de funcionalidad, pero en caso de ser calumnia, se aplica a quien lo hace. De la misma manera, cualquier prefecto de grupo o principal, también puede ser destituido y sancionado, donde en este caso, serán los cónsules de funcionalidad los encargados de conformar los juzgados. En cualquiera de los casos, si un prefecto, pre cónsul o cónsul está convencido de inocencia del acusado, pero se considera no lo suficiente apto para la defensa, puede buscar ayuda o su cambio por otro de su Neo Polis o asociación. De esta manera, la justicia se aplica a toda persona en igualdad de derechos y obligaciones.

El plebiscito, funciona cuando las personas lo consideren necesario ante cualquier legislación, medida o artículo que concierna a la polis o cualquiera de sus asociaciones; también propuestas por cónsules o prefectos, pudiendo llevarse a cabo debates y propuestas para su aprobación o contrario.

2. Las Delegaciones Consulares

Presentamos un cuadro, donde de manera general se encuentran las tres delegaciones consulares, cada una, como ya se ha dicho, conformada por tres cónsules donde uno es el principal, en cualquiera de los niveles de asociación, desde la Neo Polis, hasta la Asociación Continental

Productividad y Transformación de Bienes	-Recursos naturales -Ramas productivas -Control de producción -Calidad -Mantenimiento y reparación de medios y entorno
Distribución	-Transportación de personas 1^0, 2^0 y 3^0 -Transportación de bienes 1^0, 2^0 y 3^0 -Intercambio de bienes y servicios -Bienes colectivos -Fluctuación de Roles -Hospedaje y turismo
Funcionalidad	-Salud -Formación (Educación) -Ciencias y Artes -Deportes -Mantenimiento y Construcciones Públicas -Estabilidad Humana y Entorno (Seguridad y Protección) -Energías

a) Productividad. Cuando esta palabra aparece en nuestra mente, la asociamos a lo cuantitativo, la cantidad es sinónimo de excelencia, y a mayor el volumen numérico mayor la tendencia a la perfección, así como en ocasiones el tamaño. Algunos piensan que esta idea fue acuñada por el capitalismo, y aunque ciertamente nunca antes la rapacidad había alcanzado tales cifras, es entre otros, porque nada se puede comparar a la población humana del presente en relación con el pasado, el consumismo, y claro, la producción masiva industrial. Pero esta imagen nació, aunque con variantes desde el Mundo Antiguo, donde la construcción de imperios por medio de las armas era alimentada por la explotación de recursos naturales, y a mayor la expansión mayor la "gloria" del imperio. Si bien hay periodos como la Edad Media donde la idea se restringe o modifica, siempre quedan los elementos contradictorios de abundancia y restricción, riqueza y miseria, en este caso nobles y clero por un lado, del otro, campesinos y siervos. La idea de producción tal y como la conocemos con sus posibles variantes, es producto de los regímenes de explotación humana, donde las mayorías deben producir o transformar grandes cantidades de bienes para el sustento del régimen y opulencia de pocos. Junto a ello el capitalismo simplemente ha añadido el aumento de necesidades subjetivas que incrementa la enajenación, y aunado a la producción masiva industrial, lo ha elevado a su máxima potencia.

Vista ye en otra parte, reiteramos que la producción, evolutivamente hablando es un elemento reciente en nuestra especie, además de las pocas en este planeta que, junto a ciertos tipos de hormigas, somos las únicas que debemos producir nuestros alimentos, por millones de años solamente teníamos que conseguirlo. Esto podría parecer un retroceso, aunque para muchos, y en cierta medida es cierto, el inicio de ello contrajo el desarrollo de otros aspectos que nos han moldeado como especie. Lo fue porque millones de años antes, milenios, la confección de herramientas, utensilios, uso de elementos y primeras manifestaciones espirituales y artísticas, habían ya definido nuestras características que moldearían lo que somos, es decir, la producción como la conocemos no aportó ni coronó algún elemento biológico ni mucho menos espiritual. Caeríamos en algunos de los errores tantas veces cometidos como considerar a los pueblos "primitivos" como pre - humanos o subdesarrollados. No obstante, la producción y algunos servicios, debe ser vista y encausada como aliciente principal del desarrollo de todas nuestras capacidades; uno de los motivos que día a día incite a compartir nuestra esencia en las actividades colectivas junto con el entorno, para que digna y merecidamente podamos vivir y disfrutar de los frutos de nuestro trabajo. Reiteremos, la producción es el fruto de nuestra facultad, derecho y deber de trabajar para explotar, desarrollar y satisfacer nuestras necesidades de vida biológicas y espirituales.

Toda productividad se da en tres niveles. Primero, es únicamente para la satisfacción de necesidades reales, dentro de las cuales hay dos variantes con tres divisiones en cada una. Primordialmente existe la del alimento, vestido y vivienda, lo cual implica todo utensilio y equipamiento para su funcionalidad. En la segunda división las de apoyo para el desarrollo humano, donde están todos los medios que sirven para el desenvolvimiento y explotación de nuestras potencialidades: deportes, ciencias y artes. En ello, otro, los artículos o instrumentos para el bienestar social, tales como vacunas, medicinas; algunos medios de comunicación electrónicos y todo aquello que le sea provechoso al hombre. Por último, los medios de transporte. En el segundo nivel, después de haber producido y satisfecho las necesidades básicas, se produce únicamente el Excedente Objetivo, del que ya se habló. Tercero y último, para el intercambio, lo cual es también una producción controlada, pues si bien es para obtener ciertos bienes que en la región no se encuentren o en otras asociaciones continentales requieran, si ello implica un deterioro o sobre explotación que desestabilice el medio ambiente, quedará restringido, recordando que tanto quien lo produce o deseé, sus necesidades vitales serán satisfechas.

Estas consideraciones no deben ser evadidas. Primero el monocultivo. Poco o nunca se ha considerado la condena que se ha hecho de vastas regiones para un solo cultivo, su negativo impacto no únicamente para el entorno natural, sino para el hombre, baste mencionar que sinónimo de "especialidad" del entorno natural equivale a debilidad, sólo hay que mencionar por ejemplo, las extensas planicies en regiones de Estados Unidos, que posteriores a la recesión se convirtieron en desiertos, llanos de polvo; la deforestación de selvas para que en vanos intentos de transformarlas en campos de cultivo o pastizales; en el aspecto humano a Cuba que prácticamente quedó reducida a productora de azúcar, etc. En la medida de lo posible, toda región agrícola se irá transformando en pluricultivas, en las áreas que hoy se cultiva un solo tipo de planta, se siembren al menos dos o tres. Dentro de ello, se incluye la rotación y descanso de tierras. Otro, es cambiar la tosca idea de cantidad y tamaño, como sinónimo de calidad, lo es entre otros, como sabemos, de los productos transgénicos y excesos de fertilizantes químicos, fungicidas y pesticidas, cuyos efectos estamos ya padeciendo; la prioridad será la calidad natural y nutricional. Por último hay otras dos consideraciones que están ligadas: una, todo trabajo de producción o explotación de recurso natural debe incluir una regeneración natural, pudiendo ser por ejemplo, si se explota una hectárea de madera, se deberá reforestar al menos hectárea y media –esto se está ya llevando a cabo, pero únicamente una minoría, casi insignificante– y lo otro es, llamaremos "tributo de enmienda", y consiste en la continua y permanente reparación –desafortunadamente, hay lugares y aspectos donde los daños son irreversibles– de las extensas áreas que hemos dañado, pero que poco a poco esta "enmienda", es entre otras, un beneficio para la especie humana. Hay otro aspecto de suma importancia en esto, los recursos no renovables, específicamente el petróleo, pero por diversas razones pospondremos por lo pronto, ya que merece un apartado especial.

b) Distribución. Tal y como hemos experimentado, la distribución de la riqueza, considerada incluso natural, es condicionada. Una vez que iniciamos a ser recolectores y cazadores, la distribución se llevaba a cabo, digamos, de manera convencional, siendo una labor en grupo además de ser básicamente para la satisfacción biológica, pero que al llevarse a cabo de manera colectiva, tanto trabajo como riesgo que implicaba la caza, la actividad se transformaba en un compartimiento mutuo, convirtiéndose no en lo que algunos han llamado "moneda corriente" por ejemplo, conseguir pareja, sin lugar a dudas también lo implicaba, pero era ante todo la creación y fortalecimiento de lazos individuales compatibles. Posterior y derivado de esto, surge el trueque, aunque guardaba mucho de lo anterior en sus orígenes, poco a poco se va convirtiendo en algo subjetivo, porque la actividad no siempre es la de un bien para la satisfacción de una necesidad real, y aquellos que pueden conseguir o elaborar esos objetos o materias sin mucho esfuerzo, e intercambiarla sin gran trabajo, va implicando la ganancia, lo cual es sólo el germen de lo que se transformará en el valor de cambio.

El sedentarismo, una actitud pasiva, lleva en sí el primer condicionamiento para recibir algo, la espera de la cosecha. El hombre debe aguardar a que algo se produzca o llegue a él, ya no debe buscarlo, y la aparente garantía de la estable y abundante cosecha, crea en la mente una imagen con la que no estaba acostumbrado a vivir, por lo tanto, la distribución de los bienes de vida empieza a ser en un principio coordinados por el Estado, luego condicionados, para que al paso del tiempo el ser humano se convierta en mercancía y moneda corriente. La distribución ha sido un da y quita condicionado, no siempre entre hombres, pues de ocurrir de esa manera entre individuos existen reglas más o menos claras por convivir o enfrentarse cara a cara, y obtener un conocimiento al menos lo suficiente uno del otro, y un intento de arrebato puede implicar consecuencias graves, pero en los sistemas de explotación humana, el individuo debe entregar no simplemente algo "concreto", sino parte de sí a un poder subjetivo, el cual puede incluso castigar o arrebatar si se niega, para que esta potestad pueda no únicamente administrar sino distribuir lo que le quita a hombres y naturaleza, productos, tierras, animales, etc., son distribuidos sobre la faz de la tierra según necesidades y caprichos del régimen. Desde esta perspectiva la distribución es más que desigual, una explotación del hombre por el hombre.

La distribución en el sentido estricto de la palabra, es la armonía de las partes en el Todo, el movimiento eterno e infinito de cuanto existe en su momento o ciclo de masa y/o energía, en eso que llamamos tiempo y espacio; la luz del sol o la lluvia que cubre toda la Tierra; la distribución de sangre efectuada sin discriminación por el corazón sobre cada célula; el aporte efectuado por cada una de ellas para conformar órganos, cada uno con su función específica para que el individuo – organismo pueda ser; el conjunto de un grupo o especie compatibles que se unen para protegerse, desarrollarse, reproducirse: vivir. Es entonces un dar y recibir equitativo, sólo y únicamente para la satisfacción de necesidades básicas, dentro una sociedad.

Hagamos ahora una breve descripción de los apartados de la parte consular distributiva. En el primer nivel de la transportación humana, se refiere al transporte tanto del personal como colectivo, público, dentro de cada polis si es rural o las asociaciones local o regional; el segundo a los niveles sub continental y continental, y tercero al internacional. Lo mismo ocurre en las mismas escalas, en la transportación de bienes e intercambio de bienes y servicios. El Departamento de Bienes Colectivos, es la parte que resguarda, distribuye y administra los talentos de las personas, y la única analogía que tiene con un banco, es la otorgación de créditos para vivienda con un bajo interés, y la razón no es lucro, sino por ser resguardo de la colectividad. Ya que el SFH promueve el desarrollo y explotación de todas facultades humanas, también conscientes que hay personas con dones específicos, a la vez, busca en cierta medida evitar las largas rutinas, la fluctuación de roles se divide en tres niveles. Primero tenemos quienes presentan cierta o una total permanencia, donde están las personas quienes por alguna discapacidad física llevarán únicamente una o ciertas labores especificas; también aquí aquellos que poseen talentos especiales y necesiten o deseen dedicarse por verdadera vocación a esa labor, tales como hombres de ciencia, artistas y atletas en el grado de excelencia. Segundo nivel los de ciclos, sobre todo las personas de elección popular desde el pre cónsul hasta los cónsules, incluyendo aquellos a quienes ellos eligen como equipo de trabajo. Tercero están los temporales, cuyos tiempos es difícil de precisar pudiendo ser semanas, meses o años, ya que depende de las diversas actividades productivas en las variadas regiones geográficas, pero más adelante cuando abordemos el tema del valor y formación intentaremos aclarar tanto esto, como otros aspectos que hemos ido dejando. Por último, la de hospedaje y Bienes Colectivos, que recae en lo recién mencionado.

Para el área consular de Funcionalidad, nuevamente haremos una breve descripción. Respecto a la salud y como es conocido, la sociedad enfermiza contemporánea es producto del tipo de cultura dominante, por lo que el SFH no se basa en la ampliación de construcción de hospitales, sino la creación de seres sanos, aunque no pudiendo evitar la inmunidad absoluta, siniestros naturales o sociales, accidentes de transporte, laborales u otros, y el aspecto preventivo como vacunas, se tendrá siempre por cada Neo Polis y cualquier tipo de asociación, las instalaciones y medios suficientes para cualquier eventualidad. Seguimos posponiendo la parte de Formación, la educativa, donde entran las científicas, artísticas y deportivas. Mantenimiento y Construcciones Públicas, por sí solos quedan lo suficiente claras, y la Estabilidad Humana y Entorno, ya que se han venido mencionando, pero reiterando que son las partes de abordar cualquier situación de emergencia ante fenómenos naturales. El área de Energías es ante todo al suministro de electricidad, gas, gasolina, y aspectos relacionados.

3. Usos y medios, humanos y naturales

a) Medio y Fin del Trabajo. *La esencia del valor.* Son muchas las ideas y conceptos sobre las que se han levantado teorías económicas y del valor, y esencialmente el hombre ha quedado subordinado a ellas, pues incluso para Aristóteles el esclavo era un objeto. El mundo se ha venido desarrollando sobre una idea dual, y sin lugar a dudas, la historia humana se ha construido sobre la satisfacción de necesidades reales materiales, pero también ficticias. Es cierto que los metales han jugado papeles determinantes en nuestra civilización, pero si bien desde el cobre hasta el acero han levantado el mundo moderno, a ellos les presidieron el oro y la plata cuyos valores son prácticamente subjetivos, ya que la mente les otorga gramo por gramo mucho más valor en comparación con otros bienes, y esa creencia que ha motivado a grandes hazañas, pero las cuales conllevan una serie de causas y efectos de acciones vergonzosas como guerras y conquistas. Y eh aquí el origen de varias ideas de valor y riqueza subjetivas y contradictorias, como la acumulación material; algo pequeño que se multiplica, meta transforma; la creencia de valor permanente, pero que devalúa o se imprime sobre otros bienes, muchos o algunos vitales para la vida; luego, si no existen esos bienes, el metal carece no únicamente de valor, sino de sentido. Ideas como estas van adquiriendo variantes o modalidades en las mentes colectivas, al surgir otras como piedras o plumas de ciertas aves, pero ello es uno de los aspectos de relación y adaptabilidad de la mente. Pero estas creencias no pueden funcionar sin el elemento catalizador del poder, sea político y/o religioso, colocándose como centro de cohesión, su poder irradia y distribuye a todos, pero el individuo gira y depende de ello, además de que el fetiche material tiene un poder de apariencia inmortal, pues aunque el representante del Estado muera, éste permanece. La esencia del valor para la mente humana promedio, es entonces una creencia sobre la que este gira y depende, generación tras otra se mueven en un ciclo sin fin; desde el Mundo Antiguo fraccionó y devaluó al hombre, pues aunque en el pasado en muchas ocasiones el esclavo podía recuperar su libertad, "tener nuevamente valor"; al siervo cambiar de amo, lo que implicaba una posible mayor obtención de los medios de vida y libertad; sin embargo, la aparente diversidad de actividades y democracias traídas por el capitalismo, ha colocado al individuo en una encrucijada: primero por la división internacional del trabajo impuesta desde el imperialismo, otra porque el hombre ha tenido que irse "especializando" (fraccionando) aún más para ajustarse a las necesidades del régimen, pero por fuerzas ajenas y contradictorias del mismo sistema, así como intereses de potencias y guerras, el hombre por más "especializado" que esté y riqueza natural que rodee, sencillamente se ve incapacitado para obtener sus bienes vitales; uno más, entre otros es el uso del "dinero plástico y electrónico", lo cual, aunque no lo noten, es sólo parte del tiro de gracia sobre el régimen capitalista. En resumen, la idea del valor para el mortal común, se encuentra fuera de sí mismo, colocada externamente de sus fuerzas, inteligencia o cualquier facultad natural; un mundo contradictorio y antagónico, opulencia y miseria pueden vivir juntos pero no mezclarse y a veces la línea entre ellos resulta tanto infranqueable como frágil; sencillamente se trata de obtener el medio subjetivo pudiendo incluso invertir roles, una persona vale, la otra no; la idea de apropiarse de otro ser humano –pues no ha desaparecido– para que trabaje y sostenga otro sujeto, también ha adquirido otras modalidades, donde el ser humano se encuentra más confundido y limitado. Transnacionales y bancos se colocan incluso sobre gobiernos y pueblos, bastando en ocasiones una palabra de ellos para transformar masas humanas y entornos, sea para ciertos beneficios de la colectividad, a cambio de grandes ganancias, o bien e incluso barrer con el paisaje, o al menos convertirlo en un sitio de supervivencia. Según este criterio entonces, el valor no reside en el hombre.

b) Determinación del valor de bienes y servicios del capitalismo. Hay tres elementos que determinan el valor del precio. Primero los factores concretos, partiendo de las materias primas, su escases o abundancia y distancia para transformar y vender, así como facilidad o dificultad de obtención que muchas veces implica una rama transformativa – productiva. Otra es el tiempo invertido, muchas veces acumulativa, es decir, una serie de tiempos y procesos que puede abarcar la extracción, transformación primaria, diseño y labor, y transporte. El trabajo, una acumulación de inteligencia y fuerza humana y maquinaria, procesos, tiempos y distancias. Los medios, una especie de juego o competencia entre hombres y máquinas, las últimas llevando en varios aspectos la delantera por producciones masivas en poco tiempo, pero no pudiendo prescindir del humano por completo, aunque sí irlo poco a poco remplazando. Segundo, factores reales y subjetivos. Primero la oferta y la demanda: podría pensarse que cualquier persona sale a trabajar todos los días, desde el más modesto campesino al pudiente empresario, con la idea de producir bienes para satisfacer las necesidades vitales propias y de sus semejantes, pero no, lo hacen pensando en producir las mayor cantidad posible para obtener tanta ganancia como puedan, esperando vender hasta el último producto, en otras palabras, que al mercado llegue toda su producción, y si se vende o no, en primera instancia no le importa; en segunda, sí ya que en parte de ello depende el aumentar o disminuir su producción, sin importar el tipo de producto que uno u otro produzca, pues para la mente promedio la única lógica existente es obtener la máxima ganancia en la inmediatez. Lo importante es vender lo que sea (producto, cosa, servicio, el cuerpo…) para una ganancia, una formula sencilla que la mayoría busca como piedra filosofal: *ganar mucho dinero, en el menor tiempo posible y con el mínimo esfuerzo*. Idea no creada precisamente por la burguesía, sino tomada de la producción masiva industrial, o en conjunto. Para ello se ha abarrotado el mercado con una gran cantidad de mercancías para necesidades subjetivas, varias veces desplazando y elevándose desproporcionadamente a las que cubren satisfacciones reales, sin descartar las actividades surgidas de ello como mafias, narcotráfico que entre otros es un negocio muy redituable de vicios, armas, y de consumo de almas y vidas. Con todo y todos, no puede evadirse el motor que los mueve en mayor o menor grado, la satisfacción de necesidades reales o al menos de supervivencia, pero incompatible con el subjetivo, el poder que la mente otorga al capital para que en el momento o lugar donde se aparezca mover y transformar voluntades. En resumen, el valor de los bienes es determinado por una acumulación intermediaria y escalas acumulativas, desproporcionadas de los bienes naturales, trabajo y vidas humanas, movidas por fuerzas subjetivas, básicamente para la explotación de muchos y la abundancia y despilfarro de pocos, donde también entra el sistema bancario y bursátil, cuya función no juega ningún papel productivo en esencia, sino intermediario entre productor, consumidor, distribuidor y gran poder ideológico, político y económico.

c) Resumiendo. Todo valor reside en su esencia, su razón de ser, por lo que es y puede ser. Usamos este término (valor) para ser explícitos. Estando de acuerdo con la teoría evolutiva, y conscientes que debido a nuestra naturaleza implica errores y aciertos, debemos por una parte regresar a esos orígenes naturales, por otro, erradicar ideas como estas. Cualquier idea o concepto del valor reside únicamente en el ser humano, en la vida, pero como ni uno ni otro posee valor, la grotesca idea y manía de medirlo todo por cifras monetarias quedan nulas. Cada ser humano es entonces invaluable así como los medios vitales de que se sirve para vivir, por lo tanto lo único que rige al hombre es él mismo, debiendo convertirnos nuevamente en seres auto suficientes, en el sentido de requerir únicamente para la obtención de nuestros bienes, desarrollar y explotar nuestras facultades por medio del trabajo, lo cual por ende convierte en seres iguales, y aunque algunos tienen aptitudes sobresalientes, saben que carecen de otras, y lejos de convertir en individuos desiguales, lleva a un mayor complemento de unos con otros.

El valor de bienes en el SFH, aunque pudiera parecer que tiene algunas semejanzas a los de explotación humana, se basa en fines objetivos. Parte también de factores concretos, iniciando con los elementos o materias, tiempo invertido en trabajo y desarrollo (ejemplo, si es un árbol) y proceso; trabajo físico y material, medios empleados y la calidad que se enfoca en la esencia material y durabilidad, partiendo de lo biológico (aquí nos referimos a los alimentos), lo regenerativo (biodegradable), tipo de materiales empleados (específicamente no dañinos para el hombre y medio ambiente), y durabilidad entre cuyos objetivos están erradicar lo desechable, o usos para periodos cortos y medianos.

4. El Talento como medio de cambio y la Fluctuación de Roles

Las características que el dinero generalmente presenta, son dos principales: un valor en sí mismo por excelencia y para todo, a la vez medida, que lo convierte por lo tanto en un fin, el hombre se transforma en medio y fin para el dinero; y otra, aunque en ocasiones de manera sutil pues su manifestación es relativa, la volátil, inflación – devaluación, la cual es una trampa y contradicción difícil de percibir comúnmente, así como cierta caducidad. Debido a estos dos principales elementos, se desprenden una serie de características duales y contradictorias, pudiendo manifestarse juntas o separadas, y primero el atesoramiento desproporcionado (envidia y avaricia) pudiendo incluso privar al hombre de sus necesidades básicas, y el derroche comúnmente presentado en frivolidades y vicios. Otro, es un excedente desproporcionado carente de cualquier cifra o medida para algunos, y la escases o nula posesión para otros, que además de la desigualdad social y explotación, degenera o eclipsa valores reales. Otro aspecto que comúnmente escapa, es lo sub convencional, presentando varios rostros, pudiendo ser una especie de metamorfosis, convertirse en oro, plata o joyas y a la inversa, lo cual para algunos representa una ventaja, el convertirse en metal o piedra puede delimitar enormemente su fluctuación; otro es, su convencionalismo presenta reglas claras, como en ciertos lugares carecer de valor de cambio, exigiéndosele se transforme o simplemente rechace. Por último, tiene un origen para lo cual debe servir para ese fin (aparte de los ya mencionados), cumplir con ese ciclo: el Estado. El estado, instancia intermediaria, no únicamente lo engendra materialmente, distribuye y administra directa o indirectamente, sino además se encuentra sujeto a ello; pero cualquier país, sea potencia o subyugado, está inmerso en una trampa y círculo vicioso de dependencia, pues para que existan ricos debe haber pobres, aspectos contradictorios del sistema capitalista ya vistos en otras partes, para lo cual personas, gobiernos, pueblos o bloques económicos queden a merced de esos poderes (aquí también entran los medios electrónicos), o siendo lo mismo, tanto seres humanos como sistemas políticos carecen de valor y voluntad ante el dinero.

Por último, el poder de atracción del dinero es su plus valía, encarna o representa trabajo, sudor y sangre de quienes han producido los bienes de los que vive el hombre, el dinero los sintetiza, transforma como un camino a ser recorrido, medio para llegar a ellos, pero al ser parte de la esencia humana y porque muy en lo profundo puede reaccionar la parte instintiva, sublime o ambas, y de ahí nuestras reacciones ambivalenticos ante el dinero y la vida, pues tomamos posturas según nuestros valores internos y etapas de la vida desde las mezquinas, equilibradas o sabias (*dar al Cesar los que es del Cesar, y a Dios lo que es de Dios*), y por lo tanto, el único valor real que posee es, precisamente ese: la explotación de hombres y mujeres, en ocasiones arrebatándoles no sólo el pan de la boca, sino su libertad y dignidad.

a) El Talento. Surge de la facultad innata y derecho inalienable del trabajo de cada persona, desde el momento que el hombre active sus facultades físicas y mentales con la Naturaleza, algún servicio, solo o en conjunto, se encuentra ya produciendo los bienes requeridos, no únicamente para la vida biológica, sino aquellos que necesite para sus realizaciones superiores, cuya acción no debe ser condicionada por nada ni nadie, excepto aquellos dañinos contra semejantes y el mundo. El Talento no es entonces una creación ficticia o subjetiva de sistema político, económico o religioso, sino de las activaciones naturales e intelectuales humanas, y como tal, se concretiza únicamente en bienes reales. Ahora bien, parte de nuestra esencia como especie es, en algunos aspectos poseemos márgenes o límites como parte de las Leyes Universales, ejemplo las órbitas de los astros en los variados sistemas, lo cual, más que límites son condiciones de la esencia de ser de cada uno en el Todo, por lo tanto, si nos movemos o actuamos dentro ello, estaremos simplemente cumpliendo nuestros papeles asignados en la armonía del Universo. Una de estas características son los periodos de dependencia, donde en ocasiones podrían incluso superar los de productividad, y nos referimos a los de la larga preparación requeridas para desarrollar, madurar nuestras facultades físicas y psíquicas, de enfermedad o discapacidad, y la vejes. Estas dependencias que podríamos llamar naturales, se sustentan básicamente dentro el entorno familiar. Otras son las dependencias sociales, y claro es, como personas o familias es imprescindible la relación mutua. El Talento que se produce entonces con la aportación de cada persona en una sociedad, tiene un límite o digamos requiere un complemento para su validez total, y es la Naturaleza y resto de humanos en el planeta, para que pueda ejercer su función como medio de distribución de algunos medios reales, pero también de cooperación humana, lo cual y en esencia eleva su valor, pues deja de ser uno o varios talentos personales para multiplicarse por el de especie; pero si añadimos el del móvil sublime, por ejemplo a producirlo por nuestros hijos, nuestros padres, el mundo que alimenta o un ideal, todo trabajo o producto de ello simple y sencillamente pierde cualquier valor material, para elevarse a algo como parte o complemento de la plenitud, adquiriendo la categoría de invaluable.

Para que pueda manifestarse el Talento requiere de tres elementos: trabajo físico e intelectual, una colectividad complementaria de trabajo y un entorno natural para obtención de materias primas o productos naturales, o material social para sus intercambios. Lo primero determina los otros dos, un ser humano activando sus facultades. Lo segundo es, solamente cualquier ser humano para situaciones extremas específicas, como de supervivencia, requiere al menos de otra persona para el soporte, práctica, cooperación u otro, sin la cual la actividad o producto no podrían llevarse a cabo. Tercero, al surgir de lo interno del hombre sea biológica o del alma, teorías, ideales u otro, requieren concretarse materialmente de algún modo, sea de la naturaleza o por medios creados por el hombre. Así, estos tres elementos (sublime - mental, biológico - social y material natural - humano) producen por sí solos el Talento, por ello es un medio objetivo.

Esta relación tripartita de complemento o dependencia, lo convierte en objetivo, no subjetivo, siendo ese enlace o manifestación de las partes no centro, hay elementos de la esencia humana que simplemente se activan para observarlo como medio de enlace para algunos que requiere o complementa, secundarios. Por esto, lo convierte en medio de cambio estable en dos sentidos. Primero, el hombre sabe que su trabajo garantiza las necesidades vitales, por lo tanto, en momentos determinados puede prescindir del medio de cambio. Segundo, para que este pueda ser o funcionar requiere de tres partes, siempre determinantes o dependientes, es decir, si el hombre o la sociedad no trabajan queda nulo, o en casos factibles por ejemplo pérdida o escases de cosechas, deterioro de algún medio productivo, comercial, de servicios o urbano, la colectividad se encuentra en la misma situación, sabiendo ante todo que dependen de ellos sin importar la gravedad de la adversidad, conscientes además, es en esas situaciones cuando se manifiestan nuestras fuerzas sobrehumana, pues el Talento es solamente herramienta de ciertos movimientos, secundarios incluso, por lo tanto la reparación o reconstrucción del entorno natural y social requiere únicamente del trabajo humano. Por otra parte, recordemos el SFH, es una asociación de la humanidad donde existe el Excedente Objetivo para tales circunstancias. Por ello, sea ante una producción estable y controlada, o un desastre natural o escases, la distribución de bienes vitales es equitativa sin o por medio de talentos, su fluctuación puede ser controlada o nula, siendo el hombre quien determina su uso. A lo largo de nuestra exposición, intentaremos vaya quedando con mayor claridad este aspecto.

Otras dos particularidades del Talento son. Uno, sirve únicamente para algunos bienes reales y complementarios. Aquí se distinguen dos cosas. Primero, ya que objetos o elementos carentes de cualquier criterio de valor deben simplemente obtenerse por medios propios, personal o colectivos, y/o intercambiarlos, entre ellos la salud y el conocimiento. Desde cualquier tipo de asociación, Neo Polis o Continental, es la Sociedad Colectiva la que provee a todo ser humano de estos dos servicios, pues son uno de los frutos del trabajo humano, derechos inalienables que bajo ninguna circunstancia ponen en mesa de discusión, pues en circunstancias específicas como desastres naturales o epidemias, la salud es prioridad. En otras palabras, todo ser humano tiene garantizados los servicios de formación (educación) hasta los veinte años y salud de por vida. Segundo, todo lo material cumple con un círculo o periodo de permanencia, debe ser renovado en sí mismo o reemplazado a su debido tiempo desde nuestras células, vestimenta, actitudes ante lo roles de tiempos y circunstancias de la vida, reservas en nuestro cuerpo o el Excedente Objetivo por su caducidad; y de la misma manera la acumulación de talentos a lo largo de un año, tienen fines específicos, cumplen su ciclo de vigencia para la persona que acumuló, deben ser usados, para que al inicio del siguiente año el proceso vuelva a reiniciarse. Toda persona va acumulando y usando a lo largo del año una cantidad de talentos indeterminada, aunque sí mínima, dependiendo del tipo de labor social y otros factores que veremos adelante, donde a la vez podrían influir situaciones que podrían afectar a grupos, mayorías o individual como enfermedades o contingencias naturales. De los talentos que cada persona recibe semanal o quincenalmente (siguientes apartados), una parte es para la funcionalidad social, y otra como tipo de ahorro la cual es usada para necesidades específicas o personales como adquisición de vivienda, viajes u otro que puede ser retirado en una, dos o tres partes, durante o fin de año (según el caso) para los fines deseados de la persona, coincidiendo además con dos de los periodos de descanso para muchos. Estos tipos de vigencia o ciclo, se parecen o están relacionados con los tiempos o movimientos que conforman la esencia de otros mayores, por ejemplo el árbol que cada año reflorece pero sigue creciendo, los ríos y arroyos que una o dos veces al año riegan la tierra para renovarla y regresar al mar; y así al llegar ese o esos momentos, el hombre debe disfrutar de esa parte de los frutos de su cosecha, antes de que se pudran; se encuentran en una continua renovación, cada quien en su momento de vida tanto personal como colectiva, lo cual es sólo parte de la esencia de una vida más plena y libre, por tener un límite acumulativo de ciertas cosas que ayudan pero no dependen, como los zapatos llevados puestos, no obstante en nada alteran el trayecto recorrido, menos aún detiene el camino trazado personal, familiar y mundo habitado. La idea de *acumular tesoros que la polilla corroe o el ladrón roba*, se convierte en la de enriquecerse como persona junto a los suyos, entre otros.

El Talento tiene un parecido al dinero sólo en forma, como ya hemos visto, pero no en contenido. Adquiere la forma material tanto papel como moneda, ambos en tres partes. La de papel semeja algunas banderas con las divisiones verticales, y la otra a conos concéntricos, donde en cada una de las partes por ambos lados, son iguales, plasmándose la Asociación Continental que lo emite y su denominación fraccionaria, en tres diferentes idiomas en cada una de las partes, año de vigencia, y como fondo una especie de planisferio donde el centro lo ocupa la Asociación Continental que emite, si es papel, en el caso de la moneda algo análogo con un detalle la parte geográfica que acuña. Tales características y finalidades de uso, dan al Talento una misma finalidad y aceptación universal.

b) La Fluctuación de Roles. En diversos modos y etapas de la historia, mentes como Shakespeare han sabido apreciar que, aunque cada hombre es único, juega varios roles en el escenario de la vida. El rol que cada miembro ejecuta en los grupos de mamíferos depende de varios factores, desarrollados en base a circunstancias y entornos evolutivos, cada individuo desempeñando un papel para que la colectividad funcione y reproduzca; entre otros ejemplos, una manada de elefantes donde tamaño y fuerza desempeñan protección personal y colectiva, colocando las crías en el centro, y guiadas por la experiencia y memoria asombrosa de la matriarca; o el muy conocido caso de los leones, donde las hembras se encargan de la caza y los machos del cuidado del grupo y territorio. Es una combinación de facultades de acuerdo al sexo y edad, comúnmente destacando inteligencia y fuerza. El rol que cada individuo debe desempeñar no es cuestión de opción personal, sino de las características de cada especie para su existencia, aunque si bien es cierto pueden ser cambiadas o alteradas, tampoco es por decisión propia sino por las leyes evolutivas de adaptabilidad, lo cual implica un reacomodo colectivo en un proceso generacional, pudiendo llevarse a cabo en tiempos variados, llegando incluso desde siglos, milenios o millones de años, dependiendo de las exigencias de adaptabilidad y modificaciones a llevar. Es entonces parte de las leyes universales. El aspecto negativo que hemos venido criticando, es porque se ha cambiado o distorsionado de los procesos naturales, al colocar a miembros del grupo en lugares que no les corresponden por carecer de facultades para ello, en concreto el bienestar del grupo o la especie, causa principal de los diversos males. Desde hace milenios tenemos consciencia clara de esto, y planteado soluciones como las de Platón, pero la directriz ha sido la misma: una asignación de roles según teorías, ideologías o creencias políticas, económicas o religiosas, donde el condicionamiento e interés de los poderes dominantes, las mayores de veces han influenciado o determinado, como se ha venido mencionando, sea por la fuerza física, ideológica o ambas.

En términos generales, el hombre se caracteriza por las facultades de proveer los recursos elementales para la familia y protección, para lo cual, requiere una serie de conocimientos, destrezas y fuerza. La mujer que alimente, cuide y guie de manera especial a los hijos en los primeros años de vida, ya que el hombre sale en busca de los medios, así como de ciertas actividades menores de aprovisionamiento (esto se dio por la recolección) y confección de algunos requerimientos y utensilios. Si por las mujeres se regenera la vida y los hijos pasan los primeros años cerca de ella, se crea como símbolo familiar, además de sus cualidades de género como la ternura y abrigo natural. Quizá en ninguna especie estos elementos estén tan ampliados y diversificados como en nosotros, por habernos expandido por todo el mundo, variedad alimenticia e inteligencia, pero no así los roles, en este caso, que por género nos diferencian.

El SFH es, busca ser, un reencuentro con nuestra esencia y facultades, descubrir y explotándolas de manera libre y creativa sin renunciar a los logros que como humanidad hemos alcanzado, desempeñando cada uno las labores que permitan una vida más justa. Tiene o se basa en dos variantes, donde siempre lo diverso es imperativo porque, aunque cada célula y órgano desempeñan actividades variadas, es un solo individuo, y la proyección social es análoga. Una de las primicias es, sin embargo, enseñada desde hace milenios y olvidada por la mayoría: *Conócete a ti mismo*. El Conocimiento. Al tener vida cada célula, posee por lo tanto un conocimiento de su esencia, su rol. Se crean, reproducen y mueren tanto por ciclos naturales como contingencias, por ejemplo, cuando una célula enferma y explota o bien destruida por las defensas, por la razón que afecta al todo. Conocimiento permanente y con ciertas variantes, tales como las de situaciones o etapas específicas, siendo algunas las de las glándulas, sea por una situación de peligro, etapa de desarrollo y reproducción, donde cumplen uno de sus roles. A esto se pensaría: *Bueno, no tenemos que decirle a nuestro cuerpo que hacer. Él mejor que uno sabe lo que debe ejecutar.* Únicamente en parte, sabiendo hay funciones involuntarias y otras impuestas, modificadas o alteradas por nosotros con consciencia plena o la más grande ignorancia, siendo un ejemplo común el de la salud donde los vicios, pasiones o simple desconocimiento alteran o destruyen toda vida del individuo - organismo (biológica, mental y espiritual), que obviamente, van de la mano con las funciones involuntarias.

En esta búsqueda del Yo hay aciertos y errores, placeres y desgracias, obligaciones y deberes a cumplir sea por gusto o contra voluntad, lo cual referente a lo último es condición de aprendizaje y experiencia que ayuden a un mejor encuentro con la vocación del Yo. Así como al nacer llegamos con ciertas características, son solamente herramientas pasivas, sabiendo que si el órgano no se usa se estropea y lo opuesto lo fortalece, por lo tanto, una mejor alimentación del cuerpo y alma, ejercicios, conocimientos y pruebas en un entorno natural y social, allanarán el camino para esa exploración. La búsqueda es esa fuerza invisible que en ocasiones de manera suave y otras violenta motiva, impulsa o impone a actuar sea por las necesidades cotidianas o las adversidades repentinas. Es y no cuestión de opción, las de elección nos hacen más pasivos, conformistas por exigir poco o lo suficiente, las otras sin embargo ponen al límite, retos que han sido motores de grandes hazañas, y el precio es siempre alto. Una condición tanto propuesta como aceptada del mundo, que abre sus manos para abrazar y alimentar a toda vida de manera generosa y abundante, invitación y reto para lo cual tuvimos que cruzar mares, escalar montañas, atravesar desiertos y tundras trazando nuestros propios senderos, donde hemos probado desde los frutos más dulces hasta los más amargos; pudiendo cruzar océanos sólo bajo ciertas condiciones y trabajando en conjunto; vivir en desiertos y montañas siempre y cuando conozcamos sus entornos, secretos y roles de cada uno para hacerlo. El encuentro con el Yo de cada uno, es de esta manera, que solamente en parte se nace, pues lo determinante serán las opciones y retos a enfrentar o evadir, que irán conformando nuestra vocación esencial lo cual requerirá una serie de roles en dicotomías: aprendiendo - enseñando, obedeciendo - ordenando, observando - ejecutando, donde la segunda depende siempre de la primera; aprendimos que el fruto amargo es dañino o venenoso probándolo y comprobándolo, por ello muchos ritos de iniciación de algunos pueblos en ocasiones se arriesga la vida, únicamente así se demuestra que el individuo está listo para pasar a la etapa siguiente, su rol de hombre o mujer. Cuando se llega a la cima de la montaña o supera la prueba, nos damos cuenta de lo que somos, si quedamos a la mitad o pospusimos también, de la misma manera si decidimos no escalarla o desafiar el reto. Podemos descubrir de qué y no somos capaces, sea por capacidades, circunstancias o tiempos, lo cual en ninguno de los sentidos puede ser sinónimo de fracaso o resignación, sino saber que cada uno fue causa para diversos efectos o roles, por ejemplo, quien llegó a la cima posee fuerza y destrezas, el de en medio ayudó y guio a quienes subían y bajaban, el de abajo observó, trazó y dio cuenta de situaciones presentadas; guardó fuerzas para atender a los cansados y lastimados. Quizás sabiendo o no, cada uno jugó el papel correspondiente. Cuando se cumple de manera consciente con sus deberes, lo único que queda es la satisfacción plena, pues nada se compara a los esposos quienes verán a sus hijos jugar y crecer sanos, el campesino contemplando el campo listo para la cosecha, a un hombre construida su casa, al artista, concluida su obra, o al guía que llevó al grupo encomendado sano y salvo; siendo un momento o periodo determinado, podría ser la misma persona. Así, nadie, no debemos esperar aplausos o gratificaciones especiales por haber cumplido con el deber en el rol asignado o tomado, el hacerlo es parte de la dignidad humana y por ende satisfacción plena de cada uno.

La Fluctuación de Roles en el SFH, implica una búsqueda que ayude al encuentro con el Yo de cada persona, previo a una preparación teoría y práctica, tanto en los sistemas de formación como la vida misma y solamente mediante la experiencia puede conseguirse, sin preferencias particulares, aunque tampoco limita la competencia, la osadía que algunos puedan demostrar ante situaciones específicas como los candidatos desde el pre cónsul a cualquier cónsul. En el SFH no existen títulos, estratos, castas o clases sociales, sino seres humanos desempeñando diversos papeles a lo largo de tiempos específicos, jornadas, procesos o ciclos, buscando entre otros además de la equidad, la creación de personas más autónomas, autosuficientes con mayor cúmulo de conocimientos y experiencias que le permitan saborear gustos que las diversas actividades de la sociedad provee, y con ello irse no únicamente descubriendo y valorando, sino todo ser humano sin importar labor encomendada, es tan importante como la que él desempeña en esos momentos.

Una de las grandes paradojas del hombre de los últimos milenios, es no solamente que el amo busque siervos o esclavos, sino a la inversa, y aunque muchos contemporáneos critiquen a los antiguos que buscaban al faraón o al tlatoani para que hiciera caer la lluvia y brotar las cosechas, de la misma manera el individuo actual busca su amo (patrón), otro sujeto a quien someterse, e igualmente los explotadores se envisten como benefactores y promotores de vida, llegando incluso a ser idolatrados, en ocasiones sabiendo aunque en otras ignorando, que muchos de ellos son los culpables del deterioro humano y natural. Pero *¡el hombre necesita empleo!;* a pesar de verse rodeado de infinidad de tareas, deterioros, campos de cultivo; mercados abarrotados, personas que requieren servicios…, una abrumadora cantidad de trabajo por hacer, e irónicamente no escucha la palabra o gesto del explotador (Estado u oligarquía) que ordene o permita activar fuerzas físicas e intelectuales para compartir los bienes terrenales que son de todos y dones que se nos ha otorgado para colaborar.

La Fluctuación de Roles de toda persona mayor de veinte años en las Actividades Sociales, se encuentra determinada por tres factores. 1: Necesidades colectivas principales. 2: Situación de tiempos y entornos, y.3: Capacidades de personas y grupos.

1. Necesidades colectivas principales. Obviamente, el trabajo humano siempre tiene prioritario la producción y/o suplencia del alimento, el conocido como sector primario (agricultura, ganadería y pesca), posee siempre ese carácter en las asociaciones de polis. Aunado y dependiendo de ello, para muchos olvidado o dejado en los últimos grados de importancia, es el suministro, cuidado y tratado del agua, primeramente para consumo humano, agricultura y ganadería, y sólo posteriormente para construcción, industria y otros; entrando aquí también, el cuidado y calidad del aire y entornos naturales. Después de esta primacía vital, sigue la producción de vestido y vivienda. Al enfocar nuestro trabajo, roles, en estas áreas, podríamos decir que lo demás, *vendrá por añadidura.*

2. Situaciones de tiempos y entornos. En el primer punto se consideran las estaciones del año, las cuales van condicionando algunas de las pautas, tanto tiempos como capacidad o volumen de trabajo, dependiendo de los productos agrícolas, por ejemplo, pudiendo algunas requerir una gran cantidad de personas, otras pocas; y de manera análoga, el proceso de ciertos bienes que presentan variaciones similares; así como los que tienen cierta estabilidad. En gran medida influye si las polis son rurales o urbanas. Consideremos aquí, quienes se encuentren desempeñando roles por periodos determinados, ejemplo cónsules, así como quienes cubren tiempos específicos tales como Formación, Salud o Estabilidad Humana y Social.

3. Capacidades de personas y grupos. Posee cierta relación con lo anterior, teniendo que ver con situaciones determinadas e imprecisas. Por ejemplo, la diversidad de quienes viven en los Andes o el Himalaya, las inmediaciones de polos o en los desiertos, ya que para esas personas quienes han vivido allí por generaciones poseen características determinadas, que en ocasiones o temporadas, las actividades pueden iniciar antes del amanecer, al medio día o caída la noche, pudiendo incluso hallar variedades de una localidad o zona a otra. Aquí también entra, lo cual es parte de la fortaleza de las asociaciones de polis, que por tiempos o ciclos, las personas puedan cambiar de residencia, por ende, de actividad social, sea por los cambios climáticos extremos, por las necesidades colectivas de polis o el Mundo. Ahora, esto puede ser en ciertas circunstancias, ejemplo las poblaciones del Ártico han vivido allí por milenios y un cambio climático pudiera ser incluso contraproducente, y para ello la opción es que en los tiempos propicios las jornadas pueden ser mayores, para una vez llegando el cambio atmosférico adverso, hayan acumulado suficientes actividades sociales, guardando para ese periodo tiempo para actividades básicas o seguir llevando el tipo de vida preservado.

Hay otros factores que determinan la Fluctuación de Roles, previstos y no: vacaciones, fines de semana (muchos descansan y pocos trabajan), si una mujer decide contraer matrimonio o reintegrarse a las actividades sociales, periodos de incapacidad y otros, para lo cual hemos hecho ya mención de cómo solventar algunos de ellos, pero de cualquier manera algunos pueden ser solucionados por las delegaciones consulares, por otra, esperamos a lo largo de esta exposición vayan quedando aclarados.

Sobre las jornadas. Toda jornada de cualquier servicio social es de ocho horas, que incluye una de descanso y/o para comer, pudiendo ser dividida, por ejemplo 2 de 30 minutos, o una de 45 y otra de 15. Hay jornadas que en ocasiones requerirán más tiempo o presenten cambios, ejemplo las de cónsules, o quienes trabajen en transportes de largos recorridos como pilotos. Para los primeros al ser un servicio de encomienda social, cuando se tenga que laborar hasta avanzadas horas de la tarde o noche, puede, en acuerdo con sus otros similares, compensarlo con otro día u horas adicionales libres. En el segundo se buscará un equilibrio justo, considerando además los efectos de cambios de horario. Para quienes se encuentren en un rol que requiere una permanencia constante o de gran parte de tiempo como los de Salud, Estabilidad Social y Entorno, la solución es una rotación de tres horarios para todos, donde el matutino será de 7 am a 3 pm de 5 días, el vespertino de 3 pm a 11 pm en 4 días, y el nocturno de 11 pm a 7 am de 3 noches. Para quienes laboran en lugares que funcionan en lugares de servicios específicos como los recreativos y espectáculos, se tendrán dos horarios, matutino y vespertino de cuatro días, es decir de viernes a lunes o jueves a domingo.

La distribución del talento. No es precisamente distribución de la riqueza, sino una especie externa del intercambio del fruto unitario, como producto del trabajo colectivo de facultades humanas y naturaleza. Como tal representación, y ya visto anteriormente, es simplemente un medio que permite mayor fluidez para ciertas cosas o relaciones de nuestro mundo complejo, buscando simplificarlo, siendo su caducidad y límite acumulativo características que ayudan a lograrlo. Es unidad, en el sentido de representar una totalidad (talento: don) y parte del todo, facultades humanas, otorgándole un valor inalterable, aunque a la vez con ciertos matices, por la razón, a pesar que muchas personas puedan poseer alguno similar o en común, cada uno tiene sus variantes, por lo tanto, lo que define esa parte del Talento es su división fraccionaria en centésimas, sean centavos, decenas, cuartos, etc.

Existen solamente tres diferentes cantidades de distribución, las cuales se dividen en el mismo número de partes, una que recibe la persona, la otra dividida en dos, una la ya mencionada (Excedente Objetivo Personal: EOP), y la otra la Aportación Social: AS; ambas similares al sistema tributario, con la diferencia que la primera se reintegra a la persona, y la otra en servicios y/o beneficios que comparte en sociedad. La primera es denominada elemental o A, consiste en 150 Talentos (Os) semanales o 300 quincenales, de ellos la persona recibe 100 y el resto una mitad para el EOP y la otra el AS. La segundad (B) de 220 Os semanales, 150 de percepción y el resto divido en dos partes análogas a la anterior. El tercero (C), de 300 Os semanales, recibiendo 200 y el resto se divide en dos partes iguales para los mismos fines.

Antes de pensar que tal distribución es inequitativa, aclaremos, reiteremos. Al ser representación de una o algunas de las facultades humanas, se muestra entonces con alcances precisos, permitiendo solamente ciertas obtenciones de bienes de una suma de necesidades, y el ser humano otra de capacidades, por ello, se considera un promedio de tres Os le permitan a una persona la obtención elemental diaria, es decir, alimentarse sanamente en su hogar, vestido digno y demás bienes básicos, recordando que los servicios de salud y formación son producto del AS, o siendo lo mismo, llevar una vida digna con 3 Os al día o 21 a la semana. Con ello, se busca primero, un medio de control poblacional en aquellos lugares o culturas donde prevalezca aún la tendencia a familias grandes, recordando se pretende los matrimonios tengan de uno a tres hijos, para lo cual podría preguntarse. "¿Una pareja con tres hijos menores de 17 años, requería al menos 105 Os semanales?" Cierto, pero recordemos que el SFH busca la unidad y fortalecimiento familiar, y en casos como estos, por lo menos alguno de los padres de la pareja podría vivir en el mismo hogar, sea aún en alguna función social o percibiendo el Reintegro Paulatino por Servicio (RPS), especie de pensión, y estos casos temporales quedarían solucionados.

Reiterando en lo mismo, la existencia del EOP para poder ser usado en situaciones específicas, y una de las funciones consulares es la de otorgar préstamos o créditos para casos determinados; y si bien 100 Os es el ingreso mínimo, tampoco representa un tope o límite, habiendo otras alternativas adelante, pero ante todo, se busca una vida digna para todos o al menos las mayorías, no crear seres consumistas. A la vez, categóricamente queda claro que el Talento no es dinero, es un medio para ciertas relaciones humanas, nunca un fin, menos aún herramienta para acumular riqueza o poder, objeto de dominio personal u otros. Por otra parte, reconociendo que cada persona es única, sabiendo que algunos poseerán talentos que otros no tenemos, vocaciones lejos de experimentar como la entrega y servicio a causas nobles, desinteresadas; y aquellos quienes acepten algunas de esas responsabilidades, ejemplo cónsules, serán conscientes del compromiso que conlleva cargo y periodo, así como del castigo si fallan, donde la destitución inmediata es menor en comparación al estigma dejado por tal error. Reconocer la existencia de Espíritus Elevados, creadores de obras que a la mayoría únicamente nos queda admirar y aplaudir; hombres como Newton y Galileo, cuyas pasiones a muchos cuesta trabajo entender, mayormente las de los Grandes Maestros de la Humanidad, quienes nunca persiguieron bienes terrenales, por el contrario, eran cargas para la libertad y exaltación espiritual, vidas para el humano promedio inefables, pues algunos experimentaron la miseria impuesta por el hombre, sin faltar quienes renunciaron al criterio de riqueza mundana (Buda), además de haber sido perseguidos, encarcelados o asesinados. Pero como a las Almas Magnas poco o nada les importaría el tipo de distribución de talentos, y seguramente habrá quienes incluso decidan prescindir de cualquier servicio social, para vivir una vida todavía más libre e independiente, con todo serán unos cuantos, el SFH es simplemente un medio, una propuesta para un mundo mejor; parte de lo mismo, que el legado de Platón, Miguel Ángel o Mozart, pero sobre todo los de Buda o Cristo, con nada en el mundo podríamos pagar.

Todos los prefectos, pre cónsules y cónsules desde la polis hasta la asociación regional reciben una distribución B, cónsules y prefectos de las asociaciones sub continentales, continental y representantes de la Asociación Internacional, el tipo C. Quienes se dedican a actividades artísticas, científicas, algunas deportivas y los de Formación, una distribución entre B y C. Más detalles adelante.

5. Los Servicios.

Un servicio, es una acción que se mueve o desarrolla en tres momentos. Una compensación por alguna carencia personal; la acción reciproca de quien la recibe y otorga, por lo tanto, la culminación satisfactoria de ambas partes. Similar a si la obra escrita o puesta en escena del artista no llega y toca las cuerdas del alma, para hacerlas vibrar; de la misma manera desde la persona que atiende detrás de un mostrador, hasta el médico que salva una vida o el cónsul continental, carece de sentido sin el ser humano del otro lado. Todos se mueven, intercambian en un fluido constante de roles complementarios, y tal dinamismo no es otra cosa que la riqueza del conjunto de seres diversos, dependientes y suplementarios unos de otros. Una relación reciproca de deberes y obligaciones con movimiento horizontal simétrico; reflejo de la dependencia mutua de los grupos de seres vivos, el individuo – organismo, las partes y el Todo. En esencia, toda función social, cada trabajo es un servicio, algunos con una tendencia más personal, individual, otros familiar o mayor alcance colectivo; unos temporales como el consulado, otros de una parte o toda una vida. No obstante, hay los que requieren dones específicos y no todos podemos desarrollar, otros que con cierto conocimiento y disciplina conseguimos llevar a cabo; así como ciertos servicios son imprescindibles, mientras otros o muchos podrían ser transformados o desechados. Por lo tanto, los servicios se dividen en tres categorías, para cuyos criterios se basan en. 1) Conocimientos (preparación y dones requeridos) y habilidades de las personas. 2) Responsabilidad social implicada, por ende, la persona debe cumplir requisitos específicos. 3) Importancia social, lo cual puede incluso para algunos determinar su modificación, o en un momento dado prescindir de ello.

a) **Primarios**: Salud, Formación, Transporte Público y Planeación, y Construcciones Sociales.

Salud: Entre las contradicciones de este tema, en la actualidad, es el poder presentarse como prioridad para cualquier país o la ONU; otras, los seres humanos son simples conejos de indias, masas consumidoras y reproductoras de cualquier cosa que produzca ganancia, o simple carne de cañón. En otras palabras, salud y vida carecen de importancia. Entre las razones de ello, fue el desarrollo del Estado benefactor, producto de luchas y reclamos de los trabajadores, por demás fue otro medio de control político, ya que actividades como estas por mucho tiempo las llevó a cabo la Iglesia. Casi paralelo a ello, la iniciativa privada, el capital, encontró una rica veta de explotación pues en acuerdo con el Estado o contraposición, el hombre quedó entre dos fuegos, lo cual aunados al incremento tecnológico y daño del medio ambiente, ha quedado sujeto a toda esa serie de patologías que padecemos, donde incluso nacer o morir han dejado de ser procesos naturales, para convertirse en privilegio para algunos y negocio para otros. Otro aspecto importante y apremiante, es un replanteamiento ético, sobre ciertos usos y tendencias como la manipulación genética, que en cierta medida es producto de las anteriores causas, pues la guerra comercial se da en varios planos, incluyendo laboratorios que luchan por propagandas y ganancias. Sabiendo que el SFH no busca la ampliación de hospitales, sino la creación de una sociedad y medio ambiente sano, y muchos de los males son producto del deterioro del mundo actual, no obstante, una vez que se hayan alcanzado niveles aceptables de salud social, se tendrá siempre un número suficiente de personal para enfrentar cualquier emergencia sanitaria, aunque en la actualidad existen, es de manera desproporcionada, en algunos casi o nulamente; otras en cambio una especie de guerra por conseguir pacientes, es decir clientes; y las universidades siguen produciendo año con año médicos, entre ellos se pueden hallar aquellos que ven esa profesión como un simple medio de vida, un negocio, sin la suficiente o nula ética profesional. Los sistemas de salud deben funcionar primero, en el cuidado y mantenimiento de alimentación y entorno natural, luego atender todo caso o persona que requiera servicios. Segundo, en la prevención y control de enfermedades como se ha venido haciendo, en acciones como las vacunas. Tercero, la investigación donde incluye su replanteamiento ético ya mencionado. Un aspecto de capital importancia es esto último, reconocer que por mucho tiempo la medicina occidental no sólo se investió como la máxima autoridad en ese campo –muchos lo siguen viendo de esa manera—, llegando a sancionar o condenar otros tipos de medicina, siendo una gran inquisidora. Afortunadamente, ha empezado a reconocer sus carencias y virtudes de las otras, por lo tanto, los Centros de Salud deben ser lugares de convivencia entre diversas disciplinas enriqueciéndose unas de otras, donde el alópata escuche al herbolario y a la inversa, o al homeópata y acupunturista trabajando juntos. Todos conscientes, el ser humano es alma, cuerpo y Espíritu.

Transporte público. Tanto civilización y, mayormente la sociedad moderna, nos han hecho olvidar que evolucionamos, o, mejor dicho, fuimos creados seres bípedos y nómadas, lo cual es parte de la respuesta a muchos de los males del mundo, entre otros por el abuso del sedentarismo. Por otra parte, cuando iniciamos a construir ciudades, nunca fue con la idea o finalidad de algún día atestarlas de vehículos motorizados, y a pesar de que por miles de años por sus calles se movían animales, carruajes y hombres, nunca se imaginó y por ende planeó, para soportar los problemas creados por ese tipo de transporte, aunque ciertamente en las últimas décadas ha sido una de las prioridades a solventar, tanto el paradigma mental impreso por los milenios del tipo de urbes y poblados en que vivimos, así como el desproporcionado crecimiento poblacional, pero sobre todo productivo, siempre han rebasado cualquier propuesta o solución. Por ello, ante los muchos augurios y promesas de gobiernos y oligarquías automotrices y petroleras, No pueden ser consideradas soluciones reales. Peor aún, la tendencia productiva y consumista continua como si tuviéramos petróleo para al menos otro siglo.

Al contemplar el SFH una reestructuración geográfica - social, entre otros, implica por lo tanto el movimiento humano y vehicular, evitando desplazamientos masivos de puntos alejados y desorganizados para labores sociales, trámites, formación u otros, y al darse una reunificación ordenada en esos sentidos, muchos de esos problemas quedarán resueltos. En el mismo tenor, esta problemática, al ser típica de ciudades, principalmente capitales por su concentración o acaparamiento político y económico capitalista, al dejar de tener esa función, producirá mejoras en otros campos. Primeramente, ninguna persona tendrá que desplazarse más de 20 Km., de su hogar al de labores; durante las horas de mayor movilidad, entrada y salida (laborales y formación), calculando sea un máximo de dos horas al día; el transporte de bienes, materias primas y otros por el estilo, quedará restringido o controlado. Aunque los sistemas de trenes (metro) en algunas ciudades muestra ya un alto grado de saturación, incluso ya rebasado, sabemos es producto de lo ya mencionado, por lo que podrá cumplir mejores expectativas, y será uno de los sistemas de transporte a ampliar y mejorar no únicamente en ciudades, sino uniendo regiones y continentes, para lo cual, al parecer el modelo europeo es la mejor propuesta a seguir. El tráfico aéreo será solamente para distancias y lugares que ameriten, donde lejos de ampliar vuelos, lo mejor es una reorganización de rutas, necesidades y flotas que transporten más y saturen menos. Tales medidas, permitirán a personas y vehículos moverse con mayor fluidez y tranquilidad, lo cual permitirá entre otros un incremento del uso de bicicletas y caminar, mejorando medio ambiente y calidad de vida. Respecto al movimiento de bienes materiales, se llevará de manera análoga, un incremento del tren, rutas y horarios para el transporte motorizado, barcos y vía aérea, pero y sobre todo al tener una producción controlada, disminuirá notablemente los efectos negativos al mar, suelo y atmósfera.

Planeación y Construcciones Sociales. Es un área que presenta varios retos con una serie de tareas donde difícilmente podría enumerarse un orden de prioridades, y aunque la palabra "construcción" es parte de ella, no debe tomarse en la connotación acostumbrada. Nunca antes en la historia de este planeta, especie alguna removió y transformó (también destruyó), tanto material como nosotros, sobre todo en el último siglo. Paradójicamente hemos construido, incluso producido, más de lo que necesitamos. Entre las prioridades capitales se encuentra el reacondicionamiento y remodelación de lo ya construido. Primeramente, tenemos los grandes complejos del actual régimen y sus subordinaciones: a) todos los edificios gubernamentales y dependencias, que si bien algunos pueden ser usados para los consulados, se tendría un sobrante. b) Todos los complejos de las oligarquías (oficinas, bancos, almacenes, etc.) y c) Medios represivos y control de los anteriores: ejércitos, policías y agencias de investigación. Lo anterior requiere de un reacondicionamiento y remodelación, primero, para labores sociales, beneficio humano y entorno natural, sea productivo o servicios, entre los cuales y parte de lo ya mencionado pueden ser para Formación, recreativos, actividades artísticas y científicas; luego para viviendas, donde todas las grandes áreas en el mundo, como las favelas brasileñas, sean desmantelas, sus materiales reciclados y esos lugares puedan regresar a su estado original o convertirse en áreas naturales.

En este plano, en un principio entra una limpieza y sanación ambiental, para que después sea sólo una actividad rutinaria de mantenimiento y control. Lo es entre otros por el abuso desmedido, descontrolado de desechables y enormes cantidades que conlleva toda propaganda desde la publicitaria de consumo hasta la política, lo cual requiere de principio un reordenamiento y planteamiento productivo, obviamente implica una parte considerable de esas instalaciones. Aunado a ello, una reestructuración de los servicios sanitarios, ya que por décadas simplemente nos dedicamos a invadir o rellenar lugares de todo tipo de desperdicio, y aunque recientemente se han implementado medidas de separación, reciclado y tratamiento de aguas, son apenas paliativos ante el verdadero problema, pues en la mayoría de los casos estas acciones se implantan únicamente si existe una ganancia económica, política o publicitaria. Entra a la vez aquí, la ardua labor de revertir algunos de los grandes daños causados a nuestro entorno natural, como la gran mancha de plásticos en el Océano Pacifico, que hace ya varios años había rebasado el tamaño del estado estadounidense de Texas; entre tantos otros pocas veces conocidos, difundidos a la población.

b) Comercio. Según la lógica económica de la civilización, el comercio es una actividad implícita para que el hombre no sólo exista, sino además ha sido eje de desarrollo, en ocasiones una especie de trampolín o peldaño para pasar de una etapa evolutiva a otra, poniendo continuamente los ejemplos del oro y plata, bronce y hierro, sedas, especias y el de boga, la tecnología, pero no han faltado los que han incluso incluido (comúnmente de manera crítica) el vergonzoso comercio humano. Pero si iniciáramos un análisis minucioso, veríamos que quizá excluyendo las especias, los otros no son bienes de primera necesidad, incluso el esclavismo, otra actividad de degenere. Otro argumento es, "todo aquel que obtenga, transforme o produzca algún bien, y una vez satisfecha su necesidad; o quien invierte tiempo, trabajo o incluso expone su vida y "capital" para llevar y traer bienes entre pueblos o individuos, tiene derecho no únicamente a su sustento, sino a una ganancia". Una mirada rápida a la historia, nos dejaría ver que todas o al menos mayoría de las guerras, han sido sustentadas o alimentadas no para que el comercio, sea un medio de distribución equitativo, sino una explotación de las mayorías, todos buscando la mayor amplitud de espacio y tiempo. Es verdad que la actividad comercial ha conllevado un intercambio cultural, aunque no siempre ha sido benéfico; ha ayudado en varios aspectos positivos para la humanidad, pero la esencia de un grupo o centro de control y manipulación continúan tan vigentes como en el Mundo Antiguo, pues la seda, el oro o la tecnología, cuelgan de un anzuelo en continua renovación, al cual las masas intentan inagotablemente alcanzar, algunos sólo lo prueban, muchos simplemente contemplan, con el poder de incluso hacerlos olvidar de los bienes vitales.

Cierto es que el comercio nos ha impulsado a grandes hazañas, sin embargo, su esencia es, o deberíamos decir, fue y debe ser otra. El nomadismo nos colocó y desarrollamos una actitud de continuo riesgo que implicaba el impulso de diversas facultades, una mayor capacidad de curiosidad, intuición, aprendizaje; a mayor conocimiento y desarrollo de adaptabilidades, mayores las garantías de sobrevivencia. No evolucionamos para intercambiar o servir de intermediarios entre unos y otros. Lo hicimos para obtener bienes reales y distribuirlos en el grupo. El hecho que a mucha gente le guste viajar, cambiar de residencia o simplemente desplazarse continuamente es solamente para sentir nuevas experiencias y sólo parte de ello, donde en ocasiones a mayor distancia y riesgo, mayor la satisfacción. Como ya hemos intentado explicar, la esencia del comercio, es simplemente otra manifestación de necesidad del individuo - organismo, el uno en el todo, la persona - el grupo, entorno y el Cosmos; ese movimiento continuo de dar y recibir, consciente de la necesidad de complementar para ser pleno, suplir sus carencias en la medida que comparta lo que es o tiene. Por lo tanto, no es, no debe ser una parte o rama económica de sobre acumulación, control o manipulación, sino una actividad humana de complemento y realización, otra actividad social del SFH, pero no es una actividad secundaria como la han colocado las teorías económicas, sólo una parte, es decir, aquella que distribuye u otorga servicios o necesidades que no son fundamentales. La distribución se sustenta en la importancia para cubrir necesidades humanas. Primarias: alimentos y vestido. Secundarias: aquello que ayude al desarrollo humano, teniendo tres principales divisiones, siendo los deportivos, impresos (nos referimos especialmente a bibliotecas y librerías), y lo que permita desarrollar facultades artísticas y científicas. Terciarios: el resto de artículos que muchos hemos hecho ya parte de la vida como electrodomésticos, autos, electrónicos, etc. Nuestra exposición requiere de esta manera, un replanteamiento de los medios de comunicación.

Para muchos el idioma, es el punto de partida para la elevación del espíritu humano, lo que en definitiva separó de los animales y fue el inicio de las mayores glorias. Esto ya se ha visto en otras partes; y en su forma escrita, fuera de las grandes obras literarias y científicas –parecido a la expresión de Voltaire— quedaría poco por añadir, pero es necesario llevar a cabo un pequeño recuento de aquellos que en la actualidad y desarrollo histórico han jugado papeles importantes. Hoy sabemos que nuestro idioma oral, tal como lo conocemos, ciertamente posee características especiales que lo hacen diferente del resto de especies, y otro que lo aleja aún más es el escrito, pero este último es muy tardío en nuestro desarrollo evolutivo. El periodo nómada nos constituyó como seres de adquisición y consumo, llevando a donde fuésemos sólo lo necesario, y la idea de desplazamiento para obtener algo, regresar y de allí transportarlo a otro lugar para encontrar otros seres o intercambiarlo, simplemente no existía, y el hecho que la arqueología nos muestre en un sitio objetos de lugares lejanos, no significa una actividad como medio de vida, sino algo semejante a una adquisición ornamental exótica, como algunos lo hacen en el presente. Es verdad que las habilidades del cazador o recolector le daban al individuo ciertas ventajas en el grupo, para un mayor "intercambio" o "adquisición" como la búsqueda de pareja o un lugar especial en el grupo, pero ello era, es, medios naturales de la especie de realización personal y en grupo, en otras palabras, medios de comunicación natural. El sedentarismo, que en apariencia garantizaba la alimentación, no podía borrar esa parte vital de continua búsqueda, donde otro elemento importante es que salía con una idea clara pero no fija: obtener lo que fuera, pudiendo ser presa, fruto o algo que alimentara, y la espera del crecimiento de un alimento especifico dejaba una especie de vacío, insatisfacción pues el hecho de no saber que encontrar crea y satisface otras necesidades del alma, mientras la espera de un tipo de cultivo lo limita o empobrece. Había que compensarlo, y el que uno u otro lo hiciera fueron poco a poco substituyéndolo o alternándolo. Agricultura y ganadería llenaban el estómago pero dejaban insatisfecha la otra parte, sustentada en algo real, objetivo poseedor de un alto grado de ambivalencia creaba otra parte subjetiva, el nuevo sistema de consumo carecía de ese elemento cautivador de intriga, misterio y reto personal y grupal, ante la aparente seguridad del alimento, y al paso del tiempo cualquier cosa comestible o no, fue llenando ese espacio y hasta cierto punto ampliándolo, porque el mundo del sedentario se fue convirtiendo en monótono y toda cosa fuera del entorno iba pareciendo importante o novedosa, para satisfacer un bien real, o esa objetiva – subjetiva con que evolucionamos, por lo cual el comercio se consolidó como elemento imprescindible. Los medios de comunicación natural se convirtieron en rama exclusiva del valor de cambio y el Estado; todos poseían el habla y facultad de caminar, pero no todos podían leer y escribir o los requerimientos para hacerlo, el régimen lo fue reservando y otorgando, condicionando; vendrían impuestos o licencias para comprar, vender, intercambiar, moverse, obtener, cazar, etc.; las fronteras. Los medios de comunicación usados y desarrollados por millones de años, luego los derivados y aplicados por mar y tierra, y escritos, terminaron transformándose de medios vida (conocimiento y obtención de bienes) y poder, pero ya no del grupo, sino de aquellos que pudieron obtenerlo, controlarlo o manipularlo quedando al paso del tiempo patentado por ejemplo en los escribas o sacerdotes del Antiguo Egipto, los fenicios, el imperio romano o el papa al repartir el mundo entre Portugal y España.

Desde el invento de la rueda y domesticación del caballo, por milenios fueron destinados para minorías privilegiadas y la guerra, incluso hasta la primera guerra mundial. El transporte marítimo fue similar, pues desde los fenicios fueron para uso casi exclusivo del comercio, Roma le añade el transporte de tropas, luego la última gran potencia marítima, Gran Bretaña, sustentada precisamente en ello, hasta el presente donde océanos y puertos son dominados por barcos cargueros de oligarquías, y los cruceros privilegios para unos cuantos. La aviación es lo suficiente reciente y conocida, aunque únicamente recordar que su rápido desarrollo fue debido ante todo a las dos guerras mundiales, uso bélico. Si bien el ferrocarril fue creado bajo la misma lógica, al paso del tiempo iba sirviendo para usos más "sociales", debido a la necesidad de movimiento de mano de obra para su construcción, y aunque evidentemente hasta el presente es de uso masivo humano, ha sido por el acelerado incremento poblacional, lo redituable como negocio, y permitir gran desplazamiento de masas de un punto a otro, pero no la comodidad de los diversos destinos de quienes por él se mueven. El automóvil requiere un apartado especial, únicamente mencionar ahora, que presenta ciertas similitudes a la producción y uso de computadoras. El aclamado medio comunicativo del presente, los electrónicos (televisión, internet, y telefonía), dentro de ello podríamos incluir los impresos, se tendría poco que decir o añadir por saber lo mucho que ha sido ya tratado de diversas maneras, que explican no solamente su utilidad para fines delictivos, excesivo contenido superfluo y de consumo, o el efecto adictivo en muchedumbres y medio para aislar y perder más a individuos entre las masas; recordar, cuando por medio de ellos (la prensa) se busca la vedad, la objetividad, los actos de censura, control; o la persecución, encarcelamiento y asesinato de periodistas.

El medio de comunicación por excelencia, es el que conecta al hombre en y consigo mismo, desde sus partes biológicas hasta las más sutiles y profundas, por la que logra un conocimiento personal sirviendo para saber y encontrar lo que realmente necesita, y por ese vínculo alcanza una armonía propia, permitiéndole conocer y comprender más sus semejantes y mundo que rodea, comparte; esas vías psíquicas de pasiones, sentimientos, lógica, conectadas a la red de neuronas que le permitan una mejor función, uso de facultades, fuerzas y debilidades; punto de partida y reencuentro de todo lo que le rodea como totalidad en sí, pero a la vez parte o partícula de la universalidad, llevándolo a los diversos tiempos y espacios por donde se desarrolla, usando los variados medios externos sólo en la medida requerida, pues no depende de ellos sino de sí mismo, siendo ello una conciencia de su esencia, un elemento con el que evolucionó y fue creado, por lo tanto, en un momento determinado, puede prescindir de los medios de comunicación externos. Los medios de comunicación entonces, son, serán reestructurados para que sirvan sólo en la medida de lo requerido para el bienestar humano, dependiendo de las necesidades, tiempos y espacios, edades y sexo, circunstancias. Usos y contenidos serán otra actividad social, un servicio más desde la Neo Polis hasta cualquier tipo de asociación.

c) Secundarios. El Deporte. Es importante recordar, toda actividad que alimente el alma es primaria, tan primordial como el alimento. El deporte es uno de ellos. La idea común que se tiene del deportista o atleta, es la de ciertas personas que nacen con aptitudes especiales o se someten a rigurosas disciplinas para alcanzar niveles competitivos o de excelencia, donde pocas de ellas lograrán conquistar grandes glorias y ganancias económicas.

En esencia, el deporte es elemento vital implícito del trabajo para la obtención de los bienes fundamentales; la síntesis de preparación, experiencia, teoría y práctica individual y grupal, compartida para la vida. Nunca se creó o desarrolló para finalidades diversas a ello. Todo juego que los mamíferos practican desde temprana edad, son actividades "deportivas" para desenvolver las facultades, para al llegar el momento apropiado pondrán a prueba para obtener alimento, defender el grupo o conseguir pareja. Aunque desde que vivíamos en los árboles las ejecutábamos, al bajar y transformarnos en bípedos nómadas, adquirieron grandes cambios particularmente cuando nos convertimos en cazadores. Una de las respuestas de algunos ritos de iniciación de ciertos pueblos "primitivos", se encuentra ahí, el demostrar que la persona está preparada para tomar un rol importante en el grupo, permitiéndole continuar su desarrollo, realización; pruebas donde muchas veces pone en riesgo la vida, como el de algunos pueblos africanos donde la prueba consiste enfrentar un león. Al ser elemento de vida tenía características "sagradas", y a partir del sedentarismo, como lo demás, fue sufriendo transformaciones, ejemplo los ritos de la antigua Creta donde se enfrentaba hombre y bestia, o los juegos de pelota mesoamericanos. El espíritu creativo griego es el primero en otorgarle un toque mágico, sin perder su parte sagrada, diversifica y vuelve a "democratizar" –elemento primordial de su esencia original– enriquece; para que luego Roma lo convierta en espectáculo de masas, medio de control popular y comercial, modelo que decidimos heredar o fue impuesto, al ser predominante actualmente.

El deporte debe ser derecho y privilegio del que toda persona goce al menos una hora al día; una actividad del Sistema Formativo (educación) diaria. Toda Neo Polis y asociación creará espacios, instituciones y condiciones para diversas actividades deportivas públicas, y a partir de las regionales, las requeridas para eventos y torneos para reconocimiento y promoción de atletas en la búsqueda de la corona de olivo. Algo importante para recordar, al haber sido manipulado y a muchos privado, explica en parte la acumulación de altos grados de energía en las sociedades (testosterona, stress, frustraciones, odios, etc.) para que en oportunidades otorgadas o presentadas, sean desahogadas o mal encausadas, como batallas entre pandillas, delincuencia, peleas dentro y fuera de estadios, gritos y euforias frente al televisor, alrededor de un ruedo o cuadrilátero de boxeo; reflejo de fuerza acumulada, insatisfecha, irreal al convertir al individuo en simple espectador de una parte que debería ser personal, es ajeno, por ende contribuye a la sociedad enfermiza moderna. Tampoco es la tosca idea de representación antagónica entre el "bien y el mal", los "buenos" contra los "malos", que ha servido entre otros para enriquecer vicios, sistemas de dominio (políticos, ideológicos y religiosos), grupos y bolsillos; semejante a los conceptos de presa o depredador; sabiendo al alpinista al llegar a la cima de la montaña, comprende que simplemente se ha vencido a sí mismo, miedos y debilidades, una de las máximas representaciones de la corona de laurel. Hay otro elemento, al ser parte de nuestro proceso evolutivo, medio de obtención de bienes para la vida, al haber sido fraccionado y mutilado por el Estado y Valor de Cambio, tal fuerza ha forzado a muchos a convertirse en mercenarios del régimen, siendo uno de los más comunes a lo largo de la historia: nutrir ejércitos. Da cuenta, en parte, del por qué el héroe helénico, el gladiador romano, caballero medieval o atleta del presente sea ensalzado y premiado; una especie de prototipo imprescindible de la sociedad, pero en el fondo representa a todo el que había superado la prueba de iniciación jugando un papel importante en la cacería, guía en la recolección; la persona que simplemente cumplía con el deber consigo mismo y el grupo, mostrando lo que era y tenía, otorgando y recibiendo para que el ciclo de la vida continuara; aunque ciertamente era acreedor a reconocimientos especiales o lugar en el grupo, era parte de la auto realización del transcurso siempre cambiante de lo existente, hombres y naturaleza, fuerzas tangibles e invisibles, propias y ajenas, pero todo en armonía. Así, la distribución de productos para actividades deportivas entra en la categoría secundaria, sin quitar que la actividad sea primaria, sabiendo lo elemental es el cuerpo y la mente, lo demás ayuda, pero en un momento determinado se podría prescindir.

Artísticos y Científicos. Al igual que el "deporte" (ejercitación y mantenimiento físico del cuerpo), las expresiones artísticas son producto del desarrollo, y hasta cierto punto diversificación –para que especies e individuos exploten sus facultades para mayor plenitud, teniendo como evidencia la variedad de cantos, bailes y cortejos que cada uno ha diseñado, al igual que nosotros. Similar a ellos (estas especies), sabemos, las primeras fueron el canto y la danza, debía ser de esa manera— luego, fuimos la primera especie en añadir elementos plásticos, al usar atuendos o decorar el cuerpo para dar un sentido más profundo a esa satisfacción del alma. De esa actitud por la que, podríamos decir, nos apropiábamos o comulgábamos con los elementos y naturaleza, al plasmarlos en nuestra piel para expresarlos con movimientos y sonidos, luego lo exteriorizamos o proyectamos a las pinturas rupestres, lo cual fue un gran salto, no únicamente por implicar un conocimiento y técnicas de trazos y materiales, sino el profundo contenido y expresión. Podría considerarse, básicamente, el crecimiento y ampliación artístico hasta el teatro griego, manifestación como sabemos, va más allá de un espectáculo escénico. En resumen, las expresiones artísticas son alimentos imprescindibles del alma, mayores incluso las deportivas, pues estas involucran más aptitudes teniendo que ver con las actividades diarias. Al alterarlas el Estado y Valor de Cambio, de manera particular el conocimiento y las actividades científicas, para que solamente pocos las cultivaran, y aunque algunas de ellas han alcanzado los mayores estándares de excelencia, otras terminaron siendo mercancías de consumo y entretenimiento de masas.

Por ello, cada delegación consular debe proveer los medios para que las personas exploten sus facultades artísticas, primero como parte fundamental de desarrollo, segundo para quienes logren alcanzar niveles suficientes de creatividad y exposición lo ejecuten. Consciente que, debido al devenir histórico y aplicación de expresiones, del legado de los grandes genios que además continúan moviendo e inspirando en un intento de emulación, es una de las actividades que más nos ayudan como especie, sin discriminación entre artistas y público. Tanto artista como hombre de ciencia, son de los pocos que alcanzan algunas de las mayores realizaciones por medio de sus obras, enseñándonos que la plenitud se encuentra en la satisfacción del alma.

Turismo. Turista, qué palabra, para muchos cuando se les aplica los hace sentir poseedores de un galardón, sobre todo si se viaja a un lugar lejano, privilegiado, que muchos desearían. Ciertamente, lo es. En el fondo, el turista se siente extraño, inseguro: también lo es. Se somete a criterios, culturas, leyes, lenguas que debe aceptar en la medida de lo posible, incluso cuando se mueve dentro de las fronteras impuestas por el Estado, claro, en este caso el nivel de inseguridad disminuye. Esa persona comúnmente es vista como tal, un ser que hoy está aquí y mañana no, pero tiene una importancia primordial: su dinero. Entornos naturales y personas se transforman para recibir a tantos como puedan y dejen la mayor cantidad de dinero posible, cuya transformación va más allá de lo externo, abundando saludos y sonrisas superficiales, sin faltar la prostitución y actos delictivos de cualquier índole. En este aspecto, nos semejamos a los cocodrilos y leones de las regiones de río Mara, que luego de una larga temporada de haber subsistido con pequeñas presas (incluso bajas), esperan ansiosamente el arribo anual de las grandes manadas de nius, cebras y gacelas, que vienen buscando pastizales para alimentarse y reproducirse. Algo más, las playas, las costas son uno de los principales puntos de atracción; su encanto y belleza fascina, el mar impone uno de esos límites claros, un margen que no debe transgredirse, so pena de sucumbir, por eso lo aceptamos, al representar uno de esos límites que podemos llegar; además de su profundo significado de vida, de renovación y purificación; majestuosidad que impone respeto, admiración y aceptación, podemos compartirlo, sumergirnos y convivir con ello; ciertamente, en las costas se halla una de las respuestas a nuestra problemática actual: sobrepoblación, necesidad de recursos naturales para la vida del hombre (no de ni para la industria), de gran importancia, suministro de agua, transformarla para consumo humano y alimentos. Sin embargo, millones de individuos se mueven por el planeta, sin saber, la mayoría quizá, que en ello satisfacen una de las necesidades más profundas, la del nómada que se halla en continua búsqueda, consciente que los derroteros lo llevan a nuevos hábitats, experiencias, cada una con variedad de elementos para la existencia, y a mayor adaptación de esos lugares, mejores las garantías de vida. Es un reto que vale la pena, pagamos, sin faltar quienes arriesgan la vida. Y más en el fondo, es la aventura de salir del territorio, cuando vivíamos en los árboles, similar a los chimpancés que invaden espacios de otros grupos y logran sus objetivos regresando airosos, victoriosos, aunque claro el nomadismo lo transformó. Es esa característica que nos movió a conquistar el planeta, desde costas y montañas, hasta tundras y desiertos, pero luego con el surgimiento del Estado se transformaría en el incentivo que movió a Marco Polo y Colón, entre tantos. Es otra prueba personal, grupal donde se trata de vencer sus propios miedos, mostrándonos ciertos aspectos ocultos de uno mismo, descubrirnos y reinventarnos; pero en ocasiones las diferencias son más de forma que de contenido. Sin embargo, hay otro aspecto importante, y es que en gran medida muchos de estos miedos, retos los hemos creado nosotros, pues el pasaporte es un "privilegio" otorgado por un poder supremo, que hace creer le perteneces y sin embargo es "generoso, benévolo" al otorgarte prerrogativas, libertades a cambio de fidelidad y una suma monetaria. La visa es la otra cara de la moneda, el mismo poder, pero bajo otra máscara que te condiciona paso o estancia a cambio de lo mismo, en el aspecto monetario con lo diferencia que el monto será mucho mayor, al igual que las restricciones, y mientras estés ahí le perteneces. El ser humano no es otra cosa que lo dicho de tantas maneras: un objeto de uso de poderes subjetivos, materiales; mercancía de compra, venta y alquiler.

El turismo como contemporáneamente lo conocemos, es relativamente reciente. Creemos, a lo largo de este trabajo se ha hecho mención de aspectos que implícitamente relacionan a este y otros temas. Al carecer el planeta y todo cuanto contiene de dueño, pero sabiendo que nuestra especie posee una deuda particular, por el daño causado a ella y resto de especies, y la sobre explotación, pero sobre todo, tenemos la responsabilidad por el grado de consciencia de ser la única con la oportunidad de prolongarnos, preservarnos en la medida que la cuidemos, es pertinente reiterar que: Al desaparecer las fronteras y demás cadenas del régimen actual, con lo cual recuperaremos mucho de la libertad que se nos ha privado, todo lugar que por su belleza natural o arquitectónica, algún evento científico, deportivo o cultural, continuará funcionando para recibir los visitantes en las instalaciones ya existentes por los habitantes de esos lugares, lo cual entra dentro de las actividades sociales. Al gozar toda o mayoría de personas de periodos de descanso anuales y tener los talentos límite de acumulación y uso, una de las finalidades de eso es su empleo en el gozo, satisfacer esas necesidades descritas previamente, permitiéndonos además un mayor conocimiento y grado de importancia para cuidar, y mantener esos tesoros naturales o creados por nosotros, fuente de vida y parte del sostenimiento biológico y espiritual.

d) Terciarios. En este tipo de servicios, se encuentran la reparación y mantenimiento de cualquier electrodoméstico, autos particulares y aparatos electrónicos, así como ciertas asistencias por ejemplo las estéticas. Serán lugares donde se tendrán las herramientas y partes necesarias, organizadas en áreas diferentes donde las personas tendrán el conocimiento y habilidades para solucionar todo o mayoría de problemas. Los únicos lugares poseedores de tamaños e instalaciones considerables, son los automotrices, por la diversificación en que se ha constituido (eléctrico, mecánico, suspensiones, hojalatería, etc.), pero al igual que los otros, se procurará tener todo lo requerido. Reiterar que hablamos de particulares, pues todo lo concerniente a lo público tal es el caso del transporte, es aparte.

III. EJES PRINCIPALES DE FUNCIONALIDAD

1. Formación

Aunque quizá sea sólo cuestión de forma y no de contenido, usaremos el término formación en lugar de educación, porque este último comúnmente suele relacionarse a una función específica, carrera u ocupación determinada y por ende conlleva un cómo y para qué en particular, de ahí, se haga un catálogo donde hay profesiones privilegiadas, otras subestimadas o grados menores, rangos, promueve y justifica la desigualdad. Si a ello añadimos la gran cantidad de carreras creadas en las últimas décadas, pero sobre todo las galardonadas especialidades, el resultado no es precisamente una sociedad más rica o culta, pero sí más dividida y parcializada, por ejemplo, cada vez un médico se siente menos capaz de atender un ser humano, pues da inicio una serie de deslindes (pediatras, ginecólogos, traumatólogos, cardiólogos, etc.) como si se tratara de un conjunto de entes diversos en uno. Así, la palabra educación implica un condicionamiento impuesto, la mayoría de veces no de acuerdo a las características de la persona o necesidades sociales, convirtiéndolo en otro medio de control y freno de desarrollo humano, pudiéndolo ver en la sobrepoblación de ciertas facultades, de leyes por ejemplo, menosprecio o tendencia a desaparición de otras, tal es el caso de filosofía, cuando sabemos la humanidad necesita menos creación de leyes y más búsqueda e implantación de la verdad y la justicia. Por esto y otros, usaremos el término de formación, tendencia a crear seres humanos que, con la ayuda de conocimientos multidisciplinarios, desarrollo y explotación de todas sus facultades, incluyendo las espirituales, le permitan un mayor conocimiento personal para su propia construcción, dentro de las mejores actividades que le sirvan para ese fin, cuya plenitud se concretará en la medida las comparta, ejecutándolas en la sociedad y mundo.

Todo sistema educativo se mueve sobre tres bases. Primero, sobre el que implícitamente descansa una sociedad, una estructura mental casi inquebrantable donde pueden presentarse modificaciones, pero la esencia permanece, la cual puede durar de décadas a milenios. En ella, más que una serie de contenidos o métodos pedagógicos, existe un modelo estructural social de roles y códigos de comportamiento, rara vez cuestionados siendo considerado una especie de "estado natural" del mundo o sociedad, donde el común denominador, es el ingrediente encontrado a lo largo de la historia humana tan conocido: unos mandan y las mayorías obedecen; sea por la estructura ideológica o la fuerza, donde los roles sólo se invierten, pero no el modelo, con sus conocidos ejemplos: esclavos y amos, nobles o religiosos y siervos, trabajadores y patrones, sobre el cual puede o no haber un criterio educativo que lo sustente, ataque o al menos critique, pudiendo resumirlo en un sistema cerrado y vertical. El segundo, es el qué y cómo los integrantes sociales se manifiestan exteriormente. En algunos casos, quienes gobierna2errn pueden o no pasar por cierta educación para justificar su posición, siendo entre los más conocidos a lo largo de la historia las clases religiosas, aunque también encontramos las de las armas y escribanos, donde la educación es obviamente un privilegio para pocos. El tercero, es la familia. Para que el modelo se reproduzca, toda familia como célula social debe cumplir con sus deberes, para el funcionamiento del organismo, donde los principales encargados de ello no son programas, contenidos o métodos pedagógicos, sino los padres y la estructura mental colectiva. En cualquier época, es común encontrar a los padres educando a sus hijos para ocupar un lugar, por lo regular ya asignado, no únicamente al faraón, sacerdote, monarca o noble que vislumbran a sus descendientes en sus sitios, también los explotados preparan a los suyos para la supervivencia. En esta área se puede hallar una variedad de "escuelas", todas bajo la misma tendencia, jugar el status establecido, como los gremios y comerciantes medievales, o castas de la India. Al paso del devenir histórico se ha venido ampliando, pero es común que las familias en mayor o menor grado guarden su posición tal y como ocurre en la época contemporánea, donde el padre promedio educa y envía a sus hijos a la escuela para ser "buenos ciudadanos" y ayude a obtener un empleo, que les permita abrirse camino en la ardua lucha de la existencia; incluso algunos determinan el número de hijos, según las posibilidades de pagarles la educación.

Nuestra educación original no diferenció mucho al resto de especies. Del modo como la matriarca elefanta enseña al resto de la manada rutas a pastizales y bebederos; los orangutanes a sus descendientes a construir lechos para dormir, identificar frutos y protegerse de la lluvia, los seres humanos transmitíamos los conocimientos oralmente y ejemplificando, generacionalmente dentro del grupo, considerándose una educación abierta y horizontal, ya que la vida colectiva dependía de ese conocimiento acumulativo experimentado. Al irse consolidando el Estado, introduciéndose una nueva y mayor diversidad del trabajo, crecimiento poblacional y nuevas representaciones del poder material, que terminarían siendo palacios y templos, y con el surgimiento de la escritura como nuevo código informativo, que facilitaba la administración pero iba supliendo la memoria colectiva, abierta del grupo nómada, la labor del escribano se transforma en elemento privilegiado, poseedor de tal conocimiento al igual que el sacerdote o gobernante quienes "sabían" comprender e interceder entre los dioses y el pueblo: una educación cerrada, restringida, privilegiada verticalmente. Este modelo educativo de reproducción social prevalece por largo tiempo en diversos lugares de Egipto, la India y Mesopotamia, a lo que únicamente hay que añadir las de algunos oficios como alfarería, metalurgia o carpintería, pues las ciencias y artes desarrolladas fueron también puestas al servicio de los privilegiados, pero las otras, los oficios, formaban parte de lo mismo, es decir, una estructura social diversificada en varias "escuelas" grupales y/o familiares. Así, del modelo natural de transmisión de conocimientos para la vida, para sus ciclos y procesos naturales entre humanos y Naturaleza, se pasó a uno codificado y cerrado para la reproducción de un sistema de dominio, todos lo fueron considerando como establecidos.

El crecimiento poblacional, comercio y choque de culturas fue agregando algunos matices, pero la esencia ha permanecido. Nuevamente, es en Grecia donde aparecen instituciones educativas con un toque diverso, tales son los casos de La

Academia, El Liceo y los sofistas, donde la separación de contenidos y fines formativos presentan claros contrastes a diferencia de los enseñados en otros lugares, por ejemplo, pero a pesar de ello continúan siendo dirigidos a minorías selectas y aunque pueden hallarse críticas y propuestas de cambio en los sistemas establecidos, nunca se encuentra una verdadera "revolución". Dentro del conocido modelo medieval, simplemente se vuelve a restringir y hermetizar, incluso para quienes gozaban de privilegios sabiendo que gran parte de clérigos y nobles vivieron en la ignorancia. La llegada del Renacimiento y la imprenta vuelve a dar cierta amplitud y variedad, pero sin alterar el status, entre otros, la mayoría poblacional siguió siendo analfabeta hasta inicios del siglo XX, lo cual no ha desaparecido. Por ese mismo periodo (inicios del siglo XX), la escasa educación o era impartida por la Iglesia o por particulares, quienes podían pagarla; y es verdad que por esos tiempos el Estado empieza a construir los sistemas educativos actuales, pero fue debido a las guerras y conflictos entre la consolidación del actual régimen Estado – Nación, iniciada en el siglo XVIII, donde entre otros, se buscaba quitarle el poder que aún ostentaba la Iglesia; el proceso independentista, formación de los países libres de los imperios europeos, que debían "educar a sus ciudadanos", sobre todo, porque al régimen capitalista ya no le servían el súbdito o siervo, sino requería un nuevo tipo de mano de obra y masas consumistas que lo alimentaran. Aunque hemos seguido una línea a partir del Mundo Mediterráneo, su desarrollo en el resto del planeta no diferencia mucho, teniendo como ejemplo los pueblos mesoamericanos, el azteca más a la mano, donde sobresalían dos tipos de escuela, para sacerdotes y guerreros.

Existe otro aspecto en el tema a considerar, dos elementos que podrían incluso verse como antagónicos; a la vez se caracterizan por ciertas similitudes, siendo la más importante el sectarismo o reservada para pocos "elegidos". Uno es la masonería, que encausa enseñanzas y fines a un reino terrenal, a la creación de individuos que vivan y alcancen los privilegios del poder político y económico, aunque en sus contenidos didácticos se encuentren elementos místicos o espirituales. El otro, el guardado y difundido tan celosamente desde el Mundo Antiguo, contenedor de los Grandes Arcanos, aunque algunos han llegado a saborearlos, únicamente una minoría ha logrado penetrar y experimentar las mayores esferas del conocimiento, sabiduría de cuanto existe por méritos propios aunque diversos; el de los Grandes Maestros de la Humanidad, quienes creadores de modelos como Hermes, forjados a través del esfuerzo propio como Buda, o formados y surgidos de grupos como los esenios, Jesús, han y continúan fungiendo como las mayores luminarias de nuestra especie, enseñándonos y mostrándonos, entre otros, que podemos construir un mundo mejor, del que hemos vivido por milenios, y además, pequeños o grandes destellos que guían a la máxima plenitud, accesible a lograr para todo ser humano.

Entre mamíferos, específicamente primates, podemos hallar un proceso formativo generacional, tendiendo al desarrollo de habilidades, facultades, adquisición de conocimientos, según especie y entorno desde la enseñanza de cacería, construcción de guaridas o madrigueras, rutas de suministro, distinción de alimentos, medios para su obtención y en algunos casos, técnicas de extracción usando herramientas, e incluso códigos de conducta. Estos elementos funcionan mientras el entorno no presente alteraciones drásticas, que obliguen a migraciones, modificaciones, readaptaciones evolutivas, lo cual se da en periodos más o menos largos, considerándose de esta manera la caducidad del "modelo formativo". En nuestro caso, a partir el bipedismo y nomadismo, se han venido dando en periodos menores en comparación al resto de especies, pero al menos hasta el sedentarismo, esos procesos se fueron dando dentro del grupo nómada, en el cual pueden distinguirse diferencias claras, como ocurrió entre neandertales y hombre de Pekín, giraban en torno a las mismas leyes naturales, la vida del grupo. Al imponer el Estado y Valor de Cambio sus propios criterios y leyes, poder mental colectivo, todo esfuerzo social se enfoca a dichas representaciones y tanto vida comunitaria como de cada individuo quedan segregadas, a segundo plano o categoría, lo cual lleva implícito el mundo natural con que se interactuaba, separándose de la vida natural y sus procesos para la preservación de un sistema de vida representado en un poder mental subjetivo, transmutando hasta el presente, donde la persona piensa, debe ser educada, trabajar y vivir para obtener dinero. Dentro de las modalidades encontradas desde la antigüedad, podríamos mencionar breve y nuevamente, que para los sacerdotes antiguos les bastaba saber interpretar o conocer los designios divinos para interceder por el pueblo, o al escribano ayudar a la administración del gobernante, considerado de origen divino; a los espartanos conocer el arte de la guerra y superar toda adversidad bélica; al político romano saber persuadir al pueblo y guiar sus tropas a grandes conquistas para la gloria y preservación de Roma; lo cual no se aleja mucho del temerario conquistador español, para además encausar almas a la "verdadera fe"; al individuo que invierte décadas de su vida a la obtención de títulos universitarios, para obtención de status sociales y ganancias económicas; aunque en muchos lugares ese modelo ha caducado (el título universitario), pues han surgido algunos "artistas" o deportistas que firman contratos millonarios, el creador de "novedades" en aparatos o medios electrónicos, o inventor de "productos milagro", enlistarse en las filas de la delincuencia sumamente remunerables, o el comercio de carne humana, donde la única novedad es el incremento de niños para explotación sexual; sin desaparecer la obtención de puestos públicos, etc.; los cuales son promovidos por la gran "universidad" publicitaria de los medios masivos, pero todos se caracterizan por una lógica, una cátedra muy sencilla: "Ganar la mayor cantidad de dinero, en el menor tiempo y esfuerzo posible."

La formación del SFH se enfoca a tres objetivos.

1. Tipo de ser humano: un ser multidisciplinario, formado con los suficientes conocimientos científicos de las principales disciplinas y ramas (Filosofía, Física, Matemáticas, Química, Biología) –se tendrá que hacer una depuración y reajuste de, por ejemplo, todo lo que ha servido para el capitalismo financiero e industrial (cosas como mercadotecnia y mercados bursátiles) y las "historias nacionales"– siempre combinando teoría y práctica, de acuerdo a los niveles de proceso. Comprensión y desarrollo de su cuerpo a través de diversos deportes, anatomía, fisiología y

alimentación, a lo largo de todo el periodo formativo con una hora diaria de ejercicios físicos dentro de las instalaciones. De la misma manera, se dedicará una hora diaria a la búsqueda y explotación de las facultades artísticas, donde encuentre y desenvuelva en las que mejor se sienta. Ayudarán al reconocimiento como ser único, y a la vez parte de una sociedad y mundo, dentro del cual tendrá lo necesario para que personalmente deba seguir desenvolviéndose para su mayor plenitud, en la medida que explote y corrobore.

2. Tipo de sociedad: a los 20 años, cuando la persona termine su periodo formativo, saldrá para llevar a cabo una serie de deberes y servicios en conjunto con una sociedad, un mundo dentro del cual pondrá y desarrollará sus facultades con la clara consciencia que será su sustento de vida, en al menos tres diversas áreas, las cuales serán de acuerdo a tiempos y necesidades del entorno social y mundial, con la suficiente capacidad para ponerse al servicio dentro alguna actividad consular, o (dos) algún trabajo o mantenimiento de obra pública o productiva, y (tres) explotar al menos uno de sus dones personales (científicos, artísticos o deportivos).

3. Tipo de mundo: con la plena consciencia que vive y depende del planeta, el cual, al no ser propiedad del hombre, está obligado a cuidar y compartir con toda especie; un mundo cambiante, fascinante pero también sorpresivo y la mejor manera de disfrutarlo es en la medida, cuiden y ayuden en las adversidades. Al término de su formación la persona será al menos bilingüe, lo cual entre otros le ayudará en su universalidad no solamente como especie, sino proyección para una mejor comprensión y adaptación en cualquier parte del planeta donde debe moverse; punto de encuentro y partida con el resto del Cosmos.

Al ser la vida una escuela donde continuamente se aprende, debemos erradicar o modificar la idea impuesta de una permanente acumulación de información; de esa "actualización" – siendo en esencia lo que hemos sido por milenios de años–; adquirir "maestrías y doctorados", ya que la única maestría consiste en el verdadero arte de vivir, comprendiendo la esencia de lo que somos y cuanto existe, siendo felices, libres. Si bien al término del periodo formativo se espera tener ese tipo de persona, el mundo continuará presentando sorpresas, seguirán nuestros defectos, intentando obtener de la mejor forma lo que nos llene e ir experimentando las etapas que la vida nos va marcando, y conscientes o no en diversa medida, vislumbrando un futuro incierto, en necesidades tan fundamentales como crear nuestra propia familia, la vejez, periodos para los cuales ninguna escuela puede capacitar, además de ir buscando en las tareas sociales las actividades donde mejor podamos desarrollarnos, sabiendo no siempre será posible, debemos demostrarlo, competir y ajustarnos –sea por las necesidades, tiempos o rotación de roles– aprendiendo el arte de la convivencia, tolerancia y comprensión. Por otra parte, a lo largo de la historia hemos acumulado un acervo importante de conocimiento, y lo seguiremos haciendo, (pero una parte no es necesario), debiendo continuar por el arduo y fascinante camino de la ciencia, puesta al servicio de la vida. Posterior a los 20 años, las personas tendrán la opción de continuar su formación en alguno de los Centros Superiores, asistiendo el tiempo suficiente al día, donde obtendrán alimentación, y el aseo y mantenimiento ya no serán parte del formativo; dedicando cuatro a alguna labor social, percibiendo una distribución básica de talentos (A), y proveerse de sus equipamientos.

En el devenir histórico, se han establecido diversos criterios, contenidos y periodos educativos de acuerdo a las necesidades del régimen, teniendo entre otros al de algunos siglos atrás donde la persona tenía prácticamente dos opciones, meterse a un convento o enlistarse en el ejército; así como en la actualidad se ve como ley natural a una edad meter al niño al preescolar, para que a más tardar a otra haber concluido, al menos una carrera o el mayor grado o título posible. Al desaparecer la servidumbre y como no hay nada reemplazable al cuidado materno, habrá solamente cuatro tipos de instalaciones formativas. En el inicio un periodo de tres años, el primer año será opcional o en la medida que los padres lo consideren necesario (a partir de los cuatro), y sólo después de los cinco con 3 o a lo mucho 4 horas diarias, similar a los actuales preescolares. La segunda a partir de los siete hasta los quince, encontrándose dividida en dos secciones de 7 a 11 y 12 a 14 (cinco y tres años respectivamente) análogo a las muchas escuelas primarias y secundarias actuales, donde durante los últimos dos años del segundo nivel, maestros y alumnos estarán encargados de la preparación de alimentos, limpieza y algunas labores de mantenimiento. La tercera, también dividida en dos secciones, una partir de los 15 a 17, la otra 18 y 19, donde todos se encargarán de la alimentación, limpieza y todo tipo de mantenimiento. De los siete a los veinte años, los horarios serán de siete a ocho horas, dentro del cual habrá una hora para alimentación, otra para actividades deportivas, una para las artísticas y el resto para conocimientos y prácticas. Al parecer, el sistema educativo de Finlandia es entre los pocos uno de los mejores del mundo, muestra un maestro a largo de ciertos años, lo cual al parecer es pertinente por permitir un seguimiento entre alumno y profesor, que genera entre otros conocimiento y confianza, por lo tanto, en el SFH un número de maestros podrían acompañar un grupo por tres años. Después de los veinte años, toda persona tendrá los conocimientos y habilidades para laborar en los centros formativos de los 5 a los 14 años, no así la vocación o interés, incluso quizá hasta los 17, deberá demostrarlo, y posterior a tres años en algún Centro Superior, de los 15 a los 19. Para quienes se encuentren al frente de los Centros Superiores, quienes tendrán no sólo que cursar al menos cuatro años, sino demostrar poseer lo suficiente para ello. Lo anterior, por saber que hay personas poseedoras de grandes talentos, y que a mayores años de estudio no significa mayor conocimiento o sabiduría. La educación del ser humano deja de ser un medio de explotación, y un negocio y privilegio para pocos.

Al ser la formación piedra angular de una sociedad justa, quienes se encuentren al frente deberán ser entre los mejores elementos, hombres y mujeres con las facultades, conocimientos y vocación suficiente para tal tarea. Esta labor social, como todas, no es ninguna posesión o fuero. Todos los niveles, desde el preescolar hasta los superiores serán por periodos con el derecho a ser reelegidos, siendo el primero de tres años, para el cuarto pasar a la rotación de roles y poder regresar después de un año, si así lo desea, por uno de cuatro y al quinto volver al rol social, por otro año, y las reelecciones se mantendrán por periodos de cuatro años. Las Asociaciones Regionales, los cónsules de formación, crearán una comisión de evaluación para preescolar y básico (hasta los 14 años), con dos evaluaciones hechas durante el periodo, una a la mitad y la otra al final para quienes por primera vez entran a esa labor, y para los reelegidos sólo una al final, siendo evaluados por los padres de familia (uno de los dos) con un 35 % y la comisión con el resto. Para el siguiente nivel, la evaluación se divide en tres: 30 % los padres de familia, 30 % los alumnos de los últimos dos años y el 40 % la comisión, que en este caso la nombra la Asociación Sub Continental. Para el nivel superior, la Asociación Continental se encarga de la evaluación con un 40 %, los alumnos con otro 40% y el personal (autoevaluación) el 20%. Si una persona después de su periodo formativo estuvo llevando diversos roles sociales y desea integrarse a un Centro Superior, sea para participar en la labor formativa u otro, podrá hacerlo. Si, por ejemplo, dos o más personas posteriores a un periodo y año de rotación social, desean reincorporarse al formativo, tendrá el privilegio la mejor evaluada, en caso de no haber espacio suficiente para todas; y en la situación de empates entre dos o más, quienes se encuentren laborando en el lugar lo decidirán por voto secreto. Pero al igual que cualquier persona, desempeñando una labor social, si comete algún error grave o delito que amerite suspensión y/o sanción, según el caso, será suspendido momentáneamente mientras se investiga, o definitivamente, aunque claro, de ser falsa la acusación o castigo caerá contra quien lo emitió. Ya que la esencia humana no ha cambiado en decenas de miles de años, y los procesos geológicos, más aún cósmicos son todavía mayores, y si observamos el lugar que ocupamos en la eternidad, veremos que hay contenidos y criterios evaluativos que podrían ser considerados como permanentes o de larga vigencia; valores inalterables como la honestidad. En cambio, puede haber ciertas habilidades, técnicas o conocimientos a ampliar, requerirán cambios, según la materia a enseñar, conscientes por ejemplo de la diferencia didáctica entre Filosofía, un segundo idioma o pintura. No se espera un profesorado erudito en todas las áreas del conocimiento, pero sí con una cultura general, un conocimiento suficiente de al menos dos campos, el suficiente manejo en alguna actividad artística o deportiva, así como del idioma mayoritario continental y otro, en proporción al nivel que aspire o asigne en la formación de 7 a 20 años, ya que para preescolar los requerimientos son diferentes. Para los Centros Superiores, los dominios de las materias a impartir son mayores, y quienes lo hagan deben tener experiencia en su aplicación. Un criterio a considerar para su ingreso o regreso, es algún planteamiento o solución a problemas surgidos o previstos, sean brotados fortuitamente, expuestos como ayuda o convocatorias por las Delegaciones Consulares.

¿Qué y cuánta es la información requerida para la plenitud del ser humano? Es una pregunta que rara vez nos planteamos. Una de las prontas respuestas del sistema, un slogan, es: "la información es poder" la cual se basa primordialmente en datos estadísticos del Estado, compañías o bancos; chismes y secretos de quienes allí se mueven, o siendo lo mismo, una acumulación de datos sobre ciertas partes sobre cosas o personas externas: la búsqueda de una verdad ajena; es a la vez una forma de cómo el régimen los desahoga y explota, tal como ocurre con la abrumadora carga de los medios electrónicos de toda índole, la prensa y promoción de "best sellers". Aparece nuevamente el criterio de cantidad = calidad; parámetros de a más postgrados universitarios, mayor a la vanguardia informativa; o los mejores resultados en mercadotecnia, etc. Si hiciéramos una depuración minuciosa de cuanto es innecesario, por ende, se transforma en una carga superflua y viciosa, se vaciarían estantes y plataformas de la web. Hoy más que nunca hay que retomar a Voltaire (tipo de parafraseo) "los libros, entre las multitudes, sólo unos cuantos valen la pena", aplicándolo a varias cosas. Reiterando que nuestra esencia no ha cambiado en milenios ni lo hará en otros, por lo cual nuestros requerimientos vitales para la vida, son mínimos. Sabemos que en cada época hemos creado obras valiosas, dignas de conservar en nuestro acervo, y lo seguiremos haciendo, pero aun así tenemos una tarea depurativa y selectiva de lo que verdaderamente requerimos para nuestra formación. Debemos devolverle la inocencia al niño, la cual se le ha quitado para que desde temprana edad se inculque a aspirar a dejar la niñez y comportarse como adulto, y prepararse para el consumismo, por lo tanto desde preescolar hasta los doce años debe haber un enfoque al desarrollo de habilidades, interacción humana, motivación por descubrir e inventar, tendencias a lo autodidáctico, la lectura – alejarlo lo más posible de los medios electrónicos–, siempre en un ambiente bilingüe o trilingüe, lo cual debe ser de gran importancia desde lo oral hasta lo escrito; donde el aula sea una herramienta y no lugar de reclusión o castigo.

La formación multidisciplinaria debe sustentarse sobre cuatro bases.

1. Conocimientos y habilidades en el sector primario (base de la vida), con énfasis en la agricultura.

2. El segundo es más amplio y diverso. Una preparación para la construcción, vivienda y social, desde el diseño, construcción, mantenimiento y reparación. Otra en productos de primera necesidad industriales (transportes, vestido y calzado) y una más en aparatos de uso cotidiano (electrodomésticos).

3. Una administración y producción racional, controlada en la calidad y necesidades humanas, alejadas del derroche contemplando siempre el bienestar de otras especies, y.

4. Aunque es la última, la de mayor importancia: el autoconocimiento de la persona; una guía que ayude en su desenvolvimiento en el mundo; un sustento espiritual - intelectual; un ser consciente de capacidades y límites; una brújula de ubicación espacial - temporal a descubrir y explotarse, a saborear la dulzura y amargura del trabajo, físico, emotivo y racional, con sus fracasos y victorias.

A los veinte años la persona posee madurez y conocimientos suficientes para enfrentarse y desenvolverse en el mundo. Deja de ser pasivo - receptivo de beneficios y deberes por parte de padres y sociedad, para convertirse en proveedor activo para sí mismo y mundo, forjándose en las diversas actividades según facultades personales, opciones, circunstancias y retos. Una nueva etapa y realidad diversa a la anterior, teniendo que dar para recibir, una mejor claridad en la *praxis* del Universo siempre en movimiento, en ocasiones con manifestaciones súbitas y violentas, de leyes que escapan a nuestro control, que reclaman una mejor comprensión, pero sobre todo, mejor armonía para vivir con ellas en la medida que cada humano cumpla con sus deberes conjuntamente.

En el sentido estricto, ciencias y artes han sido cultivadas y desarrolladas por una minoría, aunque en los últimos siglos las universidades han dado cabida a masas, sin olvidar que algunos lo han hecho de manera autodidacta e inclusive en la clandestinidad, las tendencias permanecen inalterables, porque las mayorías lo hacen buscando un medio de vida o status social. Al proponer el SFH un mundo justo y con la suficiente formación espiritual - intelectual, el ingreso a los Centros Superiores tendrá un riguroso acceso selectivo, para quienes demuestren tener capacidades y vocación. Claro, si los encargados de la selección niegan el acceso a alguien, luego la persona rechazada demuestra a la sociedad lo contrario, será reconocido y admitido sin trámite alguno. Por lo demás, el verdadero artista y hombre de ciencia lo seguirá siendo, con o sin estos Centros, aunque lo mejor es tenerlos como parte, claro sí él o ella lo desea, pues seguramente no faltarán a quienes tales puestos o reconocimientos no le interesen.

Los estudios e investigaciones se enfocarán a cuatro áreas, cada uno con dos o tres subdivisiones:

1) Biológico - Humanas:
    a) Producción y Cuidado de Alimentos
    b) Cuidado y Protección del Mundo
    c) Medicina

El punto a no es el actual ingeniero agrónomo, quien busca servir a contratistas o compañías ofreciendo las mayores cantidades y volúmenes para una mejor ganancia; el objetivo tiene cierta relación, pero se encuentra ligado al punto b. Como ya se mencionó anteriormente, el estudio de la medicina incluye todas las experiencias y sabidurías, desde las ancestrales de pueblos primitivos hasta la instituida por Hipócrates, y viendo al ser humano de una manera más integra y general.

2) Productiva de Primer Orden:
    a) Vestido y Calzado

b) Construcción Familiar y Social

c) Transportes (ingeniería eléctrica – mecánica)

El a, no es el diseñador de modas, ello es sólo una parte, sino una formación desde el conocimiento y elaboración de materiales –la mejor opción, es el regreso al algodón, lana, lino o cualquier fibra natural– hasta maquinaria y herramientas. El b, es una estrecha relación de los actuales ingenieros y arquitectos, pero basándose en el área Biológico - Humana; al igual que el punto c, donde la persona será capaz desde el diseño de modelos hasta materiales, maquinaria, herramientas y terminado.

3) Humanas. Esta área es la más extensa y variada. Para la primera división, el término quizá no sea el adecuado:

a) Filosóficas, pudiendo tener tres principales subdivisiones, uniendo las dos primeras la Antropología, a saber: Historia, Paleontología, Arqueología, Sociología, Economía, Antropología, Lingüística, Idiomas, Psicología, Pedagogía y Derecho. La tercera es la Astronomía, sobre todo refiriéndonos a nuestra última incursión, en el sentido de una nueva orientación a viajes espaciales, satélites y estaciones.

b) Artísticas, desde las más remotas como Canto y Danza hasta el Cine.

4) Productos de Segundo Orden:

a) Electrodomésticos

b) Electrónicos y

c) Cibernética

Como quizá pueda verse, lo anterior se sustenta sobre las cuatro principales columnas donde nos hemos desarrollado y dependemos: Filosofía, Biología, Matemáticas y Física - Química.

De las instalaciones y organización. Preescolar: Por el cuidado requerido de esa edad, cada grupo deber ser de diez niños, en una sección de cuatro junto al resto de instalaciones (baños, dirección, cocina - comedor y zonas de recreación y recreo), lo cual da un personal de cinco, las cuatro maestras y dirección, laborando en conjunto y en caso de ausencia de alguien frente a grupo, la dirección la cubre. Todo docente desde aquí hasta los centros superiores, es también elegido bajo los mismos periodos, donde los candidatos surgen de los lugares formativos o sociedad, y solamente en caso de no haberlos, el cónsul de Formación lo designa. Ya que las secciones de preescolar son de menor tamaño y sencillas, pueden estar individualizadas en un lugar o haber hasta tres secciones juntas, colaborando en conjunto, dependiendo de las poblaciones y necesidades. Par el nivel básico, cada grupo es de veinte alumnos como máximo, conformando secciones de cinco grupos para primaria y tres de secundaria, dando un total de ocho, 160 alumnos como máximo, director y un asistente –entre las funciones de todo director y asistente, está la suplencia de docentes– con las instalaciones requeridas. Al igual que los preescolares, dependerá de las poblaciones y necesidades, ya que puede haber de una a tres secciones. Para los niveles intermedio y final, es lo mismo, grupos de 20, donde cada sección se reduce en matricula (100 alumnos), pero al ir incrementando el rigor académico conforme se avanza e ir aumentando la práctica, se requerirá de mayores espacios, buscando entre otros, en la medida de lo posible, una producción para auto consumo, que, de igual manera, se podrán encontrar de una a tres secciones. Es recomendable en los niveles básico, intermedio y final, aunque las secciones compartan instalaciones, estar separadas por edades, al igual que en muchos lugares actuales. Para los grupos de Centros Superiores, la cantidad es igual, o puede aumentar, dependiendo del área. Las instalaciones están divididas por áreas, cada una con un máximo de tres grupos por subdivisión. Para las cuatro áreas existen dos ciclos de tres años cada uno a cursar, excepto las dos primeras subdivisiones del área 1 y la primera del 2 (Producción y Cuidado de Alimentos, Vestido y calzado), las cuales son solamente de un ciclo, pero al final del primero, la persona puede cambiar a otra área o subdivisión de la misma, al igual quienes lo deseen de cualquier área, posterior al primero o segundo ciclo. Quienes hayan cursado los dos ciclos, incluso desde el primero o antes si es una persona talentosa, podrán desenvolverse los más sobresalientes si así lo desean, dentro del Sistema Formativo como profesor, director o alguna labor social a fin, o bien algún trabajo personal. Hay un director para cada área ayudado por dos personas elegidas por él o asignadas por el cónsul de formación, y el personal de mantenimiento y alimentación son del rol social. En cada Centro Superior hay un rector también auxiliado por dos personas, quienes trabajan en conjunto con directores, donde toda decisión y acción, es votada en conjunto por los cinco.

Para concluir este tema. "¿Por qué nuestra educación ha sido basada y enfocada en gran parte de la historia, primordialmente a lo bélico y religioso?" Generalmente en algunos mamíferos y otras especies, existe la competencia por el poder, manifestada de dos maneras, uno es el territorio que además de ser un espacio de movimiento es sobre todo donde se provee de alimento, es algo material - concreto, el otro la reproducción, el que posee los medios de aprovisionamiento, incluye el derecho a engendrar, puede alimentar su descendencia, ofrece cierta garantía a la reproducción de la especie; siendo elemento de mezcla biológica, psíquica, sublime y espiritual. Ambos son factores de vida. En ello debe haber dos tipos de atributos o características a poseer quienes aspiren a tener tales derechos: la fuerza para defender o conquistar el territorio, y el otro es una facultad interna que se manifiesta de diversas maneras, activa o pasivamente, siendo uno de los más comunes la inteligencia. En algunas especies se adquiere con la experiencia, tal es el caso de los elefantes, en otras a través de la observación y experimentación, o ambas, u otras siendo un caso el de algunos primates cercanos a nosotros, donde la relación tiene un sustento no en la lucha, sino el sexo. Comúnmente, sean cualesquiera las formas como se exteriorizan estas facultades, se adquiere o toma algo visible, la melena de los leones, los cuernos de un venado, desechos biológicos, sonidos, danzas, plumajes, colores, etc. Ahora, en el caso nuestro, en la parte de la fuerza, desde tiempos remotos el guía de cacería sobresalía por su inteligencia y fuerza, y en cierta medida funcionó algunas o mayoría de veces, por ejemplo desde Alejandro Magno (o Aquiles) hasta Napoleón, donde incluso aparece la mujer (la reproducción), pero desde hace dos siglos este elemento ha sido opacado o prácticamente desaparecido, donde por citar un ejemplo, el más emblemático, la segunda guerra mundial, donde nunca se encuentra un líder político al frente de batalla, sino desde la comodidad y lujo de casas y oficinas enviando masas humanas al matadero. Bien, la parte externa de la fuerza presenta una lógica

genética: defensa y conquista de territorio, alimento, lo cual
requiere un líder con características bien definidas. Sin embrago,
existe un enorme y substancial detalle, y es: Por centenas de
milenios, nunca fabricamos armas, porque no existían, sino
herramientas de caza, y salíamos no a la guerra, sino de cacería o
recolección; y al ser nómadas, la noción, idea o concepción de
territorio era diferente; y en efecto, al salir de caza, corría el riesgo
de encontrar otro grupo humano y presentar luchas, las hubieron,
pero la batalla nunca es garantía de victoria para nadie –este tema
ya se vio con detalle en otra parte— y la inmensidad del mundo
ofrecía otras opciones, por lo tanto, durante el nomadismo no se
puede hablar de constitución de ejércitos, luchas de territorios o
conquistas, no existían las guerras en el sentido que hemos
conocido desde el Estado, y aunque se hable, por ejemplo, de algo
parecido entre los neandertales y *homo sapiens* en la actual
Europa, es tema aun discutible que con todo, nunca se equipara a
lo que ha ocurrido en los últimos cinco mil años, pudiendo
concluir, que previo a ello había solamente grupos humanos
cazadores y recolectores.

Respecto a lo ideológico, es eso, una idea o creencia que,
según la mente, tiene lógica. También ya visto en otra parte,
diremos únicamente aquí, sencillamente es un atributo o serie de
ellos, a algo externo, que, de acuerdo al cerebro, posee influencia
o poder sobre él. Así como la presencia del líder influye entre el
grupo y la presa, el chamán o sacerdote lo harán con relación a los
fenómenos naturales o sobre naturales, del mismo modo, se
encuentra ligado a la vida, siendo un poder el cual se va
transformando y adquiere su peculiaridad más conocida a partir
del sedentarismo, cuando el sustento de la agricultura escapa de
ciertas fuerzas ajenas a la humana. De esta manera, sobre una base
natural evolutiva y después surgimiento de poderes ficticios, que
implica usurpación de facultades, a partir de entonces la
"educación" ha venido dándose sobre esas dos vertientes, sea del
guerrero que se ponía al frente de sus huestes al dictador militar;
el faraón egipcio, el papa; luego se meta morfea al rey o la "madre
patria"; una fuerza generada no dé la razón, provocada por los
instintos y poderes mentales subjetivos, justificando el

sometimiento de unos sobre otros, ya por la fuerza o la creencia, o ambas.

2. Conocimiento, Ciencia y Tecnología

El fin del conocimiento, es el desarrollo de una consciencia del ente, que como punto de partida, genética y evolutiva, nace con una "subconsciencia" o conocimiento innato de sí mismo y el mundo, ya que, por ejemplo, a las tortugas marinas o dragones de Komodo, nadie les enseña al salir del huevo la huida al mar o árboles para salvar la vida, o a un bebe humano recién nacido, como buscar el pezón de la madre y amamantarse. Tal desenvolvimiento a través del tiempo y espacio, requiere de esa cualidad propia, semejantes y entorno, hasta llegar a una madurez y grado de consciencia de sí y para sí, en proporción a sus facultades, dependencia y relación con otros y el orbe, cuyo único fin es la preservación de la especie. Esto en su nivel básico, puro.

Los fines de la ciencia son, deberían ser: Una explicación de fenómenos, aspectos, constitución u otros de cuanto percibimos a través de los sentidos, usando el conocimiento transmitido y experiencia personal, valiéndonos de herramientas (aunque no siempre), métodos u otros, pero sobre todo, sentidos, imaginación, intuición y resto de facultades psíquicas, principalmente eso que denominamos "razón", con lo cual en el transcurso de nuestro paso por la Tierra ha tenido tres fines, a excepción del periodo del surgimiento del Estado al presente, y debemos retomar: Una satisfacción de la curiosidad, sirviendo entre otros, a un conocimiento de límites y alcances; dos, posibles respuestas de lo desconocido y; tres, solución de problemas y sus medios personales y colectivos, en cualquier etapa y situación de la vida social. Por lo tanto, es un legado humano y en ningún momento o circunstancia, propiedad de algo o alguien para usos ajenos a ello. Al ser la ciencia un producto humano, es solamente ello, es decir, imperfecto, limitado, siempre moldeable; uno de los aspectos que caracteriza, llena o satisface una parte de nuestra naturaleza, o requerimiento, pues en un momento dado podemos prescindir de ello, tal y como lo hicimos por millones de años.

Fines de la tecnología: La aplicación de una parte del conocimiento científico a herramientas o medios como ayuda, solución y mejora de problemas, para la satisfacción de necesidades elementales, bajo el principio del conocimiento y manejo del hombre sobre la cosa, una distorsión o aplicación errónea por algo o alguien, convierte al hombre en el objeto de la cosa, tal cual ha ocurrido en los últimos dos siglos.

Los tres (Conocimiento, Ciencia y Tecnología) poseen una sola base: La verdad. El dilema de la verdad, eso que muchos llaman verdad, se sustenta en principio sobre una manifestación parcial o total de sí respecto de la falsedad, es decir, de la mano debe evidenciarse la existencia de lo que debe llamar falso, por lo tanto, para que exista uno debe ser el otro, o sin la falacia no puede ser la verdad, en menor o mayor grado ambos son necesarios y compatibles. Esto tiene una relación, para ejemplificarlo, con lo "bueno" y lo "malo". Entonces y como punto de partida, toda verdad requiere de su falsedad, para lo cual y poder tener una "verdadera" manifestación humana, requiere una aceptación tanto personal como colectiva, quien o quienes la proponen como quienes aceptan, cuyo acuerdo en la mayoría de veces, sobre todo en las sociedades modernas, basta con que alguien las promulgue para ser reconocidas, en otras palabras, una verdad puede ser aceptada más no demostrada, siendo un acuerdo tanto subjetivo como racional.

Las verdades humanas siempre han sido y serán relativas. Así como los inquisidores "científicos" del presente se jactan, critican, aceptan o condenan toda propuesta del pensamiento o actitudes necesarias para una "mejora" humana, como las espirituales o teorías del pasado, parándose sobre algunas del presente que incluso no son de ellos, pero decretando lo que es "verdadero" y "científico" y lo opuesto, muchas de las veces defendiendo su fuero y no la apertura, y aunque ya no pueden enviar a los disidentes a la hoguera, por lo menos condicionan o rechazan de los centros de estudio e investigación, y les cierran las puertas ajenas y propias, pero en un futuro más cercano que lejano, es más fácil invertir los papeles, las teorías cambien.

La verdad es un objetivo, un fin consciente o inconsciente que todas las especies buscamos de diversas maneras, cuya esencia es el ser. En los mamíferos adquiere particularidades más elevadas, específicamente en los cazadores llevando a cabo procesos elaborados: cálculo, tácticas, elección y coordinación grupal. La cacería es de alguna manera una primera separación, o siendo lo mismo, búsqueda de errores a depurar para llegar a una verdad "mental" a concretizar. En nosotros tal dilema o debate de igual manera se remonta a millones de años atrás, pero con la adición paulatina de mayores matices y complejidades, con la diferencia que la enseñanza - aprendizaje nómada era abierta, teórica - práctica, y el problema es haber dado inicio esa separación para convertirla en privada y pública, a "institucionalizarla". Probablemente el Prometeo Encadenado y serpiente bíblica sean producto de la sabiduría de esos inicios, al darse cuenta del conocimiento usurpado, quizá inconscientemente explicar y justificar la condena implícita. Este es sólo el principio, pues en la antigüedad el poder, verdad o conocimiento político y religioso iban de la mano, simplemente les queda vedado a la mayoría de clases explotadas. Aunque Grecia, uno de los lugares donde el pensamiento racional alcanza su máxima madurez, y hay ya una clara separación entre lo subjetivo y racional, apertura y crítica, no es una lucha antagónica e impositora de una sobre otra, existe cabida para ambas, una verdad compartida porque el hombre se reconoce como tal: subjetivo - racional, espiritual - material, y los mejores ejemplos son Platón y Neo platónicos e incluso Aristóteles. Sabido es que el problema inicia con la institucionalización del Cristianismo, sea por la separación sectaria antagónica desde sus primeros tiempos, políticas entre Roma y Constantinopla o amenazas como el Islam, lo cierto es que ha sido en Occidente donde a fuerza de dogmas, teorías y espada se han desatado las batallas más sangrientas internas y contra otros pueblos.

Al auto erguirse Occidente como el máximo tribunal de lo que es y no verdad, lo científico y lo perteneciente al vulgo u otro; al levantar instituciones desde hace siglos para aceptarlo y refutarlo con argumentos o espadas, parecería que toda posición nace con una estigma y herida, lista para en lugar de reconciliarse y sanar, debatirse, imponerse o sobrevivir aislada. Así como se impuso la magistratura de la Iglesia católica por siglos, de la misma manera ha sido el de la ciencia burguesa de los últimos dos siglos condicionando, criticando, excluyendo a quienes no cumplen con sus dogmas, perdón, criterios científicos, pudiendo citar entre los ejemplos a mentes brillantes como Faraday, a quien le faltó el argumento matemático; o incluso el mismo Einstein por únicamente utilizar el poder de su mente, prescindiendo del laboratorio de física, ser un simple empleado de oficina. En fin, creemos y proponemos que en el SFH exista una apertura para toda propuesta y sentir, un autoconocimiento de lo que somos como especie, seres racionales y espirituales. Reconocer que nadie tiene la verdad absoluta, por lo tanto, le es ilícito al que se levante como tribunal. Dentro de la vedad debe existir la honestidad, el reconocimiento de errores y nuestras limitaciones en esa área, y específicamente nos referimos no solamente al lado oscuro ya mencionado del mal uso de la ciencia, sino a lo que ocurre todos los días en centros de investigaciones y laboratorios del mundo, los continuos fracasos calculados alrededor del 90% de ellos, los cuales nunca son dados a conocer, y entre otros, gente alrededor del mundo los sigue haciendo día a día, pero en cambio la mínima cantidad de aciertos se proclama con todas luminarias para ser aplaudidos y patentados. Por lo tanto, debe haber una continua comunicación y publicación de los incesantes errores para evitar su repetición.

Hay otros aspectos de suma importancia. Uno es recordar que la ciencia como producto y legado humano, debe ser encausada para lo mismo, pero desde las viejas teocracias hasta las actuales oligarquías, se ha utilizado principalmente para su propio beneficio, asignando una gran parte a su aplicación bélica. Otro, esa parte perversa muchas veces intentado ocultar, cuyos mejores ejemplos recientes son los experimentos, usos químicos, armas y otros, por estadounidenses y ex soviéticos, específicamente durante la guerra fría, ambas partes nunca escatimaron en su aplicación a su población civil –muchas veces afectando todo el planeta– y soldados, mucho menos en los lados del otro bloque, por ejemplo los empleados en Vietnam, por demás sabido, que estos son sólo ejemplos de una tendencia del presente y global. El tercero, el ya tan conocido y criticado por muchos sobre abuso de la tecnología, para lo cual el régimen ha sabido ir sobrellevando sin causarle algún grave efecto, por el contrario, parecería ser cada vez más inmune a sus ataques y daños que cause a la humanidad. En esta parte, la tecnología se ha investido como el mejor fiscal y abogado de la inquisición oligarca, escuchándose con mayor frecuencia frases como: "Pronto tendremos la tecnología que nos lo solucione o de la respuesta." o "Es simplemente cuestión de tiempo, quedaremos asombrados de lo que hará la tecnología sin o por nosotros." En efecto, en ocasiones da la impresión que toda capacidad humana ha sido rebasada o subordinada al veredicto tecnológico, como el caso de la medicina donde a veces ya la inteligencia, creatividad o sensibilidad humana quedan limitados o substituidos por la máquina. En el SFH no se pretende prescindir de ello, lo reconocemos y valoramos, simplemente poner siempre al hombre por encima, prioridad; que él se sirva de ello, conozca la esencia de las cosas y sea más pleno, libre, con o sin el objeto.

Mencionamos atrás las prioridades científicas y tecnológicas en el SFH, siempre bajo cuatro principios:

a) Facilitar el trabajo humano, nunca su explotación o ganancia del explotador, o cambiarlo por maquinaria.

b) Reducir la jornada laboral, no para el ocio, sino permitirle mayores espacios de desarrollo personal, familiar y social en las mejores áreas (culturales, científicas, deportivas, espirituales) que acomoden.

c) Conozca la esencia y fines del aparato, sus "entrañas", sea capaz de comprender su funcionamiento, causas y efectos positivos y negativos, y.

d) El aparato siempre sea lo que es, un medio, del que el hombre se puede servir nunca un fin, por lo tanto, prescindible. Tal comprensión le permitirá dar un uso racional, moderado, consciente que, en cualquier momento o periodo, él puede valerse por sí mismo, nunca una dependencia de la cosa o fenómeno, ejemplo la electricidad.

Posiblemente se estarán preguntando no sólo los mercenarios del sistema, sino los movidos por la curiosidad, retos de hazañas intelectuales. "¿Qué hay de esa continua búsqueda de novedades, innovaciones científicas?" Es cierto. Antes de eso, recordemos que no somos los únicos conscientes de los problemas mundiales, la búsqueda de un mundo justo, y siempre ha habido propuestas, alternativas para uno o diversos problemas, luchando en el anonimato, con poca audiencia, incluso relegados y perseguidos. También sabemos, no siempre se requiere de grandes ideas, las pequeñas suelen tener en ocasiones los mejores efectos y podríamos poner algunos ejemplos de lo que se está y ha estado llevando a cabo. Sin embargo, el daño humano y al planeta es tal que se requieren medidas drásticas, que esas acciones llevadas a cabo no son en ningún momento inútiles, pero siempre son opacadas o rebasadas por el régimen actual. Bien, entre los grandes retos científicos y tecnológicos, que nos espera no solamente en el SFH, sino debiera haber ya dado inicio (no dudamos que se ha estado trabajando en ello), pero sin embargo nos atrevemos a adelantarnos a arrojar el pañuelo para ser levantado por quienes lo deseen, son:

Primero, el paradójicamente tan conocido, ignorado o perversamente manejado: el agua, base de nuestra existencia. Problemas creados o permitidos por nosotros; gobiernos y oligarquías en su afán lucrativo, político y económico lo han autorizado, promovido y excluido otras alternativas, muchos pudieron haberse solucionado ya desde hace décadas o al menos prevenido; en ocasiones sin acciones ostentosas. Por ejemplo, entre las que se han estado llevando a cabo en algunos lugares del planeta está la recaudación, almacenamiento y tratamiento (métodos sencillos) del agua fluvial en viviendas. Aunque el SFH terminará con el crimen de ciertas trasnacionales que han arrebatado el líquido a pueblos para convertirlo en sus productos y vendérselos, o aquellos que no produzcan bienes reales; y a pesar de medidas como las plantas tratadoras o destilación del agua de mar, el problema permanecerá.

Segundo, es un problema dual que encierra o se desprenden varios: los combustibles y la generación de energía. La relativa difusión y uso del auto eléctrico va acompañado de su condicionamiento y veto desde hace décadas, por la sencilla y conocida razón que ha sido, aunque en la actualidad ya no tanto, una amenaza para algunas de las oligarquías de mayor poder del planeta, las compañías petroleras, que con todo, la producción del motor de combustión interna continúa como si tuviéramos petróleo para por lo menos otros setenta años. Lo que resta de esta materia prima, debe de dejar de usarse para combustibles y dejarlo únicamente para ciertos complementos, por lo menos hasta el presente, imprescindibles de los otros, por ejemplo, los lubricantes y otros materiales o parte requeridas para todo aparato o motor; en cambio, producir el auto familiar y otros libres del uso de gasolina. El tren eléctrico es una de las mejores soluciones a muchos problemas, pero presenta la gran limitante de rutas fijas. Para el resto de transporte desde el auto familiar, náuticos y aeronaves, se puede crear el motor auto convertidor de energía, bajo el principio de *la energía no se crea ni destruye, sólo se transforma*, para lo cual seguramente poseemos desde hace décadas, ejemplos concretos son el alternador eléctrico –de hecho, el transporte terrestre desde sus inicios es una conjunto de energías combinadas (mecánica, eléctrica, calorífica), otras desperdiciadas o no usadas, sea por los intereses políticos, económicos, desconocimiento o carencia de los medios científicos y tecnológicos. Tenemos la firme certeza de poder crear, quizá la hemos poseído desde hace mucho tiempo, o al menos en el corto plazo, el motor sustentable auto generador, que a partir de la energía solar u otro, nos permita construir no únicamente los medios de transporte, sino toda maquinaria y quitar de la faz de la Tierra el motor de combustión interna.

Tercero, es el abastecimiento de materias primas y recursos naturales, algunos irremplazables. En este rubro también ha habido acciones como el reciclado –ya porque se ha convertido en negocio para algunos, ahorro para compañías o botín propagandista de políticos– pero con todo ello es rápidamente apabullado, incompetente ante la demanda consumista y propaganda de toda índole. También se pueden encontrar héroes intelectuales con nuevas propuestas, materiales, pero son rápidamente opacados o relegados ante el Leviatán y su rebaño masivo. Aquí creemos que el reto es ante todo para la química, sin descartar las propuestas alternativas y ya viables, además de considerar que hemos producido más de lo que necesitamos, la ofensiva desproporción del reparto de la riqueza, con lo cual consideramos que reutilizando los materiales y productos del presente, y erradicando el consumismo, podemos continuar produciendo por décadas, incluso siglos, muchos de los bienes reales, excepto de algunas fuentes como los hidrocarburos ya mencionado, maximizándose racionalmente para usos fuera del combustible, seguramente los extenderíamos a largo plazo, para entonces una vez agotados seríamos ya capaces de prescindir de ellos. En todo ello entra, maquinaría, procesos de regeneración de productos y materiales, entre otros.

Dos retos más. Uno es continuar con "la conquista del espacio", pero antes y cualquier otro objetivo, se nos presenta el deber de "La Conquista del Hombre", la reivindicación del ser humano, que como especie de manera individual lleguemos a la plenitud, descubrir, luchar para construir esa sociedad anhelada, realizable donde reine la verdad y la justicia, y una vez conocido lo suficiente los objetivos de nuestra existencia en nuestro planeta, tomando como parámetros una esfera espiritual - cultural, demostremos ser dignos de pisar otros planetas, poseyendo la suficiente sabiduría para en caso de encontrar otros tipos de vida, sepamos valorarlos, comprenderlos y respetarlos, para lo cual debemos empezar con lo propio, tarea que no hemos sabido cumplir.

3. Cultura

Generalmente, la cultura se entiende como una serie de características entre grupos y pueblos, lo cual, siendo propios y ajenos entre ellos, les ayuda a una identificación, sobre todo externa. La parte de afuera, aunque secundaria (apariencia, comida, vivienda) es sólo inductiva a la parte primaria interna (tipos de vida, comportamiento o pensamiento) que suelen ser impredecibles, o poco percibidles externamente. Pensamos, durante el periodo evolutivo, en ciertos periodos, esto no ocasionó tantos problemas, tomando como ejemplo, neandertales u hombre de Pekín eran especies más o menos definidas, pero al expandirse el *homo sapiens* fuera de África ya con características genéticas suficientemente definidas, tener que adaptarse a los variados entornos del planeta, y ocasionar manifestaciones externas secundarias, causaron cierta distorsión respecto a las internas primarias, mentalmente. Como punto de partida, podría decirse que la cultura es una manifestación e interpretación biológica y psíquica del grupo, con respecto al entorno. Así, al esquimal vestido de pieles o al árabe con túnica y turbante, y al africano desnudo, en un momento determinado cambian de dieta, vestimenta o desnudarse, no provoca grandes dificultades, sino cuando la mente pregunta o explica el por qué y/o para qué, donde los mejores casos que ejemplifican es el africano o pueblo indígena del Amazonas, cuya exposición del cuerpo desnudo no altera el orden establecido, mientras en el Oriente Medio puede causar las peores desgracias, ambos grupos interpretándolo y explicándolo de diversas maneras, o siendo lo mismo, cada uno con su respectiva manifestación e interpretación psíquica – biológica, donde la esencia no es precisamente el cuerpo, sino la fuerza que desencadena el sexo y poder innato de la reproducción, del cual se desprende cualquier argumento moral o religioso, influenciado por las características del entorno. Si bien cuestiones como el alimento pueden sufrir modificaciones rápidas, otras como la recién mencionada pueden llevar más tiempo, donde el mejor ejemplo es Occidente, comparando al católico o protestante promedio de hace un siglo, cuya cualquier exposición desnuda escandalizaba, al libertinaje del presente.

Las modificaciones o adaptaciones culturales, responden a las necesidades de vida o supervivencia. A lo largo de la historia abundan los casos donde cambian, son impuestos o acogidos, cuando los grupos pueden conservar parte propia o surgen nuevas manifestaciones, ejemplo etruscos y griegos sobre Roma, China sobre Japón, o la actual predominancia de Occidente sobre gran parte del mundo. Pero estas aceptaciones guardan siempre un condicionamiento, pues el grupo receptivo es motivado u obligado por las circunstancias, tal como lo hizo Japón en el siglo XIX, o los pueblos americanos al arribo de los europeos, lo cual a corto, mediano o largo plazo puede ocasionar conflictos externos, con el tiempo sanan y cicatrizan en comparación con los internos, los del alma, de mayor dificultad de detectar y aliviar, que de no ser bien encausados llevan a peores crisis, y son estas las que sufren gran parte de la población mundial. Hay un elemento sutil conquistador externo, interno o ambos, o por lo menos convence lo suficiente a otro. En el conocido caso de Grecia y Roma fue lo interno, pues los helenos fueron sometidos por la fuerza, mientras en América fue externo ya que siempre hubo resistencia ante la imposición europea. En nuestro devenir, esta fusión de expresiones ha ido marcando pautas o creando elementos que se intentan retomar como modelos, en el imperio nuevo egipcio se evocaba al antiguo, y los aztecas apelaban a la gloria de Teotihuacán y toltecas, porque guardan características de la vida o para la supervivencia, y a unas las hemos denominado clásicas mientras a las otras consideramos reliquias o experiencias que enseñan o heredan algo, y en el caso de las primeras, que como siempre Grecia nos sigue seduciendo e inspirando a grandes hazañas, porque alimentan las partes más profundas del alma engrandeciendo el espíritu humano, mientras las otras guardan o retoman solamente algunos aspectos, pues si a algunos mexicanos les orgullece su legado azteca, a ninguno se le ocurriría sacrificar a otro en honor a Huitzilopochtli; mientras por otra parte, las de supervivencia se convive con cierto agrado o desagrado, recelo implícito o explícito, consciente o no, las reservas se expresan o guardan, y uno de los mejores ejemplos es la crítica de los europeos a la imposición de la cultura comercial estadounidense, o la de los grupos extremistas del Medio Oriente de rechazo total, a la vez que China, Japón o Latino América es sobre todo pasiva; pero la crisis que la mayoría de la población mundial padece es la de supervivencia, impuesta por el consumismo materialista, que en ningún momento satisface las necesidades del alma y degrada el espíritu humano y planeta.

No es difícil diferenciar entre una expresión y la otra, además de haber sido ya visto y explicado en diversas partes. No obstante, reiterando, el arte clásico los es porque busca la belleza en su máxima expresión, siendo proporción, armonía, complejidad y majestuosidad, algo que se aproxime a la perfección, y lo que más se acerca es la Creación, y al ser el Universo vida y eternidad, llenando y cubriendo todo, razón primordial por la que ciertas obras han permanecido y continuarán haciendo pues han alcanzado los más elevados niveles. En resumen, son modelos de vida. El arte popular es únicamente una parte de proporción del otro, por ello es efímero, superficial, siendo un ejemplo algunas canciones de rock inspiradas en obras de Bach o la pirámide de cristal a la entrada del Louvre. Pero ambos tienen una razón de ser, uno no puede existir sin el otro. Todos buscamos en menor o mayor medida y grado de consciencia, apropiarnos de una parte de la Creación, fuera de lo biológico y desde tiempos remotos el fuego de la hoguera nos hacía bailar y cantar a su alrededor, luego alguien con un talento especial lo plasma en las paredes de cavernas, otros lo hacen sobre su cuerpo, todas ellas representaciones naturales e igualdad entre humanos. La conquista o seducción (entendiéndola de manera diferente) de un grupo sobre otro, es por la dualidad biológica - psíquica en esa búsqueda de imitación - representación, proyección - reflexión de vida biológica y espiritual. Grecia conquista mientras Roma seduce, en la rápida expansión del Islam se dan ambas, al igual que durante el Medievo, pero la imposición de Europa sobre América y luego sobre resto del mundo es más brutal. La política y armas se apropian de una de estas partes desde la antigüedad, Agamenón y Aquiles, Atenas y Esparta, las cortes de Viena y Bonaparte, o el congreso de La Haya y los millones de soldados batiéndose en los campos de batalla. Existe algo entre los grupos humanos que buscan, por un lado, y a la inversa, la respuesta del otro, sea aceptación, sumisión o bien emancipación ante algo con lo que se había convivido o resignado, pues el espíritu heleno no sucumbió ante el dominio romano, los cristianos ibéricos no descansaron hasta la expulsión musulmana de la península, lo mismo hizo la India con los británicos. Así, convivencia, tolerancia o aceptación de ciertos elementos de un grupo sobre otro, lo cual puede dar como resultado nuevas formas de vida o emancipaciones.

Los procesos de aculturación y la cultura misma es sobre todo un convencionalismo, puede ocasionar una simbiosis entre las partes produciendo algo real, como el helenismo o grecolatino, o algo ficticio lo cual puede dar diversos resultados, muchas de las veces surgen expresiones sublimes otras violentas, sea en el todo o las partes, mencionando entre otros el caso de los Balcanes, lo pluricultural de México, incluso Estados Unidos y Latino América. Otros dos casos relacionados son, el religioso, el judaísmo que a lo largo de milenios se ha ido adaptando, impregnando, resistiendo y rebelando a lo largo del planeta, con su característica hermética de "pueblo elegido"; el Islam de hace siglos que rápidamente conquisto por las armas, luego las almas; el fenómeno cristiano sea ya por los medios más brutales de muchos, el creativo de algunos o la misericordia de pocos, también hace lo suyo; los tres en pacificas treguas o las más despiadadas luchas entre ellos y dentro de cada uno, sea por intereses mezquinos claros o bajo el lema de "guerra santa". El otro, vale la pena mencionarlo nuevamente, Japón, que en las últimas décadas del siglo XIX toma y asimila diversos modelos externos, transformándose internamente, siendo una medida digamos de supervivencia interna, defensiva ante lo externo produciendo resultados positivos, luego proyecta hacía fuera produciendo ganancias ante Rusia, para que después adquiera mayor grado ofensivo y terminando pagando un alto precio en 1945, desde donde hasta el presente ha venido jugando papeles activos y pasivos, bajo diferentes estrategias a las del pasado, dentro y fuera de sí. Japón quizá sea uno de los casos más claros de ese convencionalismo de asimilación, imitación real y ficticia, resistencia, rebeldía y todo ello a la vez, demostrando que cuando dichos elementos, sea para la vida o la supervivencia, de no ser bien equilibrados engañan fácilmente, pagando elevados precios materiales y espirituales.

La cultura para nuestro objetivo, puede definirse como las formas externas del grupo para la vida, un convencionalismo que llena y enmarca desarrollado a lo largo de millones de años sustentado en lo material e intangible, conjugándose en una causa - efecto mutuo y dependiente, dividido en tres niveles hasta el nacimiento del Estado: Lo material, en herramientas, alimento y artículos; lo inmaterial en conocimiento, expresiones artísticas; y religiosas o espirituales. En lo material, el alimento y herramientas se encuentran sumamente ligados, por ejemplo, las usadas en África, parte del Medio Oriente y Europa desde el *homo herectus* hasta el *sapiens*, donde las puntas de lanza o hachas de piedra siempre están presentes, lo cual nos habla de tipos de cacería en relación a entornos naturales, mientras en lugares como la actual China la piedra desaparece al encontrar otros materiales fuertes y flexibles, pero perecederos, tal es el caso del bambú. Relacionado y derivado de ello se desprenden otros artículos, específicamente la vestimenta, donde en las partes septentrionales se requiere cubrir todo el cuerpo, en las tropicales hay que andar lo más desnudo posible, lo cual puede representar desde un conocimiento más íntimo, mayor o menor actividad sexual, lo cual determina la manera de interpretar y usar el cuerpo, la vida y los dioses. En lo inmaterial tenemos primero el conocimiento, luego las expresiones artísticas y religiosas, siendo entonces la parte sublime. El conocimiento es lo primero por ser derivado y más cercano a otras especies, pero obviamente en un nivel más elevado del acerca de las cosas y mundo; del qué, cómo y para qué desde lo cotidiano a lo abstracto. El otro, las expresiones artísticas es lo más inmediato derivado del primero, también relacionado con otras especies, pero teniendo que ver con ciertas cosas requeridas para cuya obtención se interponen otros obstáculos, de mayor ambivalencia y desconocidos por derivarse de nuestros semejantes, fenómenos naturales y nosotros mismos, siendo el más común el sexo, o deberíamos decir la reproducción, lo cual es algo que podemos o no saber el porqué, incluso el cómo, para lo cual empleamos expresiones exteriorizadas en símbolos, sonidos, movimientos, objetos de todo tipo donde en ocasiones la importancia es en proporción a lo ostentoso o llamativo. El tercero, hasta donde podemos asegurar, es lo único que separa del resto de especies, lo Espiritual o religioso, pudiendo bien llevarnos a concepciones metafísicas, ideas del mundo y la vida, ideales que transforman en seres divinos, artistas, capaces de llevar a cabo hazañas de gran belleza y majestuosidad, o bien muchedumbres de pecadores condenados a pagar o resignarse ante las miserias creadas por la especie, a los fanatismos más depravados que han llevado los actos más vergonzosos usando el nombre de Dios o los dioses, aunque nos estemos adelantando, pues esto último es otro producto de los regímenes institucionales del Estado, y no de la parte esencial evolutiva, dejándolo por lo pronto de lado y decir entonces, que la cultura: es ese convencionalismo real - subjetivo de los grupos donde causa y efecto entre pensamiento, acción e interacción entre ellos y el mundo se relacionan para la vida.

El arribo del Estado lo único que hace, es crear tres diversos tipos o grupos de manifestaciones agrupadas en uno, siendo el primero que según el régimen enviste como regulador de la vida colocándose las clases dominantes, artistas y hombres de ciencia, promotores y conservadores de cánones donde se han desarrollado las principales expresiones culturales. El segundo, la supervivencia, ubicando las masas explotadas creadoras de sus propias expresiones, sea tomando los modelos de quienes los explotan para adaptarlas a sus necesidades o produciendo las suyas, influyendo y nutriéndose una de la otra, produciendo todo el colorido folclore popular, aunque en este nivel algunas manifestaciones son efímeras, otras se transforman en revelaciones del verdadero sentir mayoritario en común o grupos análogos, pudiendo ejemplificar uno, el de los grupos africanos traídos a América, que desde el Amazonas hasta el norte estadounidense, sin el cual difícilmente podría explicarse no únicamente el sentir del continente, sino de gran parte del mundo.

A partir de lo comúnmente denominado civilización, ese convencionalismo de grupos se mueve sea en armonía, tensiones o conflictos abiertos entre explotadores y explotados en sus dos principales maneras, siendo la mayoría de ellas sólo de forma, pero algunas de contenido, lo cual vale la pena ver un poco de cerca. Primero en lo material, específicamente las herramientas de trabajo, que previo al Estado eran digamos homogéneas para todos, para luego convertirse en dos principales vertientes, unas para pocos y muchas para las mayorías, ocurriendo algo drástico, pues lo que por millones de años fueron herramientas de caza o confección de accesorios se convirtieron en armas, trayendo enormes repercusiones en el pensamiento, el qué y cómo de la vida produciendo entre otros una de nuestras manifestaciones más enfermizas y degradantes, los ejércitos, las guerras, pues dentro de un grupo no se va a imponer quien posee las mejores facultades para la vida colectiva, sino el que se impone por la fuerza y no siempre es de acuerdo a destrezas propias, algún artefacto, dogma o argumento, lo cual ha sido desde la Antigüedad ese juego erróneo y peligroso entre el que tiene un palo para sembrar o un arado, un azadón o un tractor; un palo para defenderse o la espada, una pistola o un cañón.

Pero lo que aquí nos interesa, es no únicamente saber por qué nuestra especie no únicamente acepta sino legitima, sea bajo leyes naturales o humanas las diferencias dentro y entre grupos, implicando en ello el sometimiento de unos sobre otros, las mayorías. Los apologistas del régimen de dominio humano, dan dos respuestas inmediatas, siendo la primera y más común, que es parte de cualquier especie particularmente mamíferos, lo cual es una regla de supervivencia de la especie, y la segunda desprendida en parte de la primera, que desde Platón y Aristóteles (incluso mucho antes, Hammurabi, por ejemplo). las leyes escritas han encontrado en ellos y otros sus mejores argumentos. Como punto de partida, se decreta que el hombre es un animal, luego político, ambos sintetizan la parte natural y jurídica, para posteriormente tanto Aristóteles como Hegel consideran el Estado la máxima creación hecha por el hombre, la que según ellos nos eleva al mayor logro conseguido como especie implicando con ello nuestro dominio sobre otras especies y planeta, aunque desde sus inicios guarde ya una contradicción, ya que "el que no necesita del Estado, o es un dios o es una bestia" (animal).

Reiteremos algo de lo ya expuesto. Primero y, ante todo, el resto de especies se rige por poderes de leyes naturales, mientras en nosotros prevalecen las subjetivas. Segundo, esos poderes se manifiestan por las facultades de quienes componen el grupo, ejemplo fuerza o inteligencia, lo cual y en nuestro caso también permitió y se llevó a cabo por millones de años en nuestra evolución. Tercero, en nosotros la inteligencia fue jugando un papel importante, tanto o a veces mayor que la fuerza, por ciertas características entre ellas la incompetencia respecto a otras especies, a cambio de la unión y bienestar del grupo que fue fundamental. Cuatro, la última (tercera) fue la parte importante que separó del resto de especies y con la cual podemos concluir que evolucionamos y definió, gracias a que prevalecieron los poderes reales sobre los ficticios. Quinto, es a partir del Estado cuando las fuerzas subjetivas empiezan a imponerse, creando entre otros las ideas de desigualdad y explotación del hombre. Sexta, esa combinación antagónica de fuerzas, es la creadora de las diversas formas de vida, manifestaciones de "para la vida" y "para la supervivencia", combinan y enlazan en ese convencionalismo de individuos y grupos, donde todos comparten algo o mucho, real o ficticio, y. Séptimo, "la cultura" es ese intento de sintetizar ambas, la lucha por rescatar, prevalecer, conservar algo propio y ajeno, expresarlo para saber o al menos mantener una idea de que se vive o sobrevive, la eterna duda del ser; sabiendo que el ser es individual pero también colectivo, un requerimiento de unos y otros, y algo más allá, un trío contenedor del uno, ese algo que intente dar sentido a la vida biológica, una referencia comparativa, imprescindible para que tanto uno como el otro sean, el todo; un pensamiento y nada de la vida convencional donde todos caben sin importar la mayoría de veces el grado de miseria o refinamiento de la expresión, al fin y al cabo consuela a todos, precisamente porque sea explotadores o explotados es el juego imprescindible de la existencia continua en movimiento, donde a final de cuentas, siempre sobra y habrá algún vacío insatisfecho, esa latencia que mueve a la continua búsqueda de este mundo, la que pocos logran.

El SFH busca, pretende crear un mundo sobre las fuerzas reales de cada ser humano sea dueño y señor de sí mismo, conociendo y explotando sus potencialidades, un lugar donde hombres y mujeres convivan y compartan lo que son, y cuanto el mundo ofrece guiados y ayudados unos a otros de acuerdo a lo que cada uno posee, pudiendo expresarse en sus diversas maneras dentro un convencionalismo real, en el sentido de una verdadera igualdad en derechos y obligaciones de acuerdo a facultades, para que cada uno tome sólo lo requerido para ser y expresarse según la persona; un mundo donde la palabra gobierno desaparece por la delegación administrativa, es decir, cuidan y dirigen encausando el trabajo colectivo para que todos o al menos la mayoría obtengan lo suficiente para vivir dignamente, para que todos podamos continuar esa búsqueda y encuentro con uno mismo, cuyo verdadero significado es el resto de humanos y Creación para manifestarlo de la mejor manera, la que satisfaga y llene, encontrando una existencia en la medida de lo posible plena, esa que nunca se consigue con las cosas de este mundo, lo cual no significa el desprecio de los bienes terrenales, simplemente conocen y encausan su esencia al bienestar propio y ajeno, compartiéndose como medios pero nunca fines, para alcanzar y experimentar esas fuerzas y expresiones que han movido a lo largo de nuestra evolución e historia.

El elemento o característica más errónea o distorsionada de un grupo humano o nuestra especie, es la implantación de un modelo mental que condiciona u obliga sutilmente o acompañado de la fuerza a concebir y actuar dentro de un criterio de parámetros preestablecidos, para que se viva en una sociedad y mundo, no únicamente bajo la idea de ser imagen y semejanza del hombre, sino de la relación conjunta de fuerzas sobrenaturales para las que cada individuo debe servir, sea cualquiera de los roles establecidos, considerándose el convencionalismo de partida grupal o la especie. Desde que hemos creado testimonios históricos, esto aparece como ley social derivada, según y aceptada por muchos, de las naturales. Entre los argumentos, es el considerar al hombre primitivo en un estado cultural inferior, tomando comúnmente como ejemplos los conocimientos científicos - tecnológicos, incluso religiosos - espirituales, precisamente porque carecían de los "beneficios" de la llamada civilización. Para que todo esto nos lleve a una conclusión, empecemos por establecer que la verdadera democracia, en el sentido estricto de la palabra, se vivió por cientos de milenios mientras evolucionábamos avanzando en el desarrollo biológico y espiritual:

a) El hombre vivía para el bienestar personal estando dependiente del grupo; girando y estableciéndose en grupal e individual.

b) Ello se sustentaba en el conocimiento personal, grupal y Naturaleza.

c) El conocimiento era compartido abiertamente y transmitido generacionalmente.

d) Esto establecía una organización social de movimiento horizontal, igualitario en derechos y obligaciones.

e) El término "gobierno", si es que se le puede llamar así, presidido en las facultades personales, las cuales no podían derivarse más que de las leyes naturales, lo cual permitía una visión integral del uno y el todo, individual colectivo y Universo.

f) Cada ser humano que nacía, vivía y desarrollaba en un acuerdo común sin inhibiciones, más que las dictaminadas por su propia naturaleza personal.

g) El ser humano pensaba, se analizaba a sí mismo desde adentro; concebía, se forjaba como un ser dependiente de su yo personal en relación y proporción a sus semejantes, conjuntamente movidos, guiados o impulsados en las dimensiones tiempo - espacio en y de un mundo propio y ajeno, propio en el sentido del respeto a sus límites y alcances, ajeno a los riesgos que implica traspasarlos, lo cual involucra alterar las leyes naturales.

Tales situaciones sólo podían crear una cultura, una visión y concepción de un ser solidario y honesto consigo mismo y grupo (idea difícil de aceptar, más aún, compartir de la mayoría de humanos actuales), respetuosos del entorno natural, so pena de sufrir las consecuencias, incluyendo la muerte. Una sociedad desde el qué y cómo vivir era movido por tiempos y espacios en acuerdo con el devenir personal, grupal, circunstancial y época, viviéndolo y expresándolo cada uno según estado y circunstancias, compartiendo dolores y dichas, la palabra sufrimiento es ante todo creación relativamente reciente acondicionada por las religiones. Una concepción de la vida plena, porque se vivía para obtener únicamente lo necesario para cuerpo y alma, cualquier idea de atesoramiento fuera del conocimiento y experiencias era una carga para la libertad de la existencia. A partir del Mundo Antiguo, –en ocasiones y lugares, algunos grupos retoman o resurgen ciertos elementos de esas características internas, dando origen a épocas gloriosas, aunque en otras ocurre lo contrario– la estructura mental desarrollada es la individualista, un ser egoísta, que si bien patente desde hace milenios, el consumismo capitalista la ha ampliado y agudizado; el de la ignorancia personal por un conocimiento externo, muchas de la veces sectario, una ignorancia disfrazada de información ajena y datos que sirven entre otros para justificar una sociedad piramidal, legitimando como parte quienes gobiernan y los que obedecen, donde tanto unos como los otros no viven para sí, sino para el sí, bajo la creencia de un orden establecido cada vez más restringido, donde cada mortal es un simple apéndice de la estructura, una maquinaria hecha por el hombre, pero no para el ser, humano.

4. Lo Espiritual y la Religión

A ningún mortal, desde el más tosco hasta el refinado, le basta con nacer, desarrollarse, reproducirse y morir. Todos en menor o mayor medida buscamos algo que traspase la vida biológica - material; una plenitud, para muchos, llamada felicidad, tarea lograda por pocos. Sin saberlo, quizá sea esa la razón de estar en este mundo. Sea cualesquiera el motivo de la existencia, es una labor concerniente a cada ser humano, descubrirlo por sí solo, aunque ciertamente ayudado en ocasiones por algunos semejantes, pero sin pretensión de considerarse intermediaria entre la persona y Dios. O si se quiere, la salvación del alma, iniciada con una vida terrenal sin las miserias padecidas por muchos, es una labor individual, es decir, cada quien debe convertirse en su propio mesías, trabajo considerado para la mayoría casi imposible, entre otros, porque las religiones lo prohíben o condicionan, también, porque los poderes terrenales mundanos tienen planes diferentes para la humanidad.

La evolución entendida en cualquiera de sus variantes, incluye un proceso hacia cierta perfección. Sabemos, curiosamente al resto de especies podría considerárseles con un cierto entendimiento más o menos claro, se han ido adaptando, excepto nosotros, no únicamente por encontrar divergencias relacionadas a esto a lo largo de la historia, sino por la poca eficiencia, resultados para las mayorías, donde la prueba más tangible del presente, es ver a todo el mundo siempre en busca de la felicidad, el amor, que para muchos pareciera ser un mito, un sueño, una meta que nunca se logra plenamente. Hemos visto como el SFH busca establecer las bases para un mundo justo y solucionar muchos de los problemas que aquejan a la humanidad, y para de esta manera facilitar a cada persona una plenitud aceptable. No se pretende erradicar toda sinagoga, mezquita o templo, sencillamente todo religioso deberá integrarse a las Labores Sociales, y toda infraestructura religiosa pasará al cuidado de las polis para cualquier restauración y mantenimiento, mayormente conscientes del valor arquitectónico y otros, expresado y guardado en muchos de ellos a lo largo de milenios, continuando su papel en la apreciación estética e inspiración espiritual (claro, quien lo desee), y aunque el SFH no busca promover la construcción de más edificaciones religiosas, sino la cimentación espiritual de cada ser humano en sí mismo, pero tampoco que sean levantadas por medio de limosnas, dádivas o algo parecido al mercado profano de indulgencias, sino que el hombre conquiste el Cielo terrenal, antesala y peldaño del más allá, por los méritos de su transformación personal reflejada en este mundo, y de esa manera, las ceremonias en cada centro religioso sean presididas por quienes den los mejores testimonios, y erradicar el chantaje dogmático obligatorio de asistencia, limosnas, diezmos u otros, so pena de ser castigados o alejados de la gracia divina. Tampoco se pretende juzgar o alterar los textos y documentos sagrados elaborados a lo largo de siglos, al contrario, ponerlos a disposición del hombre en su edición más fidedigna para su estudio o inspiración, cada uno encuentre el tesoro histórico, poético, filosófico u otro como parte de su formación, pero nunca bajo una sola línea. En otras palabras, tanto *Los Vedas, La Biblia, El Corán* y resto de textos sagrados, incluyendo aquellos no reconocidos en el canon de las religiones institucionalizadas, enriquezcan mente y espíritu de la humanidad.

Parte de la belleza de lo espiritual radica precisamente en su dificultad, tal es la meta y precio que el mortal debe pagar por la máxima plenitud, por la verdadera contemplación y disfrute del Amor y la paz, cuyo único parámetro comparativo cercano, es la pasión del artista y hombre de ciencia en su entrega y sacrificio por descubrir la perfección y la verdad. Se ha escondido desde tiempos lejanos en dos principios: lo Inefable y lo Hermético. Lo inefable, es precisamente por escapar a cualquier expresión o concepto sensorial–mental, siendo manifestación de ello no únicamente los textos sagrados, sino los filosóficos y científicos, escritos a través de los milenios en un arduo intento por explicar lo Infinito, lo Inmortal, lo Perfecto, el Amor, consiguiendo únicamente algunos trazos o breves bosquejos, como *La Metafísica* de Aristóteles o el *Vagaba - Guita*. Lo Inefable no es más que una ligera aproximación al Todo Infinito y Eterno, y por tal, es inagotable, sin embargo, sólo puede iniciar una comprensión por quien lo vive, el acercamiento del Ser del Alma en lo Espiritual, cuyas principales manifestaciones son el Amor y la Paz, por lo tanto, escapan o pasan desapercibidos o inexplicables para el resto. De alguna manera, todo ser humano por lo menos una vez en la vida ha tenido mínimamente una experiencia similar, o siendo lo mismo, cualquier mortal posee la capacidad, el gran don de alcanzarlo, hacerlo suyo. Todo humano tiene el poder del alquimista, su propia piedra filosofal o Santo Grial, para transformarse de plomo a oro.

Es hermético por hallarse escondido, resguardado en cada uno de nosotros. Una inmensa luz transformada en diminuta chispa, un grano de mostaza, lo cual no basta con percibir sino de ardua y continua labor, alimentar y cuidar para crecer y producir frutos, pues el propio descubrimiento no basta, siendo manifestación de lo inefable, lo Infinito y Eterno, podemos o bien quedar como una gota sumergidos en un inmenso océano; no verlo o percibirlo, semejante a un fotón en un magno sol, o a la inversa, una chispa perdida en la profunda oscuridad. Es un conocimiento escondido profundo del Uno en el Ser, representado en la alegoría de la cueva platónica, y a la vez de su máxima excelencia, su percepción, aunque relacionado a lo científico - artístico, representado en los principios como desde la Maestría Griega: *Hombre, conócete a ti mismo*. El conocimiento externo, el científico – intelectual, siempre es parcial al enfocarse en una de las partes, su objeto de estudio de una o las diversas disciplinas por muy multidisciplinario que sea, y su máxima aportación es la teoría, la cual termina siempre destinada a pruebas, criticas, ser aprobada, refutada; muchas ya cambiadas o sobrepasadas, incluyendo las que han gozado por los mayores prestigios, incluso por milenios. Ningún conocimiento o verdad humana es total, siempre parcial. El conocimiento hermético del alma que conecta a Uno con el Espíritu Universal es en cambio total, por abarcar el todo de la persona, del sí para sí; un tesoro inagotable, el único capaz de llevar a la satisfacción fuera de lo material; la dicha, la clave de eso llamado felicidad en uno mismo, donde entre otros termina y descubre a la presentada y vendida por la banalidad material, de esa manera libera del infierno provocado por la ambición y codicia.

Una vez satisfechos los bienes básicos, biológicos - materiales por el SFH, promover y proveer las actividades artísticas, científicas y deportivas, cada persona será encargada, responsable de esa conquista en sus deberes cotidianos desde su familia, semejantes y planeta, en ese andar de la vida con todas sus alegrías y amarguras previstas, aunque en más de las veces fortuitas, de sus diversas etapas; si lo desea invocando al Creador del Universo, llamándolo como mejor lo sienta sea Brahama, YAHVE, Ala u otro, buscando la ayuda de los Espíritus Gigantes, los Grandes Maestros de la Humanidad sea Jesús, Khrisna, Buda u otro, donde el alcance de esa plenitud sea únicamente medida por sus frutos, conquistando ese mundo interno de cada uno, reinando sobre él para erradicar esa tosca creencia de un mundo de sufrimiento y resignación, creado para purgar pecados; ese infierno construido por religiones y poderes políticos para someter mortales, y así poder admirar y disfrutar del Paraíso encomendado, recordando las palabras del Nazareno: *Yo les digo, Ustedes son dioses.*

Inefable y hermético, son inseparables porque no se puede describir lo desconocido, oculto en las profundidades del alma, a la vez semejante a un tesoro o tenue luz que se incrementa conforme se adentra, cuando se cree tener un grado de desciframiento, se descubre la ignorancia precedida pero sobre todo consecuente, al vislumbrarse en un largo túnel percibiendo una irradiación al final, quedando cortas las palabras ante las primeras experiencias pudiendo emitir sólo atributos como paz, compasión y comprensión, luego amor. Lo es porque todo ser humano nace con ello, producto de la gracia divina, y del legado y desarrollo evolutivo guardado en los genes, lo cual incluye entre otros conocimientos y experiencias, específicamente aquellas que han moldeado, ayudado a superar pruebas de supervivencia, por lo tanto se relacionan con la esencia de las cosas, y como esencia es correlativo a lo puro, esto nos lleva a lo sagrado, es decir, pureza y sacro van de la mano, pero al nacer en un mundo corroído, va adquiriendo su cobertura una mayor rigidez, pero percibidle y distinguida en la infancia.

Es entonces la tarea más importante con la que el ser humano ha nacido desde hace milenios, y por supuesto mayor ignorada a pesar de los caminos trazados por los Grandes Maestros, en parte porque algunos de sus "seguidores" terminaron convirtiéndolas en las conocidas religiones institucionalizadas. La crítica hecha por muchos respecto al hermetismo, es debido al profano en sus diversas manifestaciones, no únicamente el político demagogo, el líder adulador o el fanático religioso, sino la misma pereza, vicios y pasiones instintivas; el aterramiento a enfrentarse a sí mismo, reconocerse y enfrentarse en la intimidad de la soledad, mayormente al mortal promedio contemporáneo perdido entre muchedumbres y jungla material y electrónica, ya descrita y criticada por muchos como Fromm y Freud. Solamente en la intimidad del Uno con el Ser, el Íntegro con el Todo puede darse el acceso al rompimiento paulatino de esas cadenas, encontrar la sutil diferencia entre información y conocimiento, puerta a la sabiduría; entre el sentimentalismo, muchas veces chantajista, y el amor puro; entre las pasiones instintivas, promovidas y vendidas en todas partes y cualquier precio, como las sexuales, los vicios; ese mercado vasto donde muchos sacrifican familias, vidas y propia dignidad, y el discernimiento de esa fuerza inquebrantable que puede llevar a grandes proezas, incluyendo las mieles de la dicha sexual plena, libre de tanto prejuicio.

En fin, hermético e inefable por la sencilla razón de encontrarse escondido en cada uno de nosotros, porque los medios para descubrirlo y experimentarlo son varios, debido a la naturaleza y circunstancias de cada persona; al ser un encuentro y descubrimiento del Ser en sí y para sí, será diverso para cada mortal; al presentarse como una manifestación de lo Infinito y Eterno, cada quien lo vivirá en el grado de plenitud deseado, pero al ser una experiencia pura, sagrada, permitirá al individuo erradicar el papel de pobre diablo para empezar a convertirse en dios, pero con todo, será solamente una ligera percepción, del acercamiento que nos lleva a Dios.

5. Los Incentivos y la Estructura Mental

Estamos acercándonos al final de nuestro trabajo, quedando posterior a este apartado la transición y la visión general, por ello el presente pretende en parte, resumir y aclarar un poco más lo que se ha expuesto. Llamemos incentivos, a las fuerzas que motivan u obligan a actuar, eso que algunos designarían el motor de la historia humana y parte del proceso evolutivo. El hombre actual, sin duda, lo denominaría inmediatamente la economía, específicamente el dinero.

Esas fuerzas que nos han moldeado son internas y externas, de cada individuo y la especie. Las personales porque cada uno las necesita, y siendo una serie de los mismos elementos que nos hacen compatibles con el grupo donde evolucionamos, aunque después esa aglomeración se haya dividido entre explotadores y explotados, así como entre los diversos conjuntos que a lo largo de la historia han convivido o luchado, pero en cualquiera de los casos, ambos son requeridos. Podría definirse como una relación y competencia natural desde el individuo – organismo, grupo o grupos. La energía empleada va en principio encaminada a cubrir dos necesidades fundamentales, siendo la primera biológica, primordialmente alimento, luego la reproducción, y la segunda es psíquica, principalmente la socialización, requerida por todo ser vivo, el comunicarse o al menos no sentirse solo, y dentro ello mismo la aglomeración otorga el sentido de protección, no solamente en un grupo solidario, incluso entre explotadores y explotados, pues el que somete sabe que necesita del otro, a la vez es común que los subyugados crean no prescindir de quienes los explotan. Estas partes, biológica y psíquica social, son movidas por fuerzas químicas y físicas tanto del cuerpo como del cerebro, lo cual no quiere decir que sean procesos neuronales - racionales, son simplemente características de los seres vivos, lo cual podría definirse todavía como una relación - realización de la vida natural. Son y no del hombre, o deberíamos decir, deberían estar en ese estado intermedio que separa del resto de especies, superarlo para vivir y realizarnos dentro del peldaño separativo de la barbarie, sin tomarlo en sentido peyorativo, porque los mamíferos superiores también presentan características nuestras. Lo son porque forman parte de nuestra constitución más primitiva, a la satisfacción de los instintos, al placer del comer, beber y el sexo, siendo la concretización biológica de las percepciones externas del olfato, oído y visión para materializarse en el tacto y finalmente en los órganos internos; siendo pues, la expresión de vida biológica por excelencia. Para que el individuo y/o grupo - organismo pueda llevarlo a cabo, requiere de un segundo placer o más específicamente realización psíquica, base de seguridad otorgada por la socialización y protección, sustentados en el conocimiento personal y colectivo, lo cual empieza a ser una realización más allá de lo biológico para convertirse del alma, al otorgar al grupo un estado de paz, para el que de hecho trabaja, para lo cual expone incluso la vida; es enfocado a la búsqueda de esa situación armoniosa, principio de la contemplación. Todos buscamos, una vez complacidas las necesidades corporales, la satisfacción del alma, pero sobre todo la del Ser, lo espiritual, lo cual podría considerarse en relación con el cuarto elemento, un peldaño de superación.

El lector seguramente estará preguntándose, el por qué nuestra parte salvaje debería haber sido ya superada, cuando en ocasiones parece predominar o incrementarse. Ante todo, porque en nuestro proceso evolutivo si bien la inteligencia jugó un papel, muchas de las veces superior a la fuerza, otras han prevalecido los instintos. Con todo, la violencia no es característica que defina al resto de primates superiores, ya mencionado. Por otra parte, toda especie guarda genéticamente caracteres defensivos, destructivos, producto del instinto de supervivencia, sólo para ser usados en circunstancias extremas y en el caso humano ha sido manipulado. Viéndolo un poco más de cerca, de acuerdo a las pruebas paleontológicas y biológicas, la vida en los árboles por millones de años fue relativamente pacífica. Al bajar de ellos lo hicimos en busca de alimento, frutos, no carne, siendo una actitud pasiva defensiva la que nos movió por largo tiempo. Aun entre los *australopitecos*, había especies especializadas en cierta dieta vegetariana, lo cual junto a las grandes extensiones de África, podía ofrecer oportunidades para todos, y aunque sin descartar la lucha entre ellos, no era eso para lo que vivían, a nadie se le garantizaba la victoria, además de guardar las energías para la obtención de alimento y defensa de predadores, el *homo* seguía siendo presa como parte de la cadena alimenticia; sencillamente éramos incompetentes para confrontar o luchar contra otras especies. Por ende, gran parte de nuestra evolución no estuvo marcada por una lucha entre grupos o contra otras especies, de haber sido así, habríamos desarrollado garras y colmillos, en cambio sí constituimos una inteligencia diferente, la cual ha sido nuestra principal guía evolutiva. Nuestra construcción fue marcada por una transformación biológica - psíquica, primero por el bipedismo-nomadismo, luego a partir del *homo habilis,* contra todo tipo de adversidades de un mundo dinámico, lo cual motivó y obligó a ir superando los retos fortuitos al paso del tiempo y espacio, quedando patentado por los testimonios fósiles y paleontológicos desde el hacha de mano, uso del fuego, confección de vestimenta, herramientas de caza, etc., lo cual solamente puede hablar de un largo recorrido de superación personal, una hazaña de nuestra especie que a pesar de lo endeble, pudimos llegar a lo que somos.

Ciertamente, al convertirnos en cazadores, la fuerza adquirió un papel complementario importante evolutivo. Pero toda esa energía era usada bajo una voluntad objetiva, ninguna especie emplea tanta energía en algo banal, mucho menos arriesga la vida en ello, y tales actividades carecen de cualquier elemento destructivo, menos aún del sentimiento de odio, no se puede abominar ni destruir lo que alimenta, da vida, al contrario, se respeta y nosotros hemos llegado incluso a venerarlo. Así, los tres primeros incentivos que mueven a luchar o trabajar por la existencia son la fuerza, sea instintiva o voluntaria, lo afectivo por ser un primate endeble que requiere de largos periodos de dependencia y protección, de una familia y grupo, y lo psíquico, esa inteligencia particular ya sea dirigida por procesos objetivos - racionales o ficticios. Estas tres líneas evolutivas actuaron por millones de años bajos tres objetivos claros: alimento, abrigo y entorno. Al igual que resto de especies al obtenerlo (comida, lugar de descanso y resguardo, un entorno con recursos alejado de depredadores, nos otorga ese estado de paz, que de acuerdo a nuestra inteligencia permitía pensar, imaginar, crear, siempre en relación hombre – naturaleza). Al principio del proceso sedentario, fueron los mismos lineamientos naturales: tierras de cultivo y pastoreo y fuentes de agua, luego el lugar debió cambiar por una estrategia diferente; centro político, económico o de protección. La situación inició a alterarse más cuando la aparente producción garantizada del cultivo, precisamente por ello, deja de ser prioridad de búsqueda, trabajo, en cambio aparecen nuevos elementos de aparente valor especial, su uso o posesión como materia prima, complemento o uso corporal se va vistiendo como primario, a motivar luego obligar a su obtención, a impregnar la mente con un sello peculiar: metales, sal, seda, especias, piedras, cacao, plumas, etc.; ocurre porque la colectividad requiere la búsqueda de algo en común, particular, pero con la diferencia que anteriormente el grupo lo hacía por el desplazamiento nómada del entorno natural, ahora el algo nuevo comúnmente provenía de otros lugares, no brotaba de la tierra como el trigo que arraigaba al hombre; inconscientemente el ser humano deja de buscar, de ser recolector y cazador para irse transformando en algo parecido a presa, aspira a tener la cosa, su arribo, y la llegada es siempre restringida, la convierte en algo valioso e inicia la devaluación y control humano por la cosa, a un deseo de obtención que se arraiga únicamente en la mente, incitando u obligando a trabajar o luchar por ello, convirtiéndose en una fuerza ficticia siempre latente que actúa no únicamente en el cerebro. Efectivamente, su obtención puede transformarse en alimento u otro; inicia a encarnarse como un dios todo poderoso para el hombre.

A pesar de todo este poder, nunca había adquirido la magnitud creada por el capitalismo, por la restricción de las modalidades del valor de cambio previas, particularmente el oro y la plata. Intentemos llegar a nuestros objetivos. Durante el proceso histórico, los cuatro incentivos que permitieron nuestra evolución (el cuarto, el más tardío, el sublime, el espiritual, donde se incluyen las ciencias y las artes) se redujeron a dos con variantes en forma y contenido. A partir del sedentarismo, la primera forma de obtener lo que otros tienen y uno carece, al menos como causa principal originaria cuando las cosechas fallan o el nómada busca un medio fácil, es la lucha, lo cual ocurre no únicamente entre grupos ajenos sino dentro uno homogéneo, pues el trabajo colectivo fue dejando de existir, por lo tanto la fuerza voluntaria se va transformando en instintiva contra seres semejantes, a la vez frente a otras especies y naturaleza, que al dar resultados positivos para el vencedor, la destrucción y sometimiento, se consagran para la mente como medios de obtención de vida, y simplemente es cuestión de tiempo para legitimarse por todos. Al carecer el valor de cambio de una forma definitiva, debido a la plasticidad de la mente, esa metamorfosis que todo lo puede, adquiere tantas vestimentas como sea posible en cosas o sujetos, y sencillamente si es un poder subjetivo, al requerir de una manifestación terrenal se va exteriorizando en cualquier poder factico político, económico o religioso, el cual debe dar cierta cuenta de legitimación en sus dos vertientes, la subjetiva por leyes, decretos, ritos, dogmas, códigos, símbolos, etc., y la fuerza: ejércitos y policía.

a) La errónea idea de la economía, como sustento del desarrollo humano y otros aspectos.

Recordando, al ser el hombre parte de un proceso evolutivo, al existir incentivos básicos para toda especie, excepto nosotros que requerimos algo más de lo biológico, y para que ello ocurra únicamente se requiere de las condiciones naturales del entorno, tiempos y ciclos de lo mismo y etapas de individuos, y las capacidades de los integrantes para conseguirlas. Dichas leyes continúan imperantes, incluyendo en gran medida los pocos pueblos primitivos, y algunas familias y personas, excepto para el resto de la humanidad. Para estos últimos, continúan vigentes ideas como el positivismo y su tosco eslogan del orden y progreso; el materialismo histórico postulando la lucha de clases como uno de los motores (ya visto en otras partes), y la base estructural mental que crea la infraestructura material, con la cual, estamos de acuerdo, en parte.

Nuevamente y como lo hemos venido reiterando, los procesos en que se fueron construyendo las estructuras mentales de explotación humana, desde los fetiches del chaman hasta los actuales símbolos del estado nación y otros, para llevar a cabo nuestra propuesta, son requeridas dos bases:

1. Que se lleven a cabo los procesos naturales de las diversas especies, desde los organismos simples hasta los complejos, en la satisfacción de sus necesidades, dentro los dictámenes de ciclos o eras geológicas y universales, cuyas leyes escapan al control de las especies de este planeta.

2. Que el ser humano, como producto y parte de lo anterior, cohabite en la mejor armonía posible, desarrollando y aplicando todas sus potencialidades en y para la satisfacción únicamente de sus necesidades naturales básicas, e ir en la medida de lo posible, reinvirtiendo los daños causados por él mismo y reparando su sustento de vida, ya que al ser solamente una de tantas especies, y su sobre explotación y acaparamiento de hábitats y recursos; pero sobre todo, por las falsas creencias e ideas, tales como la economía, lo ponen en grave peligro.

Para poder equilibrar el orden de las leyes universales, por nuestra sobrepoblación y demás factores, requerimos un proceso importante, (nuevamente):

1. Erradicar la errónea idea, de la economía como base y motor de la existencia y desarrollo humano, por la sencilla razón: por millones de años evolucionamos y vivimos sin ella.

2. Desterrar la conceptualización actual de poderes, gobiernos, instituciones o constituciones, inalterables para gobernar pueblos, ciudades o naciones, sin importar origen o configuración (monarquías, "historias nacionales", "designios divinos", revoluciones, constituciones, etc.) no únicamente por lo del párrafo anterior, sino porque cada ser humano es y fue hecho:

a) Para un autogobierno único, sustentado en un desarrollo y autoconocimiento, consciencia de sus propias potencialidades, límites y alcances, dentro los márgenes de las leyes naturales – universales, vistos en las dos primeras bases.

b) Para que tal madurez de consciencia se lleve a cabo, cada persona debe comprenderse como un ente tanto de grados de potencialidad y límite, poderoso – endeble; imprescindible de un hábitat natural, a la vez político y social sano, una familia y grupo de congéneres y resto de seres humanos, para poder lograrlo.

c) Está llamado, fue creado para una vida plena, la cual se consigue en la medida que desarrolle y explote sus capacidades, en conjunto y armonía, dentro de las dos primeras bases, por lo tanto.

d) Debe hacerlo en una escala organizativa de derechos y obligaciones, dentro los procesos y tiempos de edad, experiencia y aprendizaje, pero sobre todo capacidades propias.

Para que esto pueda llevarse a cabo.

3. Las diversas escalas organizativas, no son gobiernos o poderes:

a) Es una serie de comisiones de acuerdo a las circunstancias geográficas y poblacionales.

b) Tales comisiones, parcial o total, aunque son designadas por periodos específicos, pueden ser cambiados o reestructurados si dentro del proceso se muestra incapacidad o falta de experiencia, corrupción u otro.

c) Aunque existen reglamentos específicos para las variadas comisiones, éstas pueden ser modificadas para una mejor adaptabilidad de su funcionalidad, según necesidades o circunstancias.

d) Por lo tanto, las personas, ya por iniciativa propia o propuestas llegadas a dichos cargos, lo hacen bajo la consciencia de ser parte de sus obligaciones, búsqueda de experiencias; les permitan descubrir y explotar sus potencialidades o ideales para la construcción de un mundo mejor. Incluye entonces, entre otros, un desafío y vocación.

4. La simple idea de gobierno o poder, guarda y crea en sí mismo un sentimiento autocrático, egoísta y por ende se antagoniza frente a sí mismo y otros; miedo, inseguridad, impotencia y prepotencia, por ello, las diversas creencias en que se ha envestido para resguardarse, imponerse, atacar y explotar. La idea de gobierno o poder, en el sentido público, desparece.

5. La fuerza física, al ser resultado de leyes y fenómenos naturales (gravedad, inercia, causa – efecto, etc.), luego instintos que condicionan o determinan el psíquico. Aunque ambas pueden ser acumulativas hasta un punto crítico de resistencia, las psíquicas pueden ser moldeadas, pero en ninguna especie, excepto nosotros, por su complejidad ha creado los modelos organizativos de cierto desarrollo, de acuerdo, pero también de explotación, lo cual tiene solamente una base: el miedo. Este temor, sea por poseer una estructura mental (ideológica, dogmática u otra), basada incluso sobre principios naturales o lógicos, constituyendo los medios para su funcionamiento, lo cual ha justificado la fuerza o exterminio contra cualquier subversión, se ha convertido en un eje fundamental, sea porque quedó lo suficiente sellado en la mente, temor a la represión, la ignorancia; pero sobre todo, ha sido visto como el único medio de existencia social, sea cualesquiera su envestidura a lo largo de la historia. Pero pensamos que el género humano, ha llegado a la suficiente madurez de consciencia, para erradicar tales creencias, aunque bien continúa conceptuando que hay "seres divinos," enviados para gobernar o las escasas monarquías prevalecientes, siguen existiendo otros como la "democracia"; esa tosca idea del gobierno del pueblo, o al menos la mayoría (en casi todos los casos). Pero esta creencia (la democracia) ya se encuentra lo suficientemente en crisis como para darle importancia. No obstante, aún hay otros, que merecen un poco más de atención: el nacionalismo y la religión.

a) La nacionalidad. Ya lo vimos atrás, y solamente habría de añadir: Este sentir, es producto del remoto sentimiento de un lugar determinado de procedencia, como el experimentado por las tortugas marinas o el salmón, y en nuestro caso también se añadió el del espacio temporal de los árboles, luego de la cueva, guarida, posteriormente aldea a donde deberíamos regresar o reunirnos, pero más que el espacio, ya que hasta la aldea adquirió cierta permanencia, lo era el núcleo de vida producido por el grupo (convivencia, seguridad, familia, reproducción.) Por otra parte, la elección del lugar, lo cual no era al azar, dependía de sus características, implicando en ello entonces un conocimiento mutuo entre hombre – entorno natural, muy ajenos o diferentes a los impuestos por el régimen actual, y más aún al de nuestra experiencia nómada. Por otro lado, la nacionalidad también se compra y vende, según necesidades o intereses de individuos o el Estado. Si se experimenta un sentimiento de nostalgia al estar fuera del lugar de origen, no específicamente país, es eso, la inseguridad producida por el alejamiento del núcleo de vida (familia, grupo, entorno inmediato), fenómeno presentado no únicamente fuera de un país, sino en mismas regiones, ciudades o incluso familias. Es claro que el régimen ha utilizado esos elementos para encasillarlos en los creados por los suyos, ya sutilmente o por la fuerza y fronteras, junto a otras mezcolanzas como el fut bol, pero como de su propiedad, obteniendo jugosas ganancias.

b) Las religiones. El fenómeno mundial actual, de una crisis espiritual, ya se ha presentado en el pasado. Entre algunos ejemplos, el de estructuras jerárquicas que intentan "renovarse" como el catolicismo; el de grupos extremistas tratando de imponerse a la fuerza, tal es el caso de ISIS; o del Estado contra la religión como ocurre en Irán. El resultado es el mismo, el poder religioso institucionalizado que no responde a las necesidades de sus fieles, por lo que en muchos casos éstos buscan mitigar su sed en otras religiones, regresando a rituales antiguos, experimentando exóticos o los que se ponen "de moda", o metódicos – filosóficos como el yoga; sin faltar los muchos que caen en las trampas del materialismo y placeres mundanos. Los cuales no representan muchos problemas, en comparación al fanatismo intolerante buscando exterminar otros dioses, pueblos o grupos, o imponer los suyos. Otro problema a considerar para la libertad del hombre, son las estructuras o remanentes mentales e infraestructuras que continúan encadenándolo, como el Vaticano; lugares considerados epicentros de poder espiritual – terrenal como la Meca y Jerusalén; y algunas sectas con la suficiente rigidez de cohesión, sea abierta (testigos de Jehová) o cerrada (masones). La religión es entonces una analogía, una similitud del poder político del Estado, pues se sustenta tanto en estructuras mentales como infraestructuras materiales, poseedores de un reino sobre todo terrenal, con la mucha o suficiente claridad manifiesta al mortal; una despejada auto representación entre lo divino y el hombre, envestido con variados ropajes atribuyéndose entre otros, una verdad única y eterna. Pero a diferencia del poder terrenal que a la gente se le representa sin velo, o, en otras palabras, la corrupción, ineptitud o represión brillan a todas luces, y obviamente sin la envestidura inviolable de divinidad, puede ser sin muchos problemas castigado o derrocado; el religioso se cubre con un velo, inexorable, vetado para muchos mortales, pudiéndolos convertir en briosos cabríos ("mártires") o mansos corderos, o al menos imponer una actitud de aceptación o resignación.

Ante tal panorama y circunstancias, la mejor alternativa es la misma, nos referimos, a que tanto el poder político como el religioso presentan bases similares, la solución es: la capacidad autónoma del hombre; la libertad para una autorrealización en el plano terrenal como espiritual; con una consciencia de la conquista de la felicidad, salvación, nirvana u otro es personal; la existencia de más de una fluente, conectada a varios caminos (el de cada uno, según sus características, circunstancias y contexto) que aunadas al del género humano, conducen a un solo Dios (Brahma, Yahvé, Ala, etc.), guiados o inspirados por diversos modelos (Jesús, Buda, Khrisna, Mahoma, u otro). Esto ya lo vimos anteriormente, había que repetirlo, así como la manera en que se sustenta parte de su poder terrenal, sobre todo, permitirle al hombre que por él mismo puede empezar a vislumbrar el otro lado de ese velo impuesto, para contemplar con mayor claridad esa luz escondida, del suyo. Por otra parte, y relacionado al nacionalismo, la fe ha sido también una especie de mercancía, y como ejemplo, tenemos el dicho popular: "Primero está comer, que ser cristiano".

Hemos sido moldeados para vivir por fuerzas reales y subjetivas, tanto por los contextos geográficos y circunstancias, así como nuestro peculiar desarrollo biológico – psíquico, con ese detalle de búsqueda y expresiones artísticas, luego un pensamiento y lenguaje más lógico y sistemático, fueron fundamentales para construir los que somos, pero atrapados en nuestra propia maraña por ese elemento sutil, que en los principios históricos, una parte inició una distorsión, y crear fuerzas subjetivas de dependencia, algo diferente a lo prehistórico: la usurpación. Paradoja: fuimos atrapados en una parte de nuestra estructura mental. El movimiento nómada, creando diversos grupos lo puede explicar, pero sólo en parte, tal y como puede apreciarse entre algunos mamíferos superiores de la misma especie, ejemplo los cretáceos, donde cada grupo desarrolla su propio lenguaje, al igual nosotros que además creamos dioses, y al paso del tiempo al irse uniendo o sometiendo se va construyendo uno tanto más homogéneo como poderoso, una estructura mental. En esa parte también se edifican ideas, como se solía pensar que el sustento de vida dependía de nuestras relaciones con los dioses, y aunque en la actualidad muchos lo continúan criticando, en un futuro próximo, se hará lo mismo con el presente, viendo el Estado y el dinero, de la misma manera.

b) La Estructura Mental.

Únicamente en parte, la estructura mental, "no se crea ni se destruye, sólo se transforma", ya que los seres humanos la requerimos, sea inculcada o impuesta, bajo enseñanzas lógicas y éticas, o a fuerza de espada; así como a lo largo de la prehistoria, pero también parte de la historia, de acuerdo a las circunstancias y características geográficas, sociales y culturales. Siempre mezclándose los factores reales y subjetivos, teniendo presentes capacidades y conscientes de las necesidades, contando con inteligencia, fuerza y otros medios, pero también desde los tiempos remotos, la creencia en fuerzas sobrenaturales.

Esta última parte (fuerzas sobrenaturales), encierra dos elementos factibles y subjetivos, por la dualidad de contrarios, que desde hace tiempo fueron tomando forma sobre todo antagónicos (vida – muerte, bueno – malo, lluvia – sequía, etc.), uniéndose, distanciándose o anteponiéndose uno sobre otro. Según los casos, ambos presentan certeza y confianza, o miedo e incertidumbre: una ambivalencia. En ello entran los patrones predeterminados, donde la experiencia juega un papel importante, habiendo otorgado ya un conocimiento implícito y explícito de capacidades y entornos, pero también siempre se encuentran latentes nuestra capacidad creativa de novedades, búsquedas, expectativas donde comúnmente aparece más de una opción, en lo cual influyen y ocasiones determinan los líderes, las teorías o creencias, fuerzas propias y grupales, del entorno, alrededores y enemigos; siendo cualesquiera, latente con un grado de incertidumbre, de miedo, poniendo a prueba a la persona, grupo o sociedad, valorando lo viable, circunstancias o grado de exigencia, lo cual muchas veces la madures social lo motiva u obliga a dar el paso, cautela o retroceder, dependiendo de sus facultades y madures formativa.

Así como toda palabra, acción u obra material se forma primero internamente, de manera equivalente lo hace la estructura mental, excepto claro, por su mayor complejidad. Semejante y parafraseando a Foucault y Braudel, una vez cimentado el germen, crea un "episteme", que tiene una vigencia en la larga duración, ya que puede en los diferentes niveles de superficies de tiempo y espacio, presentarse diversos vaivenes, matices e incluso crisis, ésta puede permanecer en su esencia inalterable. Como ya lo hemos dicho en varias partes, una porción importante del "episteme" o fetiche lo encarnan o representan símbolos humanos y/o plásticos, personificando ese poder sobrenatural. Entre sus fuerzas internas motrices, aparte del instinto de supervivencia, puede haber incluso valores que imponen la inteligencia sobre la fuerza, como fue el caso de Grecia ante Persia, o incluso el de Roma cuando a punto de sucumbir frente a Cartago, apareció Escipión; aunque el vicio que más se ha presentado ha sido el de la ambición. Tal estructura, al estar sustentaba sobre tales bases diversas, y al existir siempre grados de desigualdad social y los elementos antagónicos internos y externos, en sus diversas maneras, o la misma corrupción y/o ineptitud de gobernantes, la estructura nunca puede prescindir de la incertidumbre, el miedo.

Repasemos nueva y rápidamente las características del dinero, la estructura mental capitalista, siendo la que aquí nos interesa, pero también las del Talento.

El dinero.

–Se presenta como medio y fin de sí mismo; como valor de uso y cambio.

–Aparece como único medio de obtención de cualquier tipo de bienes: reales, subjetivos, placeres. En apariencia, todo, o casi todo lo consigue.

–Posee un poder subjetivo acumulativo de riqueza sin límite.

–Adquiere una plasticidad, fuerza transitiva, transmutable variada desde medios electrónicos, tarjetas, cheques, divisas, etc.

a) Sin embargo, su vida depende:

–De una continua producción, explotación y sobre explotación de recursos naturales, humanos y medios de producción.

–Que dicha producción y sobre producción, no sea encausada a la satisfacción de necesidades reales de las mayorías, sino aquellas que le permitan su continua permanencia, es decir, su propia fuerza subjetiva.

–De un continuo crecimiento de infraestructuras, productos, mercancías y supuestas innovaciones o avances, según su discurso, son encausados al bienestar humano.

–Una permanente oferta y demanda de bienes y servicios, reales y subjetivos, para su propio sustento; un consumismo insaciable, perverso.

b) Para que la estructura mental funcione y se le garantice su dominio, requiere.

–Toda una infraestructura de regímenes de gobiernos, sin importar la denominación.

–Una infraestructura y estructura mental jurídica.

–Una especie de "episteme universal"; planes educativos, donde aparecen elementos sublimes como la democracia, igualdad o libertad.

c) En caso de que las anteriores fallen o no convenzan.

–Todo el aparato represivo y control de servicios de inteligencia, ejércitos, policía; cambios o alteración de gobiernos, leyes o incluso de su "episteme".

Bien, creemos innecesario repasar los puntos vulnerables del capitalismo y su actual crisis interna y externa.

El Talento.

–Sólo funciona como medio y valor de cambio.

–Pero en cuanto tal, restringido de bienes y servicios.

–Posee límite de acumulación y vigencia.

–Transitivo sin barreras geográficas o políticas a su misma equivalencia, y uso moderado en otros medios como tarjetas.

a) Para su emisión.

–Se emite solamente la cantidad necesaria para sus fines, independientemente de cualquier producción.

–Su valor de cambio depende de las facultades humanas, pues en determinados casos, su uso puede quedar restringido y/o nulo, temporal o parcialmente.

–No existe oferta y demanda, en el sentido de comercialización de divisas, productiva, comercio o de servicios.

b) Al estar bajo el control del hombre.

–No se requiere una continua explotación de recursos naturales ni del hombre.

–Carece de un permanente movimiento auto regenerativo o acumulativo.

Por lo tanto, tales características convierten al Talento en una herramienta para servir al hombre, y como tal puede tomar control sobre ello, y no a la inversa; menos aún convertirlo en un fin en sí mismo, lo cual proporciona al ser humano mayor autonomía. Es verdad que, para el hombre promedio, acostumbrado a estar sometido a las ideas dominantes de tantos siglos, el concebir un instrumento como el Talento, en un principio le será difícil, pero también la experiencia nos muestra, que las crisis son campos propicios para destruir, alterar o cambiar modelos de vida, estructuras mentales; de evolucionar.

c) El peldaño de superación.

Los cuatro estímulos, o fuerzas que mueven (físico – químico, biológico – fisiológicas, psíquicas y culturales –espirituales), internas y externas, conscientes e inconscientes, personales y colectivas. Enfoquémonos en las últimas, las cuales al ser influenciadas y en ocasiones determinadas por los contornos, valores, creencias y conocimientos, componiéndose en menor o mayor medida de elementos lógicos y subjetivos. Los valores, guardan un funcionamiento parecido al de un catalizador de diversos grados implícitos y/o explícitos, lo siguiente: una especie de renacimiento, un credo religioso, una personalidad o tendencia científica y artística, y su estructura sociopolítica y económica. Habiendo visto ya tres de ellos, observemos el que falta.

Renacimiento. Relacionado al surgido en el norte de Italia en los siglos XV y XVI. Se ha presentado a lo largo de la historia de diversas maneras, como en el Imperio Nuevo del antiguo Egipto que evocaba el Imperio Antiguo, los aztecas invocando la grandeza de Teotihuacán, y los diversos actos a lo largo del planeta donde se apelan o recuerdan hechos, hazañas o personajes de un pasado cercano o remoto; luctuoso o festivo, derrota o victoria, vida o muerte. Estos rituales programados o no, masivos, grupales o personales, continuos o eventuales, sabemos, guardan entre otros, el dar una explicación o sentido a la vida, conjugando siempre el presente con el pasado, incluso el futuro. Desde la perspectiva del mortal promedio de cualquier lugar y época, esto es lo más esencial, no pudiendo iniciar un nuevo día, proyecto, periodo o época, partiendo de la nada absoluta.

Este movimiento, presentado de diversas maneras, cíclicas, dialécticas, encierra entonces una continua y variante permanencia y renovación, lo viejo y lo nuevo, la vida y la muerte. Tal tendencia de aferrarse a algo y a la vez rechazarlo, o buscar novedades, se explica, (ya hecho en otras partes) por las leyes y fenómenos universales (atracción – repulsión, fenómenos físicos, la renovación continua de nuestras células, etc.), lo cual aclara también parcialmente la incertidumbre y el miedo; la certeza ofrecida por el presente y lo viejo, sin importar como sea, y el reto que implica lo nuevo. Pero este Renacimiento guarda la esencia, o al menos parte de ella, de la vida perpetua, pues si ella no se regenerara a sí misma no sería existencia, carecería del ser. Diríamos que parte del enigma es la renovación continua, morir para vivir. Encontrar o descubrir al menos parte de ese elemento, no es tarea fácil, pero si se pueden hallar pistas. Unos son los modelos de excelencia y perfección, porque el Universo, la vida en su esencia más pura lo son; y fue parte de lo tomado por los renacentistas italianos, para lograr sus hazañas artísticas y científicas, así como la nueva manera de ver y concebir la vida. Pero el mejor ejemplo, es el de la experiencia humana, de los diversos pueblos y épocas en las crisis más agudas, sean sociopolíticas, naturales, espirituales, siendo pautas para enterrar lo viejo y reinventarse. Es el Ave Fénix del Alma, el Espíritu Humano. Cuando este elemento de la estructura mental se encuentra en su apogeo, su germen lo suficiente enraizado, o en decadencia, se levanta o sucumbe para renovarse; nos muestra a masas humanas trabajando para levantar las pirámides de Egipto o la Muralla China; muchedumbres de siervos sirviendo y sosteniendo al clero y nobleza; ejércitos siguiendo a Alejandro Magno o Napoleón para autoerigirse emperadores; a Colón o Cortes para descubrir o conquistar nuevos mundos, para ponerlos a los pies de la corona española; musulmanes y cruzados en "guerras santas"; estadounidenses y soviéticos en una carrera armamentista, "conquista del espacio" y crueles luchas por imponer su "verdad ideológica"; contingentes humanos en una ardua lucha por conseguir estatus, fama y placeres, pero sobre todo, dinero; etc. Sea en épocas de apogeo, decadencia, surgimiento o crisis, generalmente no se escatiman trabajo, tiempo, recursos naturales, ni la vida del hombre. En los ejemplos mencionados, podemos presenciar cinco elementos.

1. Se presenta como medio y fin colectivo. Lo es por ser característica de cualquier grupo o especie, incluso la célula o el individuo – organismo. Es la plena consciencia de la necesidad y dependencia mutua, las partes y el todo. Sea cualquiera, es requerido un orden o jerarquía de deberes y obligaciones.

2. Héroe o líder. Si bien el primero podría representar el conjunto de células u órganos, el segundo sería el cerebro. Este último, es sólo un órgano o personaje de características

determinadas, del cual en gran medida depende el éxito o el fracaso, por lo tanto, su cambio o modificación es más fácil para la colectividad, a diferencia del primero porque el heroísmo es algo presente, tanto en lo personal como colectivo, con mayores variaciones, latentes como lejanas en la consciencia y memoria colectiva.

3. Valores. Al ser cualquier colectividad heterogénea, con diversas actividades, ello crea una escala de medición para calificar las acciones realizadas, sea separadas, combinadas o en conjunto. El cuerpo humano, su alma lo explica en sus tres principales manifestaciones: fuerza (pasión), afecto (sentimientos) e inteligencia (sabiduría). De igual manera en lo social, por lo regular prevalecen tres valores principales, de donde depende la fortaleza grupal: la fuerza, la inteligencia y la lealtad.

4. El elemento sobrenatural o divino. Desde tiempos remotos, cuando dio inicio nuestra dependencia de algo propio y ajeno, el hacha de mano, luego la lanza, lo elementos, los astros, etc., nuestra mente requiere, busca ese algo que posee y a la vez parece escapársele; un requerimiento para compensar sus carencias y una explicación de lo mismo; lo propio y ajeno, lo percibidle y abstracto, lo conocido y lo que ignora. Este es nuestro principal punto de atención, dentro de la estructura mental, por lo tanto, intentaremos abordar con un poco más de detalles adelante.

5. Dinámica de niveles. La colectividad es a la vez una expresión de sus diversas características, de cada una de las partes y el todo; lo interno y externo, propias y ajenas; tangibles y no. Cada integrante encierra sus propias necesidades y aspiraciones, cada grupo y la colectividad el suyo, y el líder el propio. En mayor o menor medida, todos aportan, exponen o sacrifican algo o todo, para la realización o satisfacción de todos y cada uno, sea una necesidad real, una satisfacción de placer corporal o reconocimiento a sus méritos, o bien una consagración con el impulso o atracción divina o sobrenatural. Esta dinámica puede iniciar desde lo más profundo y oculto del individuo, que mueve a cooperar o sacrificar para conseguirlo, él, luego sus compañeros más inmediatos (un reconocimiento externo más contiguo) y el de la colectividad; aunque sin embargo, en el nivel de la colectividad

y/o el líder, el incentivo queda superfluo o nulo, pues le queda claro que él como el resto requieren de ese elemento sobrenatural, el cual en parte se explica de la manera implícita de la dependencia y coordinación de sus partes (individuo – organismo), congéneres y líder, aunque no termina ahí, pues tanto el uno como todos requieren de ese incentivo supremo, que guía, abarca a todos y el todo. Pero esta fuerza o incentivo puede moverse o iniciar desde los otros niveles, por ejemplo, la creencia de que la potestad sobrenatural reclama o necesita algo.

Ahora, si de acuerdo a lo aquí expuesto, la estructura mental requiere de dichos elementos para activar al individuo o colectividad, lo cual implica esa parte tanto real como ficticia, y si hasta aquí se ha estado criticando, de manera específica la impuesta por el régimen capitalista, así como una propuesta alternativa, una de las preguntas sería: "¿Si según el hombre requiere, o al menos parece imprescindible, ese elemento de "episteme", creencia o ideal objetivo – subjetivo, y si se pretende quitarle o al menos cambiarle el actual, cómo reemplazar o cambiar esa parte ya, digamos, propia de nuestra especie?" Empieza con lo que nos motiva u obliga a actuar, individual o colectivamente. Consideremos una parte importante: los proyectos.

Antes. Aunque con ciertas variantes, todo "proyecto" expedido en el pasado y el capitalismo, encierra una esencia, un principio: la avaricia y la ambición, de la mayor ganancia posible, siendo medido cuantitativa y cualitativamente tanto en seres humanos como en recursos, excepto que, en el presente, como sabemos, se condensa en el capital. Al desaparecer entonces la grotesca manía de cuantificarlo todo en cifras monetarias, los proyectos durante la formación del SFH, y ya consolidado, tendrán otros principios y fines, aunque ya mencionados antes, es importante reiterarlos.

1. Utilidad humana y entorno. Es decir, hasta qué punto es necesaria tal obra o producto; beneficios y daños tanto al hombre y medio ambiente.

2. Adaptabilidades. Es una observación más cercana dentro las relaciones hombre – sociedad – naturaleza, tomando en cuenta

las características geográficas locales y circundantes; su viabilidad o grado de presindibilidad. Considerando como muestra, que una obra o proyecto de productividad, no sea de primera necesidad para la localidad, pero las condiciones de ésta, son más favorables, pero lo es para las asociaciones, y ello no ocasiona daño en tal área.

3. Nivel auto regenerativo. Habrá proyectos que requerirán de un primer suministro de materias primas, pero después, debe considerarse su auto sustentabilidad, en lo ya mencionado de auto reciclaje o auto regeneración. Con todo, creemos que poseemos una enorme cantidad de material para su reúso, y detener la explotación de muchos recursos naturales.

4. Inversión de trabajo y tiempo humano. En el sentido de no descuidar las áreas primordiales (productividad primaria, formación, salud y otros); la manera de proveer dentro la asociación regional la mayoría posible permanente, durante su gestación como consolidación.

5. La totalidad como resumen. Todo proyecto, anhelo o sueño debe ser escuchado. Hay seres humanos con enormes visiones, pero son censurados o ignorados. La idea puede venir de una persona, centro de formación o asociación consular, y dependiendo del proyecto, será encausado y decidido dentro del nivel asociativo correspondiente, pudiendo incluso llegar, pedir o apelar al plebiscito. Siendo aceptado el proyecto, su/s creador/es estará/n a cargo de ello, sea desde un decano hasta un cónsul, pudiendo elegir sus colaboradores más cercanos desde sus inicios, para una vez establecido, poder estar al frente hasta tres periodos consecutivos, para el cuarto entrar al rol de servicios sociales, teniendo la oportunidad de permanecer dentro lo mismo, y luego postularse para la reelección. Habrá ocasiones donde debido a las necesidades o inquietudes, sea de la sociedad o asociaciones consulares, se requiera algo, pero al carecer de propuestas, la asociación deberá entonces llevarlo a cabo por convocatorias abiertas. Ciertamente, también se presentarán situaciones fortuitas o predecibles, donde se requerirá de todo el talento y esfuerzo humano, sin escatimar nada, haciendo gala incluso de nuestro heroísmo y sacrificio.

Difícilmente puede establecerse una escala de valor numérico a tales proyectos, conscientes de lo difícil de entender para una sociedad tan acostumbrada a las cifras. Hablamos de lo incuantificable, de la vida y talentos del hombre, del bienestar social, salud y estabilidad dentro lo posible, lo cual está supeditado sobre el planeta que habita. Ello deja abierto para que las personas elijan los términos considerados pertinentes, claro, utilizando si así lo desean, palabras como cantidad de personas o asociaciones a beneficiar, o el grado de bienestar social y natural. Los elementos de los nuevos proyectos, son un principio, para superar los rasgos de la estructura mental dominante; guardando también en sus inicios un objetivo esencial de nuestra reivindicación, renacimiento, al ubicarnos como prioridades en todo lo que se lleve a cabo, considerando además el entorno natural; así como a reencausar o limitar los elementos que históricamente han movido individuos y masas humanas; aspectos entre ellos el heroísmo, liderato o los valores, que veremos adelante.

d) La construcción del ideal humano

Si quisiéramos representar gráficamente la construcción del ideal, sería un triángulo equilátero encerrado en un círculo. Sobre el centro del triángulo una línea vertical señalando la cúspide como objetivo, como guía para irlo construyendo, ello a la vez, dividiría la totalidad–unidad del triángulo en dos partes: lo implícito y explicito, lo tangible e intangible de nuestra naturaleza. La línea central representa nuestras facultades, las cuales tienen solamente un sustento: el Conocimiento. Ese conocimiento ya hablado anteriormente, no precisamente intelectual, ni de datos, sino del de la conciencia propia; el principio del auto conocimiento del Yo, implicando entre otros la aceptación y respeto personal, conllevando sus cualidades y debilidades, incluyendo además el papel de dependencia y aportación social, y universal. Esta línea ascendente representa entonces el principio y medio de la Conciencia, constituido del cuerpo y alma humana.

La parte implícita abstracta, son los atributos a los que hemos estado apelando: Amor, Sabiduría y Voluntad, expresados por los principales valores de la lealtad o compasión, la inteligencia y la fuerza. El único medio de templarlos, es por medio de la disciplina iniciando en las labores cotidianas de cualquier sexo y edad, personales, familiares o sociales. Es decir, encierra siempre el único medio dual y de niveles en un movimiento reciproco y dialectico, donde la conciencia del individuo se reconoce a sí misma como particularidad esencial, y a la vez, dependiente y complemento de una familia, sociedad y universo. Tanto sociedad como mundo material son tangibles en cuanto a una realidad inmediata, relativa, pero los valores se presentan como esencia perdurable, una garantía de sustento del verdadero valor del lugar y momento siempre relativos, mostrando entre otros, o al menos vislumbrando, el verdadero valor de las personas y las cosas, en otras palabras, su esencia, a la vez que ayuda o salva de las apariencias externas, de la frivolidad social. En la medida que el ser humano se va desarrollando, consolidando y apreciando los valores reales, invaluables y duraderos, le va permitiendo no solamente un acercamiento más íntimo del sí mismo, sino del todo, bases primordiales de la plenitud, al darse cuenta de que la dependencia de la llamada felicidad, se encuentra condicionada en cierta medida a la de otros, la lealtad y compasión, en los casos típicos como el ver sufrir a un ser querido (familiar, amigo, conocido u otro), demostrando en ello, la vulnerabilidad propia y dependencia mutua. Simple a primera vista, pero es un vínculo de compromiso y acción hacia uno mismo y congéneres, sobre todo, a erradicar la tan arraigada idea, que el origen de la plenitud depende de factores externos, específicamente de las decisiones y acciones de gobiernos, o instituciones como las religiones. Por eso, uno de los objetivos del SFH, ninguna persona verá lugares como los consulados, bajo la idea de proveedor para tales fines, pero sí como medio de auto realización personal bajo la consigna del servicio, encontrar en ello una vocación o su valorización como actividad social. Las personas son movidas sobre dicha línea hacia una cúspide, no motivadas ni mucho menos obligadas por ocupar un lugar de prestigio o poder, lo hacen por sus valores personales producto de sus facultades, dentro los diversos roles como personas y actividades sociales, sea desde hijos, estudiantes, cónyuge, padre o madre, etc. Pero al igual que en toda sociedad o cultura de cualquier tiempo, desde la prehistoria, debe haber un líder o héroe, algún prototipo o personaje que inspire, y evidentemente los ha habido, pero al erradicar los "héroes" o prototipos actuales, los nuevos modelos surgirán de sus aspectos más esenciales. Como principio, el heroísmo es imprescindible en cualquier grupo, porque es una de las actividades biológicas naturales, como el auto sacrificio de células para la cura o salvación del organismo. Al ser parte de la cultura, serán promovidos tres tipos de arquetipos: las artes, las ciencias y el deporte; encausados a uno solo: el personal. La autorrealización tiene una relación con el heroísmo, pero únicamente en uno de sus tres niveles.

Primero el social, base y principio de los otros dos. Es aquí donde los hombres se van formando y forjando, conociendo y desarrollando facultades en las actividades sociales y papeles de forma personal y familiar. Implica las tareas previstas y fortuitas, situaciones y problemas que van llevando por caminos armoniosos y sinuosos, ya en etapas de bonanza o las peores tormentas que desafían y ponen a prueba. Allí es donde la conciencia de cada persona y la colectiva adquieren su nitidez de las diversas potencialidades, límites y alcances, poniendo a la vez en manifiesto la dependencia mutua y vulnerabilidad, si no se encuentra uno, o las personas más idóneas en su papel correspondiente, de acuerdo a sus facultades y circunstancias. Precisamente aquí, cada persona debe escuchar el llamado, o al menos comprometerse o le quede la suficiente claridad, que el sustento personal y de seres queridos, si los tiene, dependen del grado de excelencia del desarrollo de sus actividades, con relación al grupo y sociedad, ayudado de medios y herramientas. Esta primera autorrealización radica precisamente en reconocerse capaz de sí mismo, la conciencia de persona única y auto suficiente; libre y conocedora de su fuerza (voluntad), inteligencia (sabiduría) y amor propio y resto de semejantes. Él es ya en sí su propio héroe, proveedor de sí mismo y los suyos, otorga la suficiente dicha, seguridad para la búsqueda de otros goces más sublimes; el de ser padre o hijo, cónyuge, etc.; amigo u otro. Este primer peldaño es el más puro, parte y depende de la profundidad del Ser Personal, del Uno, del Yo. Se busca y encuentra la persona como y dentro de sí; se reta y evalúa ante y frente su propio yo y sociedad; se manifiesta el ente potencial individual y colectivo. También algo muy importante: se descubre la falacia de la dependencia fáctica de los fetiches de los regímenes de explotación humana; surge la claridad de dependencia del hombre como tal de sí mismo y con relación a la naturaleza, sin la necesidad del dinero; la libre independencia de firmas de contratos, consagración a sacerdote, emperador, compañía, transnacional o institución alguna. Es simplemente un compromiso y responsabilidad con uno mismo y el mundo donde se habita. Se borra y desaparece de la frente y la mano el sello de la bestia, la errónea creencia de requerir un fetiche para comprar y vender, una dependencia del Estado o cualquier institución. El ser humano se ve libre, le basta quien es y lo que es, para que día a día, sin importar lo difíciles que algunas jornadas puedan llegar ser, nunca se verá defraudado o regresará con las manos vacías; él, la sociedad, el mundo en que habita se encuentran en una continua regeneración de vida; comprende que la vida y lo mejor para alimentarla, en cualquiera de sus sentidos, es gratis.

Segundo nivel. Después del primero, esa fuerza o incentivo que nos ha movido por millones de años, aunque distorsionada en los últimos milenios, de hecho, es la que actúa en todos los seres vivos, conscientes de requerir únicamente para su obtención nuestra alma y cuerpo, lo cual crea en sí su propia auto realización, posterior a ello hay dos cosas importantes, sabiendo "No sólo de pan vive el hombre". La primera es el afecto, criado primordialmente en el hogar, de donde se refleja en el mundo. Tarea, si bien depende de cada uno, los padres juegan un papel fundamental, y cuando esto (claro, relacionado a otros aspectos que se han venido exponiendo) no funciona, lo único que produce son las familias y sociedades disfuncionales y enfermizas del mundo contemporáneo, produciendo entre otros los altos niveles de egoísmo, frivolidad, consumismo, con poco o nulo respeto a todo tipo de vida, etc. El primer alimento del alma es entonces el afecto, entre cuyos frutos se cuenta la autoestima, y de ahí, al menos el valor y respeto de la familia, y mundo donde se habita, para lo cual el qué y cómo también ya se ha mostrado aquí, pero expuesto ahora como parte del incentivo.

Lo otro, al igual que lo recién mencionado, el heroísmo. Aunque la obtención de bienes reales y el afecto, son y pueden ser suficientes para una vida digna y quizá plena para algunos o muchos, existe algo que para otros no, debido a esa parte de nuestra naturaleza que empuja al conocimiento o desafíos más allá de lo ordinario, por supuesto, nos referimos al único gozo obtenido por medio de las ciencias, las artes y el deporte. Aunque la mayoría de estas actividades implican una disciplina personal, cuando existe la verdadera vocación, su actitud es desinteresada, en otras palabras, después del goce personal se busca llegar a todos cuanto se pueda, semejante a un sol pretendiendo iluminar o calentar a cuantos deseen contemplarlo, y aunque para algunos el aplauso es suficiente como forma de pago esperado, para otros, que la obra cumpla su cometido, semejante al contemplar la lluvia caer para regar y alimentar los campos y saciar la sed de los que la esperan. Al igual que muchas otras cosas, estas actividades también ya manoseadas por el régimen, sobre todo en las artes y deportes, se busca que el SFH, erradique todo o lo mayor posible de los "héroes", "líderes" y prototipos impuestos. Al haber siempre pocas personas dotadas de grandes dones, permitámosles brillar con luz propia, pero siendo únicamente modelos a seguir, nunca a imitar, ejemplos para quienes lo deseen forjen su propio camino. No obstante, ya visto antes, estas personas obtendrán el lugar que merecen dentro de las actividades sociales, aunque nunca en forma de feudo o gremio. Permitamos a la creatividad y competencia ir delineando esos rasgos, arranquemos las ganancias mezquinas, el que una institución o régimen se cuelguen medallas ajenas, promoviendo la lucha justa, y que la gloria sea por la corona de laurel, de olivo. Este tipo de héroe o líder, similar al primero, pero en un nivel superior, brillando con luz propia, sabemos, no serán vendidos; algunos tendrán una vigencia corta, otros larga, y seguramente uno que otro resplandecerá por siglos. Su esencia, una inspiración para que cada persona forme su propio modelo, una escala para su auto realización. Es entonces, una fuerza tanto personal como social, implica una búsqueda por la excelencia y belleza del mundo construido por sus integrantes, donde el creador de cada obra o hazaña, semeje a una estrella que motive a mirar el cielo, si bien muchos nunca podremos alcanzar, sí permitirá, al menos modelos a seguir.

e) La Realización

Amor, Sabiduría y Voluntad. Al haber sido parcialmente usurpados, el amor se convirtió en lealtad, bajo la creencia de recibir un favor de los dioses, luego del sacerdote o faraón, después del rey, etc., llevando implícito desde sus inicios un sacrificio personal y colectivo, justificándolo en cualquiera de sus sentidos, sea bajo la fuerza (voluntad) para aplicarse licita o indebidamente, manteniendo su "orden", y por milenios ha sabido manifestar su explicación, inteligencia, incluso con argumentos lógicos (sabiduría). Es, ha sido un sistema que encierra en sí, abstracción y representación tangible. Debe serlo, sólo lo abstracto puede cubrir y satisfacer, en este caso suplir, todo lo que escape a una comprensión o creencia tanto del hombre mismo como de su mundo externo. Ambos elementos (abstracción – representación, real – subjetivo), fueron tomando diversas manifestaciones como los metales (cobre, hierro, oro, etc.) y otros (sal, especias, cacao, etc.), y obviamente su representación terrenal (sacerdote, rey, gobernante, etc.) alcanzando su mayor, digamos "mejor consolidación", con el dinero; el capitalismo y el sistema estado – nación. Tal idea, al suplirle al hombre sus tres principales facultades por sus representaciones, es decir, el líder personal por uno externo; la materialización divina que terrenalmente beneficia con su gracia a través de un medio o fin de vida. Esta idea se ha venido desarrollando en tres principales niveles, iniciando en el de la colectividad mayoritaria, luego uno, digamos intermedio, donde encontramos dos principales grupos, uno el de los líderes, los gobernantes, y el otro el de los hombres de ciencia o intelectuales, y los artistas. Estos dos a lo largo de la historia generalmente se han enfrentado, directamente o no, con treguas, ciertas convivencias y otras brutalmente, donde ambas han sufrido derrotas y victorias, se temen y respetan, porque ambas representan dos de nuestras principales facultades, la fuerza y la inteligencia, aunque comúnmente se impone la fuerza. Por último, en la cúspide, se han encontrado los Grandes Hombres, aunque también se pueden hallar diversos grados de grandeza, solamente hemos mencionado a los Grandes Maestros de la Humanidad, unos cuantos que han alcanzado lo más elevado de la Maestría de la vida, y por milenios han sido lumbreras que inspiran y guían. Así, brevemente, este ha sido el cuadro del drama humano.

Ahora, la pregunta sigue siendo la misma. "¿Qué ideal, qué creencia se le ofrece al hombre a cambio?" La respuesta es: Ninguna, Nada. Por una sencilla razón: ningún ser humano la tiene, lo que cada mortal requiere. Cierto, como dijo el filósofo: *Si Dios no existiera, habría que inventarlo*. De manera análoga, debemos construirlo, en otras palabras, descubrirlo personal y colectivamente. Nuevamente, el Sistema Funcional Humano, busca un solo objetivo: La reivindicación del ser humano como tal, devolviéndole sus facultades y libertad. En efecto, debe existir un objetivo común para todos, una fuerza que mueva al día a día de nuestra existencia. Solamente existe una, estén de acuerdo o no los escépticos: La creencia en una Fuerza o Ser Supremo. Es la única que puede y ha logrado mover y abarcar a la totalidad o mayoría de seres humanos, consciente o inconscientemente, y si en los tiempos recientes el número de escépticos ha aumentado, es por la construcción de otras idolatrías, como el concebir la ciencia y la tecnología "mesías" del presente y el futuro. El problema, también ya explicado aquí, ha sido el ser parte de la usurpación por parte de algunos, al imponer su propia "verdad", destrucción o implantación de otros "dioses", en gran medida por haber sido desde sus inicios una forma de sometimiento y explotación. Únicamente el hombre libre y consciente puede descubrir su lugar en el mundo y el universo, su plenitud de acuerdo a etapas y circunstancias de la vida. Cada quien debe ir construyendo su Yo personal como héroe y líder bajo los diversos roles en el devenir, pero difícilmente puede lograrse en un mundo regido por la explotación del hombre, es por eso que el principio es la construcción de una sociedad justa. Aunque a pesar de las satisfacciones esenciales de esta vida, prevalece siempre el anhelo por algo más allá, una búsqueda terrenal interna y externa, para aquí y ahora, y después de la muerte. Nadie en este mundo puede asegurarnos su existencia, pero tampoco refutarlo. Es lo más excelso por su relación con lo perfecto, eterno e infinito, pues después de todo, lo presentado en este mundo es imperfecto, pasajero e incierto; y para muchos, es todo o lo único que poseen, sobre todo cuando parece el mundo ser adverso, más aún en los momentos o etapas cuando se sabe la vida se apaga, comprender lo fugaz y efímero del mundo material; el estar solo, enfrentado a sí mismo o lo desconocido, la incertidumbre del más allá. Es ese ideal, para muchos, externo y ajeno del hombre, porque le fue arrebatado o comprado a cambio de unas monedas. Recuperemos la verdadera inteligencia (sabiduría) y fuerza (voluntad) y amor, alcanzables para cualquiera quien se lo permita descubrir, al menos conseguirá una vida digna; si quiere podrá ser rey, o diciéndolo de otra manera, dueño y señor de sí mismo; héroe; o si se lo propone, alcanzar ese nivel percibido por el legado de los Grandes Maestros, experimentar la divinidad. Si buscamos o al menos intentamos la construcción de tal ideal, mínimamente lograremos un mayor peldaño como especie; un hábitat escondido en cada uno de nosotros; un regreso al paraíso del que fuimos expulsados, llamado Planeta Tierra; saber que la Gloria, el Cielo, si existen o no fuera de este mundo, si podemos empezar a experimentarlo, aquí y ahora.

f) A modo de resumen

Los humanos, a diferencia del resto de mamíferos superiores que son movidos por fuerzas físico – químicas, biológicas – fisiológicas y una parte importante psíquica – lógica –en el sentido de usar herramientas, tácticas de cacería, jerarquías y otros– requerimos de un cuarto elemento (el sublime y/o espiritual), pero también ahí se encuentra desarrollado en nuestra última etapa evolutiva, en la parte externa cerebral, como complemento del sistema límbico y nervioso periférico ("¿hablamos entonces de un *quinto elemento*?"; pensamos que fue visto en otras partes con más detalle) debido y a partir de la dependencia del uso de herramientas y elementos como el fuego, que eran y no parte nuestra o bajo control, según necesidades y circunstancias, sin embargo fueron constituyendo una forma y contenido propio, además aunado a otras características como un lenguaje más sofisticado y otras expresiones y actividades, como las artísticas y creencias en fuerzas superiores como los elementos, fueron coadyuvando a esa necesidad tanto de dependencia como digamos, colaboración o acuerdo con tales factores. La diferencia, fue que durante la prehistoria nuestra relación con esa parte mental, cerebral, era en gran medida más clara y directa, pues entra otros, éramos nosotros mismos sus confeccionadores, conocedores, además de llevar a cabo una relación más íntima entre el grupo humano y naturaleza, pero a partir del desarrollo histórico civilizatorio, tanto el Valor de Cambio como el Estado y religiones institucionalizadas, lo fueron concentrando escapando cada vez más de nuestro control, convirtiéndose en medios y fines de sí mismos, nosotros, bajo su gobierno. Al ser parte de nuestra naturaleza, relacionada y de igual manera a la imaginación que nos ha llevado a grandes glorias, es momento de ponerla, otorgándole su lugar correspondiente sin mirar el pasado histórico bajo condena, sino como lo que es, una herramienta para la construcción de un mundo mejor, pero siempre bajo nuestro control, conocedores de sus entrañas, límites y alcances. No es un regreso al pasado prehistórico, es un retorno a nuestro ser interno, una reivindicación muestra como especie y mundo que nos creó, tomando el gobierno de nuestras actividades individuales y colectivas para producir, proveer y otorgar lo que cada uno tiene y aporta según capacidades, sexo y etapas de vida, en relación armoniosa con resto de especies y mundo que sustenta. No se trata de una confrontación sistema límbico, nervioso periférico, sociedad y mundo con esa parte encefálica exterior, sino de ponerlos en armonía; colocando al Estado, Valor de Cambio, a los "dioses", como partes nuestras, sin miedo o rechazo; sin pasión desbordada escucharlos y cuestionarlos sin aceptación total o condenatoria; siempre bajo la luz irrefutable que son obras nuestras, tal y como lo son la religión y la ciencia, nunca a la inversa. Al serlo, observarlas bajo nuestras otras facultades: las de la fuerza (Voluntad), los sentimientos (Amor) e inteligencia

(Sabiduría). Sólo así, podremos dejara atrás las partes externas conflictivas a que nos hemos acostumbrado como el color de la piel, el credo o las fronteras; esa sociedad y mundo hostil; esas fuerzas caprichosas e incontrolables; su esencia como parte de la estructura mental en su forma abstracta, y de ese conjunto de partes donde convergen los demás elementos, Sistema Límbico y Sistema Periférico, de igual manera, componentes del organismo, más aún, del Alma y Espíritu Humano que unen al entorno inmediato y lejano de manera armoniosa, conscientes que cuando uno intenta o se antepone a los otros, en este caso la parte externa mental, de manera específica donde se encuentra el sistema de dominación humana, bajo cualquier argumento, sobre las otras partes, fuerzas, tan importantes y poderosas como ella, surgen los conflictos de nuestra experiencia histórica. Ese es el verdadero equilibrio de poderes, no el llamado ejecutivo, legislativo y judicial, fruto además de esa parte mental externa. Es entonces, una reestructuración total e integra del ser humano, sociedad y mundo desde su esencia y parte del universo, él como centro y entorno de sí, rey de sí mismo, y solamente súbdito, de la Fuerza Creadora del Cosmos.

IV. LA TRANSICIÓN

Comprendiendo que, a lo largo de la historia, el capital ha tenido tres motores, siendo en un principio el comercio, luego la industria, y desde hace algún tiempo el financiero. Las fuerzas de estos tres no han dejado de ejercer líneas dictatoriales, y el mejor ejemplo son la influencia mundial de algunas transnacionales, pero si se trata de encontrar un centro neurálgico entre ellas, es el financiero. Por siglos existió un centro de control mundial (Florencia, Ámsterdam, Londres, Nueva York), pero en el presente podríamos hallar al menos tres, lo cual es un arma de dos filos por la posible unión de unos que ponga en jaque a otros, y la lucha despiadada del régimen que es una de sus características. Los medios de desarrollo también han cambiado, y con ello su punto débil, pues en un principio fue el comercio marítimo, luego el terrestre y aunque en el presente estos dos aunados al aéreo continúan; sin embargo, seguramente sin saberlo, el sistema ha tejido su propia telaraña, trampa, sobre los medios electrónicos, esa red que conecta y permite rápidos desplazamientos de varias índoles, subjetivos algunos como declaraciones y especulaciones de inversión, retiro de capitales y otros. Regresaremos a este tema.

Sin embargo, este conocimiento (muchos lo saben), no es el punto endeble, como tampoco lo serían los gobiernos, pues curiosamente éstos han sido comúnmente chivos expiatorios y en cualquier momento derrocados o "renovados", sea por las masas o poderes oligárquicos, usualmente pensado ser la solución. Paradójicamente, uno de los principales problemas es las masas explotadas, quienes fácilmente sucumben ante el pan y circo, algún "mesías" terrenal político o religioso, u otro engendro del sistema, trayéndonos la pregunta de ¿cómo iniciar el derrocamiento del poder mental del capitalismo? No es de arriba, las oligarquías están dispuestas en situaciones extremas a las mayores concesiones, menos aún desde los gobiernos, y de manera obvia tampoco de abajo, las masas populares. No es de arriba ni de abajo. Pensar en una transición sin un caos es casi imposible, al menos de nuestra parte, pero se busca consolidarlo con el menor costo humano.

Existe una parte del alma humana que los poderes profanos no pueden dominar del todo, incognito en alguna parte del corazón, libre del poder distorsionador de la mente y la parte baja instintiva, suele manifestarse súbitamente en las peores adversidades como luz, concretándose por medio del poder indomable de la voluntad e inteligencia, la sabiduría. Un breve sondeo sobre la faz de la Tierra y rápido vistazo histórico, nos la muestra en lugares como los centros de estudio, las universidades públicas (entre otros), aunque también en cierta medida y casos, los de nivel medio superior. Es una de las pocas áreas más libre, menos corrupta, educada y pensante, la única que ha desafiado al régimen y éste no ha podido someter; de los pocos bastiones conservadores de cierta autonomía que el Estado no puede violar del todo, aunque ciertamente en varias ocasiones ha ultrajado, pero siguen existiendo las vedadas. También hay que considerar algunas universidades particulares, pero con cautela. Las públicas apoyadas con las de medio superior, grupos de artistas, científicos, intelectuales y todos los hombres de buena voluntad son y han sido los precursores, constructores del cambio, pero consideremos las universidades como el núcleo. Esta es la parte central, no arriba ni abajo. La experiencia histórica también enseña que los líderes tienen cabeza, siendo las que el Estado siempre corta, por ello al enfrentarse a una fuerza ficticia su contraparte debe ser análoga o abstracta, la inteligencia, otro poder mental que vaya marcando acciones y pautas, capaz de derrocar el control subjetivo y fuerzas represivas. Dichos centros de estudio aunque atacados y mermados, poseen los medios materiales pero sobre todo la calidad humana, poseedora de ese elemento espiritual reivindicador de vida, por la sencilla razón que ahí se busca la verdad, ese lugar donde el poder sublime encuentra acogida, donde esconderse; oculto en el pasado en ciertos templos y grupos, guardián entre otros de los grandes arcanos, siempre alejado y camuflado del profano, dispuesto a manifestarse parcial o totalmente al *de manos limpias y corazón puro*, o al menos a quienes buscan y luchan por la verdad y la justicia, cuya única aspiración es la libertad y bienestar del hombre. Así, mientras el sistema se apoye en la oscuridad de la ignorancia propia y masas, instituciones y violencia, ocultos desde oficinas y cuarteles dando órdenes; quienes queremos un mundo mejor, lo haremos con inteligencia. Con todo, se debe tener siempre presente que no es una lucha contra semejantes, sino contra un poder subjetivo, y si se sustenta sobre el derramamiento de sangre, no es la suya, por ello se evitará el enfrentamiento directo contra sus fuerzas represivas, no viendo a sus defensores como enemigos, pues el aniquilamiento de humanos en ningún momento garantiza ni justifica lucha alguna en pro de la libertad y justicia. El Leviatán es un ente invisible a los ojos, oculto principalmente en un punto del cerebro donde controla al hombre, y su mejor aniquilamiento es en su terreno, el cual, al ser su única guarida, es su misma trampa, ya que el alma humana tiene varios accesos.

Suponiendo que sutilmente se prevé ya una lucha o guerra declarada. Del lado izquierdo, el régimen con sus tres principales armas (ideología, gobiernos y fuerzas represivas), del derecho, las universidades y aliados. Es de capital importancia aclarar, que sólo se expone de manera general el posible desarrollo transitorio, planteando brevemente las "armas" y estrategias a utilizar de ambas partes, sabiendo que siempre, todos guardamos ases bajo las mangas y que el desarrollo de los acontecimientos puede alterar el todo o las piezas. La lucha no es contra el ser humano, aunque el capitalismo se encuentre en su fase conclusa, sea por nosotros o su ciclo de vida, es y no el problema, visto ya antes. Bien, el campo de batalla se encuentra dividido en cuatro áreas, cada una con subdivisiones, con sus armas y a la vez puntos débiles.

Primera área, el capital financiero, dependiente de los medios electrónicos, siendo al mismo tiempo el más endeble pudiéndolo mínimamente alterar y sí se desea, aniquilar. Pero su máximo poder, el ejercido en la mente con sus alcances masivos casi inmediatos, debiendo verse en dos vertientes: uno el permanente con su característica de infalible, renovable e imprescindible para que el mundo funcione, el otro el volátil, ese que de un momento a otro aparece, desvanece, reduce, aumenta, etc., ocasionando desde grandes desplazamientos de masas humanas, paralizándolas, controlándolas, siendo el ejemplo de mayor conocimiento de 1928, ese que los medios masivos a diario se encargan de inyectar su dosis, principalmente con los mercados bursátiles, pérdidas y ganancias, pero la población nunca se pregunta "¿quién o qué gana o pierde?", viéndolo únicamente como un virus o una vitamina de efectos inmediatos para todos. Este mercado, créditos, deudas, acuerdos entre corporaciones, gobiernos, grupos, es un mundo siniestro del que debe actuarse con la mayor cautela por lo que puede causar a la gente; siendo un campo donde ellos mismos se baten, alían o aniquilan, pudiendo acelerar su exterminio o rejuvenecerse para otro periodo, pero su punto más vulnerable, nuevamente, es los medios electrónicos.

La segunda área, también ya mencionada con anterioridad, son las ciudades, principalmente las grandes capitales. En ellas se ubican muchos de los órganos principales del régimen, toda clase de infraestructura y medios de control, mayor concentración de servidores y seguidores, dispuestos a actuar e incluso sacrificarse en pro del sistema. Lo anterior en conjunto, veámoslo como una enorme boca y estomago insaciables de todo material y carne humana, así como corazón y cerebro que vive y piensa para sí mismo, por lo tanto, fuera de ese margen queda atrapado, pero, donde pueden desatarse las luchas más crueles y sangrientas al convertirse en trampas, campos de concentración masivos dispuestos a comerse unos a otros. Cuidado.

Tercera área, son las fuerzas represivas, pero estas guardan un campo de acción limitado. Los ejércitos están programados para un número limitado de "enemigos" y campos de batalla internos o externos, por ello el movimiento de estos autómatas es restringido para identificar al "enemigo" y sus armas. Sin embargo, la policía, específicamente los grupos de inteligencia son los de cuidar. No obstante, ellos tienen también espacios definidos, varias prioridades, donde la prevención es una de ellas, pero una vez que la fase primaria los supera, quedan rebasados, al igual que ejércitos ante cualquier contingencia masiva, por lo tanto, policías y agentes, veámoslos como sabuesos que requieren huellas y olores a seguir, desprovistos de ello quedan mutilados. Estamos conscientes que esto es considerando la situación mundial actual, la cual puede cambiar repentinamente coadyuvando o no a los objetivos. Por eso y otro lado, sea que siga prevaleciendo el panorama vigente o altere, causando ambientes drásticos para lo planeado, no se proyecta a corto plazo, una apuesta de la noche a la mañana puede resultar fatal, por el otro lado, el régimen se encuentra en un estado de continua alerta, siempre a la defensiva y ofensiva por varios frentes ante enemigos externos e internos, incluso nuevos y viejos "amigos", pudiendo ser nosotros, ciertamente, el más mortal, pero el de menor visibilidad con quien no está acostumbrado a lidiar, y al encontrarse en continua alerta por todas partes, además de ser un monstruo de varias cabezas dispuestas a devorarse unas a otras al menor descuido o desde sus propias entrañas, lo convierte en un blanco de mayores alcances. Muy importante, aunque el régimen se encuentre ya sumamente enfermo, no va a morir sin presentar batalla, y peormente al verse desahuciado intentará devorar cuanto pueda, por ello, cada paso es una medida a tomar en dos vertientes, aprovechar las estocadas de sus propios enemigos o nuestras, de la mano de una acción de amortiguamiento para el hombre, para en el momento apropiado sólo darle un ligero pinchazo en el talón de cuya caída ya no se levante. Una vez en el suelo, no es tiempo de venganzas ni despojos, buscar chivos expiatorios o traidores, sino momento de rescatar y salvaguardar las cosas valiosas.

La mejor y peor arma es el miedo, espada de dos filos provocadora de inseguridad pudiendo desplazarse a cualquier lado. Una dualidad de estabilidad y estallido social que mantiene al mundo firme y en vilo, pero con la gran diferencia que su solidez es sólo apariencia, y un acontecimiento puede fácilmente desencadenar una serie de sucesos que, de no ser frenados o controlados, crean una avalancha de enormes dimensiones. Estos detonantes e hilos de sustento son dos. Uno el político - ideológico de cualquier índole, partidos, gobiernos, grupos en pro o contra, pudiendo desencadenar la lucha o al menos desestabilizarla, aunque en ciertos casos armonizarla, lo cual, es solamente un paliativo. El segundo los grupos sociales, grupos subversivos o propositivos, renegados o relegados del mismo bagaje social, entre ellos los de mayor alcance son los extremistas pudiendo también alterar o al menos influir en el endeble orden.

Cuarta área y de mayor importancia, los económicos, por ser el modo de auto nutrición, detonante o control de lo político y social. Hay dos cosas principales que teme el humano promedio: el desempleo y la inflación. El primero puede ser considerado un corte inmediato de suministro de bienes de vida, el segundo su inestabilidad, ambos considerados rieles de existencia pudiendo obligar a las personas a cualquier disposición, incluso venderse al mejor comprador. En todo ello hay un elemento no mencionado, la delincuencia organizada, que efectivamente, actor importante de la economía y política mundial, pero en el fondo depende como parte del engranaje de la misma maquinaria, funcionando igual que muchas corporaciones, por lo cual es parecido a otro tipo de oligarquía, sea como parte, alianza o contra gobiernos, la única diferencia es en ocasiones una mayor actitud violenta por estar armados, siendo eso uno de sus medios de sustento, pero también la traición, venganza, luchas intestinas, por lo tanto en los momentos de crisis son los primeros en dedicarse al pillaje de sobrevivencia, fraccionándose y sin máscara, lo cual los debilita enormemente. Lo primero en hacer el aparato económico es su paralización (producción, comercio y servicios); despidos, negación de todo crédito e intento de una mayor recaudación del valor de cambio, con lo que deja a la población desprotegida por todas partes y puede desatar las peores catástrofes, inutilizando cualquier gobierno.

Comúnmente a lo largo de la historia en las grandes crisis, el pueblo es el primero en quedar desprotegido y pagar las consecuencias como víctima de las calamidades y las armas, pues tanto militares como clases privilegiadas poseen mayores recursos acumulados o aprovisionamiento. Pero el miedo es el principal destructor al sentirse la gente desprovista de todo, lo peor, de sus propias facultades, viendo comúnmente al régimen como proveedor de vida. También existe un elemento importante, la violencia, los poderes terrenales son vistos como responsables o incapaces de solución, la fuerza instintiva se ciega y entrega a cualquier promesa de ayuda o salvación; a la vez, porque conscientemente o no saben que tienen poco o nada que perder; era esa la idea incógnita que movía en la lucha diaria y en el momento de la crisis simplemente apuesta lo que le queda, es decir, sin saberlo, las masas podrían ser las que se encuentran mejor preparadas para enfrentar y salir victoriosas de la transición, en cambio los grupos privilegiados en lo opuesto por la creencia de una garantía de vida y estabilidad, dependientes de la explotación del prójimo, aunque teniendo en principio ciertas ventajas es a corto plazo, para posteriormente quedar inválidos. Por ello, el principal enemigo a controlar es el miedo. Primeramente, tenemos la consciencia, un objetivo claro con una serie de pasos, una preparación y alistamiento de la población. "¡El sistema también lo está!". Efectivamente, pero aparte de lo ya expuesto, el régimen requiere de un deterioro o detención de días, a lo mucho, semanas para dejarlo exhausto, insostenible; los sitios de fortalezas en la historia defendidos por humanos, pudieron durar a lo mucho, pocos meses, este es un sitio principalmente desde adentro, en su esencia, a corto plazo.

1. Posible panorama.

No es más que una expresión de la realidad actual, pero a una escala mayor. Aunque antes. Es recomendable sea llevado a cabo durante la primavera - verano del hemisferio norte, por la razón de ser ahí donde se ubican algunos de los centros de control y mayor influencia mundial inmediata, mayor masa continental y por ende, población, además de presentar las mejores condiciones de reducción del costo humano; por otra parte, conscientes de la situación actual, que tarde o temprano por una de varias causas llevará al mundo a una situación apocalíptica, y de seguir dominando este sistema sencillamente lo empeorará y acelerará. Por lo tanto y hasta cierto punto, la humanidad tiene pocas opciones; puede desencadenarse en cualquier momento un caos, ofreciendo un panorama al descrito por algunas obras literarias y medios visuales, mostrando un mundo paralizado, destrucción, sombrío con calles desoladas patrulladas por ejércitos y/o grupos armados, reinando el terror, el salvajismo en su máxima expresión, pudiendo coadyuvar a una purga total y resurgimiento de un nuevo orden, pero a un precio humano muy alto.

Sometimiento del Leviatán: el sistema financiero y la industria; control o detención del primero, del segundo únicamente algunas ramas. Pocas veces o quizá nunca, nos hemos puesto a pensar, que no solamente hay más que suficiente, sino un exceso de autos, transportes, electrónicos, vestido y calzado, debidas gaseosas y alcohólicas, claro mal distribuidas o almacenadas, además de los problemas ya mencionados que generan. *Manejo del cerebro*: bastarán ciertos medios de transporte como los ferroviarios, los de comunicación y su logística. Por supuesto, el monstruo activará sus tentáculos desplazando militares y policías para custodiar bancos, corporaciones, fabricas, edificios gubernamentales, centros comerciales y otros, patrullando lugares y calles, etc., pero será insuficiente, incapaz de abarcar; surgirán grupos vandálicos de varias fuentes y otros que ayudarán a debilitarlo.

Ciertamente, bastarán pocos días para que la cosa quede muy desgastada pero su corazón aun latiendo, para entonces la incertidumbre y miedo ocasionarán mayor inseguridad en la población, particularmente a los que se encuentran con altos grados de enajenación y dependencia de sus drogas, es decir, el órgano cardiovascular del ente, donde la desesperación e inmovilidad empezarán a buscar escapes (enemigos, chivos expiatorios, aliados, etc.), pero la bestia que proveía ya no puede. Imaginemos la crisis del régimen en su punto máximo, sus fuerzas exhaustas, a punto de un estallido social masivo con diversos causes, el primero y común el salvajismo desenfrenado, destrucción y saqueo, que posiblemente ocurrirá en algunos lugares, incluso antes de cualquier síntoma de agudeza, pero en la que todos perderíamos, por lo tanto debe tratar de evitarse, y para ello, algunos políticos, militares y grupos oligárquicos actuales no dudarían en desencadenarlo ellos mismos, esas personas no están dispuestas a compartir nada en absoluto de lo que creen es solamente para ellos, prefiriendo verlo destruido todo, antes que cualquier concesión al ser humano.

2. El Poder:

En tal panorama, los remanentes del régimen luchando, mercenarios o los de siempre, los medios masivos de comunicación y los represivos patrullando la geografía. Primero, en tal situación, el gobierno civil con todo su discurso hablado y escrito jurídico, ha quedado invalidado dando paso a la igualdad instintiva y psíquica humana, es decir, al justificar el toque de queda, conllevando a suprimir toda garantía y derecho de personas, quedan aniquilados de la mano toda su autoridad sobre la población, por ello entre otros, se da paso a la ley del más fuerte o al más inteligente. El sistema se ha mutilado a sí mismo de un arma importante, ahora, para que las fuerzas represivas funcionen, requieren de un suministro continuo, que al estar también destruidos o casi cortados, empezarán a sucumbir, además de iniciar a velar por sí mismos y los suyos, sin olvidar, que policías y militares han sido programados "para la defensa de la patria y ciudadanía", reinvirtiéndose contra ellos tal arma, recordando sus demás carencias y facultades humanas, lo que seguramente en muchos casos, se vuelvan contra el régimen.

Del caos al orden. Nada es para siempre; el hombre crea y destruye. Al ser la civilización obra suya, exclusivamente él puede transformarla, y si en un momento dado –algunos lo han hecho– la llegase a considerar dañina, puede y debe prescindir de ella. Regresemos al caos social en su máxima crisis. El régimen seguirá proclamándose autoridad, en la mente de muchos continuarán resonando sus discursos, algunos, quizá muchos los buscarán sea porque fueron sus beneficiarios, los ignorantes y los temerosos. Ante cualquier argumento o reimposición, existe:

a) Recordemos, todo hombre que nace es libre.

b) Si quisiéramos sintetizar *Los Derechos Del Hombre*, reiterando su carácter universal, diríamos que reivindica al ser humano a su máxima expresión de pensar y actuar en y ante cualquier circunstancia, solamente en provecho de la misma especie, ubicándolo de esta manera sobre sus propias facultades y por encima de cualquier gobierno o institución.

c) Todas las constituciones o al menos la mayoría, se encuentran regidas por estos principios, son, deberían ser para beneficio de las mayorías por haber sido una de las razones de su creación, ante cualquier situación y sobre cualquier gobierno.

d) Lo ya mencionado: al suprimir el sistema toda garantía y derechos de las personas, el mismo régimen se anula por violar tales fundamentos.

e) El *status* podría no decretar ningún toque de queda, con ello argumentaría tener la facultad para imponer el orden, bajo cualquier medio, pero no lo hará, estará imposibilitado, sencillamente intentará erguirse sobre las masas. Por otro lado, nos queda claro que ante catástrofes naturales ha sido incapaz de responder y satisfacer las necesidades de las poblaciones, lo cual ocurre en uno o ciertos puntos, y ante las condiciones del conflicto de su propia existencia, quedará aún más insostenible.

f) Rousseau nos ha estado echando en cara desde hace siglos, el no haber anulado antes el *Contrato Social*, ante este régimen que únicamente nos ha estado explotando, no ha cumplido sus obligaciones. En resumen, el Leviatán se encuentra desahuciado, sin fuerzas ni autoridad.

g) Por lo tanto, todo poder y autoridad recae solamente en el Ser Humano.

Muy importante. Sé es únicamente promotores del bienestar humano, en ningún momento se busca gratificaciones o algún puesto de autoridad. Seguramente la bestia buscará antes los organizadores, durante la crisis, incluso después durante la reconstrucción. Pero al buscar salvaguardar la integridad de todo ser humano, se empieza con la de los promotores, no obstante, conscientes del riesgo implicado, pero bajo ninguna circunstancia se pretende protagonismo escénico o martirio, siendo a la vez una de las ventajas. Sencillamente iniciadores del despertar de la consciencia humana, guías en la nueva organización, lo cual no quita que algunos tendrán que fungir en ciertos papeles administrativos, pero será por poseer las facultades para ello, por elección, es también parte de la responsabilidad, pero no los móviles que alientan a la tarea.

Al aniquilar algunas cadenas, quedarán otras. Pensando que las circunstancias agudas han quedado atrás, sea cualquiera su proceso, pero el hombre se encuentra en un mundo parcialmente destruido, paralizado o en alto o mediano grado. Lo primero a preguntar por la mayoría *¿Qué hacer?* El mismo escenario ofrecería varias opciones, y una de las más importantes y controversiales sería: "¿de quién es ahora lo que anteriormente, según el régimen, tenía dueño?" Aunque las principales acciones serán el despojo, la rapiña; conscientes o no las personas enfrentarán diversos obstáculos: uno y otros semejantes también los quieren, posibles propietarios, herederos, reclamos (todos con o sin razón), remanentes del viejo sistema, sobre todo el mental, particularmente ante lo ostentoso y público; unos se presentaban anteriormente como inalcanzables, otros se encontraban ahí, evidentemente para su uso, pero restringido, eran y no suyos, otros simplemente les estaban vetados; podían existir en la mente como deseos, un principio de posesión; el humano gira en torno a una quimera de enorme anhelo de adquisición consumista, en ocasiones haciendo grandes sacrificios. En efecto, el hombre busca muchas veces, lo que no le pertenece.

Reiteremos, fuera de nosotros mismos nada nos pertenece. Durante el nomadismo lo teníamos lo suficientemente claro, nunca se nos ocurrió embotellar el agua, aire o el sol para venderlo, demasiado prosaico, aunque hoy parezca no únicamente adecuado sino legítimo, peor aún, despojar poblaciones del agua para venderles bebidas gaseosas y dañinas, y es eso lo que nos lleva a la raíz del problema; "¿Por qué posesionarme de algo que excede la satisfacción de lo que necesito?" Cuando algo sobrepasa lo que mi ser requiere, entonces me reclama como suyo y toma usufructo de mí. Condición fundamental para ser libre y pleno, el resto le estorba o esclaviza. Ahora, volviendo al panorama planteado, incluso viéndolo desde el presente, ¿qué, de quién es o sería?: Patrimonio de la Humanidad. ¿Por qué? Es el producto o legado del esfuerzo colectivo a través del tiempo, cuyos fines deberían haber sido el bienestar de todos; todo lo que vemos, en menor o mayor medida, ha sido edificado por las manos y talentos, desde quien lo concibió hasta el más humilde de los trabajadores; entre los pagos se encuentra el sudor, el hambre y sangre de poblaciones, y en muchos de los casos los verdaderos héroes se perdieron en el anonimato; es el despojo del pan, dignidad, hogares y recursos de familias y pueblos, siendo eso lo que le da su verdadero valor y obliga a preservar, sobre todo otorgándole su valor de uso. Nos lleva solamente a la pregunta planteada atrás. "¿Es entonces de todos, y lo que es de todos no es de nadie?" La conocida crítica de Aristóteles a Platón, es cuando la propiedad privada, la posesión descrita atrás se encuentra ya desarrollada en la mente, tiempos del esclavismo, o siendo lo mismo, el hombre ha dejado ya de pertenecerse a sí mismo. Una primera característica universal es el todo y las partes, estas últimas son en sí mismas única condición para que el todo sea y ellas en él. Una segunda, natural, cada especie es un todo compuesto de partes independientes, las cuales se encargan de mantener y desarrollarlo sólo en la medida que cada una sea y desenvuelva a la vez, tanto el uno como las partes son otro componente de otras unidades y todos del planeta, el cual sabemos dependen por ejemplo de la luz solar. Otro tercero y análogo, también visto atrás, el del individuo – organismo, y de igual manera es en sí mientras pertenezca y desarrolle dentro una familia y grupo, como ser particular en sí total en la integridad de su Yo, ese Yo como centro y entorno. Bueno, esto ya lo vimos atrás. Así, ante el paisaje material, patrimonio de la humanidad, cualesquiera que sean sus condiciones, sencillamente nos mueve el deseo de posesión creado e impuesto por el Estado, viéndolo cual despojo y oportunidad de venganza o ambición que todos más o menos hemos sentido sea por la enajenación o explotación de milenios; muchos y cada uno intentará obtener la mejor tajada. Esto, junto a otros tantos demonios creados por el sistema, serán los principales retos del nuevo orden; los remanentes del viejo sistema desde los políticos ideológicos, la violencia instintiva y la ignorancia o fanatismo religioso.

Nos encontramos en el momento transitorio del tercer y último paso. El poder político del Estado ha quedado aniquilado para pasar a las facultades del hombre; la posesión de bienes y seres humanos del viejo régimen también, quedando solamente el valor de cambio. Ya que durante el nomadismo había un centro de reagrupación, y a partir del sedentarismo un lugar se va convirtiendo en un punto sobre el que el hombre debe girar; el centro urbano o castillo funcionaban como imanes de control (templos, mercados y palacios) en tiempos y reglas determinados por el sistema, pero una vez concluida la ceremonia, transacción, trámite u otro, debían regresar a sus lugares asignados. En los últimos siglos las poblaciones empiezan a concentrarse en ciudades. Algunos datos como los del Banco Mundial, informan de en términos globales, alrededor del 70% de la población vive en ciudades y la tendencia va en aumento, o, en otras palabras, una minoría (en el mayor de los casos a la vez la más explotada) se encarga de producir los alimentos, la fuente de vida de la especie humana. Anteriormente, aunque evidentemente el trabajo de muchos sostenía a pocos explotadores, el campo siempre ofrece mejores expectativas de supervivencia. Una de las paradojas y reclamos de nuestra especia desde hace tiempo: la civilización que permitió crear (según algunos) un mundo de riqueza, sólo para vivir en la pobreza. Ya que en las ciudades se generan muchos de los problemas que aquejan al planeta y absorben tanto humanos como cosas; una gran cantidad de su producción es de orden secundario o terciario; encierran gran cantidad de explotadores y servidores del Estado. Pero con todo, guardan tesoros valiosos, humanos y otros, en minoría; en fin, mucho de ello al ser de orden secundario o terciario de vida, por lo tanto, prescindible a mediano, incluso largo plazo. Otra vez a nuestro escenario descrito y recordando que lo único que genera riqueza y bienes reales de vida es el trabajo humano, en el momento preciso de la crisis, habrá cuatro elementos prioritarios de labor: Alimento, resguardo, seguridad y sustento del alma; hombres y herramientas empiezan a erradicar el valor de cambio, reinstaurando el valor de uso. Pero el trabajo físico – intelectual no únicamente generará los bienes reales, los reorganizará y distribuirá equitativamente, además de ser la mejor garantía de orden y estabilidad social, a la vez, terapia de desintoxicación y rehabilitación de la sociedad enfermiza del presente.

3. La Polis rural como punto de partida.

La segunda parte de la labor propuesta, puede iniciar incluso antes o durante el proceso de crisis, es la reorientación del uso de facultades humanas, empezando por la organización de grupos. Los alrededor de 90 integrantes de Actividades Sociales, se repartirán en tres partes iguales, una vez que se haya designado el pre cónsul y prefecto, de los cuales por ejemplo, uno laborará en las actividades del campo, otro en la reestructuración y distribución material (construcción, mantenimiento, limpieza, remodelación, alguna producción y distribución) y la tercera a la reestructuración humana (administración, formación, salud, algunos servicios y actividades deportivas, recreativas y culturales). Este porcentaje podría variar dependiendo de las regiones, necesidades y deterioro. El área rural al ser la más marginada en muchas partes del mundo, carecerá algunas o muchas de la labor para la reestructuración humana, es aquí donde se atraerá lo requerido de las ciudades, ya reiterado, servirá además de equiparar la justicia social y solucionar muchos de los problemas actuales. El grupo como sabemos, es la base de agrupación humana conocedora de cualidades y necesidades personales y familiares, pero al unirse con la Asociación Distrital, podrán solventar mejor las insuficiencias por lo que cada asociación distrital podría enfocarse en alguno o ciertos rubros. Sin embargo, es la unión y fuerza de la Polis que desde un principio otorga el óptimo bienestar a sus integrantes, enlace con el resto de asociaciones. Es muy probable que por un tiempo se tengan que ir haciendo modificaciones, cambios, en los roles de Actividades Sociales, horarios, hasta lograr una estabilidad. Respecto al campo, seguramente en un principio se deba mantener los monocultivos a que han sido sometidas las tierras, para al paso del tiempo y cubriendo la producción racional, se vaya ampliando y enriqueciendo a otras áreas, así como volviendo en la medida de lo posible al ecosistema original. Pero la labor del sector primario es la que menor problema podría presentar. Suponiendo que ha dado inicio la conformación de polis rurales y asignados las labores sociales, se preguntarán: "¿Cómo se van a suplir las carencias materiales, insumos, equipos, transportes y otros, para continuar la transformación? ¿Qué va a pasar con los servicios, de manera particular los pequeños de los que dependen familias; los propietarios creados del viejo régimen? ¿Qué hay de toda la infraestructura, específicamente la industrial y comercial?"

Análogo al Patrimonio Humano y diferencia entre propiedad y posesión. Desde el esclavismo, todo trabajo dentro el Estado implica un usufructo de un hombre o el sistema sobre otros, una posesión ilegitima. Tal explotación o plusvalía ha creado una acumulación que corroe y degenera, una aparente bonanza de progreso sustentado en la miseria de otros. Así hasta el presente, desde el más modesto pequeño negocio o taller que emplea un segundo, hasta la gran burguesía, encierran mucho o poco de esa posesión ilícita. Esto otorga al hombre la facultad y deber de la Expropiación Humana, ejecutar la propiedad y uso de lo ya creado para el buen empleo de todos, el procomún; recordando además el grotesco paisaje desordenado, donde o bien sobreabundan ciertas cosas o su total carencia. Por otra parte, todos tienen algo que necesito y yo algo que aportar al resto. La polis rural genera alimentos, materias primas y otros, las urbanas herramientas, maquinaria y otros, por ello, antes, durante o después de la crisis, en todas partes las personas se organizarán para ejecutar la Expropiación Humana, no como botín, será un resguardo protegido en la medida de lo posible de la rapiña, especialmente de los grandes centros comerciales y almacenes, y mientras transcurre el proceso del caos y reorganización, los centros urbanos podrán usar el alimento de esos lugares como provisiones, que sabemos no durarán mucho, situación que amortiguará la problemática y motivará a una pronta reestructuración. Al empezar el resurgimiento del valor de uso, particularmente por la carencia de alimentos en las ciudades y las polis rurales a requerir importantes insumos; al verse privados pequeños y medianos propietarios de comercios, servicios u otros de muchos de los bienes reales, también les permitirá la intuición del valor de uso. Claro, en un momento dado quienes se hallarán en mayor desventaja serán las ciudades. Al quedar paralizada toda o mayoría de producción urbana, la organización de las polis en esos lugares se dividirá también en tres partes de Actividades Sociales (iniciando desde los grupos), al igual que las rurales, una de restructuración y distribución material, la de reestructuración humana y la tercera –este porcentaje será el más volátil, comúnmente superará los otros– a la distribución geográfica: personas o familias voluntarias o sorteadas, desde los grupos hasta las polis, sea para cubrir las necesidades de las polis rurales, reactivar aquellas que fueron abandonadas o incluso, instaurar nuevas en lugares propicios para ellos y asociaciones. Podría pensarse que en un momento dado las polis rurales podrían marcar un control o imposición, pero no, simplemente no podrían avanzar sin los elementos urbanos. Ahora, sobre las polis urbanas recae también una gran responsabilidad, pues en un principio deberán resguardar todo el patrimonio cultural - arquitectónico, seguir sometiendo el Leviatán hasta que se haya extinguido, sin olvidar que fue ahí donde dio inicio la lucha y acertaron las estocadas mortales, así como una labor titánica de reorganización, remodelación y conservación, recordando que de ellas una vez instaurado el nuevo orden, de allí se emitirán bienes reales y humanos que enriquecerán a todas las asociaciones.

La reestructuración, en ningún momento se prevé fácil, prejuicios y vicios actuales serán de los primeros obstáculos a superar. Además, la muerte o pérdida de algo o alguien implica un proceso de gran consternación, miedo e inseguridad; nos cuesta trabajo deshacernos de cosas viejas, incluso sabiendo son dañinas; siendo un paso necesario para renacer, vivir; como cualquier parto que anuncia un nuevo ser que verá la luz, es siempre doloroso, pero, nuevamente, sólo muriendo se renace, renueva la vida.

4. Sobre las indemnizaciones.

Como se vio atrás, en la parte del valor, las indemnizaciones serán de acuerdo a su verdadero costo, prioridades, trabajo humano invertido y explotación de recursos, pero estos dos últimos al ser invaluables y haber sido usados para el enriquecimiento de pocos y explotación de muchos, pasan directamente a la Expropiación Humana. Por lo tanto, las grandes transnacionales, bancos e instalaciones financieras, infraestructura de gobiernos, medios de comunicación (aeropuertos, líneas de ferrocarril, autobuses, marítimas y aéreas, visuales, impresos y radio) instalaciones militares, hidroeléctricas o cualquier fuente de energía, campos, plataformas y compañías petroleras, pasan también directamente al Patrimonio Humano. Sus viejos "propietarios" tendrán la opción de elegir alguna de sus viviendas, o si prefieren otra más adecuada a la nueva situación y necesidades, conscientes que ninguna persona trabajará como sirviente, y en la elegida se integrarán a las Actividades Sociales, según facultades, igual que todos. Respecto a los pequeños y medianos propietarios, en importancia son los campos de cultivo, luego los ganaderos o similares, excepto los de recursos naturales (también visto anteriormente) son para uso humano. Las delegaciones consulares regionales conformarán o asignarán las personas idóneas, para la evaluación y asignación de cada indemnización de acuerdo al tamaño, ubicación, tipo de cultivo o producción, calidad e importancia, condiciones del terreno (daño o conservación por químicos, erosión, deterioro al medio ambiente u otro) así como situación del antiguo dueño o familia, pudiendo ser de una indemnización de por vida distributiva de talentos semanales de los niveles A o B, de acuerdo a edad y capacidades de integrantes, por ejemplo de edad avanzada, si se encuentran en condiciones de seguir laborando y con hijos en edad de formación (la indemnización es para el propietario directo, una persona. Si la persona decide integrarse a las labores sociales, la percepción de talentos podría ser C), por ejemplo, una gran extensión de tierra de cultivo a la cual se le dio buen uso y cuidado, sin haber sido fruto de algún despojo o deforestación, la persona independientemente de la labor social tomada o asignada, tendrá la opción de obtención de vivienda para ellos en el momento oportuno. Un criterio similar se ejecutará con los bienes urbanos, con un rigor no dadivoso ni vengativo, sino justo. En el caso urbano, aunque también en el rural, todo producto, herramienta, material u otro, serán resguardados en lugares específicos para su uso y distribución durante la reorganización, así como remodelación y reunificación de los lugares donde posteriormente se ubicarán. En casos específicos, naturalmente, ejemplos médicos o personas dedicadas a la construcción, tendrán la opción de elegir algún lugar para sus Actividades Sociales, para ello las delegaciones consulares otorgarán lo requerido para su traslado junto a sus pertenecías personales, equipos u herramientas. Las personas o familias que serán reubicadas geográficamente, seguramente en principio vivirán en situaciones precarias, provisionales o alejadas de su Actividad Social, por lo cual, pagarán un tercio, la mitad, o nada del valor de vivienda, dependiendo si anteriormente no tenían, condiciones y tipo de casa que dejaron, sin olvidar, si bien muchos o mayoría de traslados serán permanentes, habrá seguramente algunos o pocos que sean temporales. Ahora, muchos aportarán sus talentos personales y otros algunos bienes materiales u otro (herramienta, maquinaría, ganado; pequeños comerciantes cuyo negocio de ubica en su casa, etc.), quienes tendrán la opción de seguir desempeñando un rol análogo al presente, y la indemnización será bajo los criterios ya mencionados. Seguramente estas personas pensarán se les estará privando de un patrimonio o sustento de vida, para lo cual parte de la labor será recordar que esos bienes seguirán bajo su responsabilidad de uso, cuidado y mantenimiento (excepto en casos de reparación y caducidad), pues las casas serán eso, no talleres, lugares de trabajo o resguardo de sus complementos. Habrá situaciones, quizá pocas, se irán erradicando, así como indemnizando, tal es el escenario de las armas, que, como otros objetos, servirán como materia prima para la elaboración de bienes reales.

Se espera, el sustento alimenticio no presentará muchos problemas al requerir únicamente trabajo y organización, conociendo la siempre generosidad y sabiduría de la Madre Tierra, solventando uno de los principales obstáculos. El de seguridad y resguardo, aunque requerirá mayor labor a mediano plazo, las 24 horas, podrá ser solventado en conjunto por las asociaciones, sabiendo que al existir expectativas de alimento y la labor colectiva, amortiguarán en gran medida la violencia y vandalismo. El tercer reto es la vivienda, problema complejo por el desorden urbano, pero presenta algunas ventajas. Se aprovechará la desigualdad social del presente; extra construcciones, instalaciones del actual régimen y la producción de bienes materiales existentes. Se evitará en la medida de lo posible nuevas construcciones, en algunos casos solamente se requerirá una reubicación para quienes no tienen, una labor del Espíritu y el alma para reunificar familias y personas disfuncionales, remodelación o adaptación de lo ya existente. Claro, habrá casos donde se deberá edificar, otros donde poblaciones viven en situaciones de miseria, cuyos lugares serán transformados en algo diferente o volverán a su estado natural previo. En este aspecto como el de traslado geográfico, las delegaciones consulares otorgarán los créditos de acuerdo a las condiciones materiales (vivienda nueva, reubicación, renovación, remodelación, etc.), familias o personas, dependiendo del sexo, edades, integrantes de Actividades Sociales, para de acuerdo a su repartición de talentos, se asigne cantidad y tiempos a cubrir su valor, sin alterar el bienestar de personas o familias.

Habiendo tomado potestad de los bienes materiales del capitalismo y el Estado, pero sobre todo iniciado el aniquilamiento del valor de cambio, resguardado y reorganizándolo, al mismo tiempo se irá inventariando por polis y asociaciones junto a las necesidades de cada una, aunque parte de esto puede también iniciar antes de la transición. De hecho, en muchos casos y partes ya se sabe de ello –primordialmente lo requerido para los Centro de Formación y de Salud en las polis rurales, de mayor requerimiento de personal, equipos y otros, ello entre otros, ayudará a un menor desplazamiento de algunos bienes a los resguardos urbanos y saber las áreas industriales a activar, qué y cuánto–. Al encontrarse en una fase transitoria, habrá mucho trabajo y carencias, las delegaciones desde las locales hasta las internacionales, podrán empezar a tomar medidas sobre acciones repugnantes, como destrucción de bosques, selvas, especies…, y casos conocidos como el salvajismo de los chinos en las masacres de tiburones para quitarles las aletas, entre tantos. Hasta ahora, quizá se pueda imaginar un panorama de caos e incertidumbre, las personas de las Neo Polis rurales trabajando en la producción de alimentos (campo, ganadería, pesca, etc.), así como a las urbanas, los de construcción en la edificación de Centros de Formación, Salud, vivienda, desplazamiento de bienes y personas, se preguntarán "¿y los otros?" La importancia de deberes y trabajo es equitativa. Por ejemplo, el trabajo del campo y ciertas áreas de la construcción (albañilería), han sido subestimadas, incluso denigradas y poco remuneradas, pero ahora no únicamente recuperarán su importancia y dignidad, sino valor y lugar del sustento equitativo social; mientras del otro lado, algunas labores de poca importancia para el desarrollo físico – intelectual del hombre y bienestar social, se sobrevaloraron y promovieron, porque sirvieron al régimen, se modificarán o desaparecerán. Así, las personas asignadas a la Formación, tendrán la enorme tarea y reto de crear los niños y jóvenes para un nuevo mundo, reincorporar a quienes estaban fuera o habían salido, haciéndolo en un principio y muchos de los casos, en condiciones poco o nada favorables y rodeados de carencias; los de Salud tendrán una situación similar, en un mundo rodeado de enfermedades biológicas, muchas de éstas producto del orbe moderno y deterioro ambiental, pero en comparación serán menores a las patologías psíquicas y del alma donde se hallan sumidas parte de la población, entre ellos, las victimas de drogas y violencia, para quienes se implementarán proyectos de desintoxicación de mente, cuerpo y alma, trabajo en conjunto de gente culta y sabia en diversas disciplinas; quienes poseen dones artísticos y deportivos, jugarán un papel importante para regenerar esas partes humanas, haciendo acopio de todo talento y creatividad para alimentar y fortalecer esas partes tan esenciales, promoviéndolo y llevándolo a todas partes después de las jornadas de trabajo; los elegidos para las delegaciones consulares, tendrán la enorme responsabilidad del mejor funcionamiento y organización del nuevo orden, sobre sus espaldas el compromiso de lograrse con los menores estragos y costos humanos. Todas estas personas recién mencionadas, tienen, deberán poseer conocimientos, vocación y calidad moral de la que muchos carecemos, serán en gran medida los grandes arquitectos. La construcción y mantenimiento de un mundo Humano–Justo, es sobre todo, en proporción al cumplimiento y deberes del uso de las facultades de sus integrantes, en los diversos roles de vida y circunstancias.

De toda la infraestructura del Patrimonio Humano, se calcula aproximadamente la mitad permanecerá temporalmente cerrada, y la otra, aunque el porcentaje podrá variar en las regiones, funcionando de manera igual o análoga, tal es el caso de los hoteles, transportes, algunos servicios como los medios masivos de comunicación, con una parte del personal actual, específicamente técnicos y operadores, para lo cual, las delegaciones consulares proveerán lo necesario para la reestructuración social, que en este caso, al carecer de dueños o presiones políticas o ideológicas, incluso persecuciones, trabajarán en plena libertad. Para los hoteles, servirán para hospedaje temporal de reubicación de personas o familias, delegaciones administrativas u otras necesidades. Combustibles y energías (gas, gasolina, electricidad) de igual manera, solamente para la reestructuración; otros como laboratorios de medicina, vacunas y equipos, seguirán laborando normalmente o de acuerdo a los requerimientos. Respecto a las cárceles, tema ya estudiado y criticado en varias partes, sabiendo que hay en ellas inocentes, presos políticos o por delitos menores, en cuanto sea posible se liberará a quienes no deberían estar allí, y al paso del tiempo el resto, esperando transformar todos esos lugares, o al menos la mayoría, en algo diferente. Todo el dinero, oro, plata y otros de bancos, compañías, gobiernos y que se encuentre en circulación (excepto el que ya poseen las personas para uso ornamental), como ya se ha reiterado, guardan el valor invaluable del sudor, sangre, dignidad, hambre y vidas, y con el paso del tiempo al ser a la vez acumulación de riqueza por el trabajo del hombre y explotación del planeta, se usará para transformarse en el Talento, que irá entrando en uso al transcurso del devenir, a excepción de los metales que dejarán de ser símbolos de poder y riqueza, quedando resguardados para su uso, transformación racional de bienes reales, de acuerdo a su constitución física - química.

Al reconfigurar y ordenar la geografía urbana y poblacional, la sociedad, el mundo nos parecerá en un principio extraño. Muchos acostumbrados a ver la Naturaleza y pequeñas poblaciones como lugares marginados e inclusive ajenos a aspectos fundamentales de vida, y las ciudades, sobre todo las capitales, en la creencia de centros de desarrollo y plenitud. El nuevo panorama, mostrará una humanidad que deberá trabajar en un conjunto de partes de equidad responsable. Las polis rurales se presentarán como el corazón a donde llega el continuo aliento de vida, que al convertirse en sangre, fluye al resto del organismo, a las polis urbanas grandes donde fungirán fundamentalmente los grandes centros de formación superior, para desarrollar todas la áreas del conocimiento, ciencia y cultura, y aunque habrán algunas delegaciones consulares sub y continentales, servirán ante todo como un cerebro que se conoce y analiza de la misma manera que el resto de sus partes, para que desde allí, surjan y elaboren algunas de las tendencias científicas y culturales para ser llevadas al resto de la sociedad; mientras las neo polis urbanas medias, semejarán esa fuerza, voluntad receptora de materia prima natural de las primeras y sabiduría de las últimas, para transformarlas en bienes materiales reales, aquí se hallarán la mayoría de Centros de Formación Superior, instalaciones industriales, claro sin olvidar el resto, y delegaciones administrativas, pues si gran parte de la riqueza cultural - científica nace en las polis grandes, serán las medianas para su divulgación y poder llegar a las mayorías. Algunas de las grandes ciudades actuales con todo su sobre crecimiento y caos actual, específicamente las desplegadas en los últimos dos siglos, por si solas dejarán de ser focos de atracción, pues sin dejar de reconocer las obras arquitectónicas de algunas, no así aquellas que continuarán siendo centros de persuasión, en cuyos ejemplos se encuentran Praga y Roma.

Vista entonces la transición de manera general, pensando podría llevarse alrededor de tres meses, es importante reiterar de la consciencia de lo complejo que implica, la diferencia entre las actuales regiones del planeta y su variación en tiempos, consecuencias y costos humanos. Especulando, a simple vista, podría pensarse en lugares de transición menos complicada, quizá Finlandia, Suiza y Francia; donde podría ser más caótico, posiblemente Estados Unidos, China y Rusia, sin faltar aquellos que seguramente pasarán casi o totalmente desapercibidos, el de los pueblos aun existente comúnmente llamado primitivos, y lo mejor que podemos hacer por ellos es erradicar la burda idea de llevarles "la civilización". No obstante, debemos considerar ciertas ventajas actuales, como la aún inmadurez de América Latina, todavía en proceso de consolidación e independencia; no tan alejada del África fragmentada en su búsqueda de armonía; la madurez de Europa; el conglomerado multiétnico estadounidense, y el despertar de un "sueño" ingenuo y frustrado para muchos; el vigente misticismo de la India, incluso de China a pesar de su ya rapacidad materialista; la también compleja sociedad rusa con su experiencia aunque decepcionada, pero aún vigente, de búsqueda de justicia social; igual que tantos pueblos de la Tierra.

Lo descrito en esta parte, un mundo difícil de imaginar, vivir, experimentar, sobre todo por lo caótico. ¿Podría haber otras opciones? Sí, difícil, aunque no imposible. Se apela la consciencia y buena voluntad de oligarquías y gobiernos, así como a la inteligencia y creatividad de otros. En fin, solamente nos queda abogar para que todos luchemos en la construcción de un mundo mejor.

V. BREVE VISIÓN PANORÁMICA.

Entre las principales dificultades para comprender lo siguiente, se encuentra obviamente, la forma de mirar y concebir el mundo actual y legado histórico. Primeramente, lo referente a la palabra producir o productivo, donde sabemos es una cantidad ambigua, inconclusa, sin límite, en comparación a la de productividad, por ejemplo. Sin embargo, tal concepto en este caso visto como verbo es en esencia una acción, no sustantivo, por ende, implica una causa - efecto en su razón de ser, un fin y límite, a diferencia como se ha creído desde el esclavismo al capitalismo, sobre la cual se vive con la idea permanente de una adquisición y producción sin fronteras. La versión actual de esta visión a muchos les costará trabajo aceptar, tanto explotadores como explotados. Producto de lo mismo, el llamado "especialización del trabajo"; una sociedad de estamentos, castas, clases, etc., una mutilación de facultades, una condena a situaciones y trabajos. Cuando los seres humanos se observen, veamos a los actuales militares, políticos, oligarcas y otros en la misma igualdad de derechos y obligaciones, donde todos deban cumplir horarios y tareas asignadas, será en principio un panorama difícil de comprender, aceptar; sólo eso, un grado de dificultad transitorio, un paso a un nivel de consciencia superior.

El Sistema Funcional Humano, es un procedimiento que funciona en su unidad y totalidad en tres partes sintetizadas, como especie de dialéctica; tres necesidades a satisfacer: físicas, sociales y espirituales; tres niveles: personal, familiar y social; tres medios: seres humanos, Naturaleza, y herramientas o medios; tres movimientos: productivo, administrativo y regenerativo; tres objetivos: consumo - uso, excedente - reserva y mantenimiento.

De lo anterior, la parte más marginada y dañada es lo regenerativo, un área de trabajo prácticamente olvidada o ignorada desde la civilización, por lo tanto, la que requiere a mediano y largo plazo una parte considerable de trabajo, no únicamente a la sobre explotación de zonas geográficas, sino a ciertas enmiendas, por ejemplo, el desmantelamiento de zoológicos, acuarios y otros, esparcidos por todo el planeta (ese crimen que consciente o inconscientemente, es una proyección - reflexión de nuestra misma mutilación de libertad). También (nuevamente), la palabra producción, una definición más o menos precisa en cuanto cifra o cantidad, ejemplificándolo como a dos campos del mismo tamaño y producto agrícola, pero diversas partes geográficas, fertilidad, condiciones de riego y demás factores predecibles y no, que determinan cantidad y calidad de cosecha/s; dos grupos de pescadores en situaciones similares; o dos industrias, una con un producto de primera necesidad como vestimenta, su grado de renovación a mediano o largo plazo, mientras la otra de un producto secundario o terciario con un tiempo a renovar a largo plazo, o en un momento dado prescindible. Sin embargo, al ser el trabajo una necesidad de vida de todo ser, lo cual involucra los cinco objetivos numerados en el párrafo anterior, ello es llevado en ritmos productivos de tres movimientos, dos activos y un pasivo, y para los activos en cada uno hay dos tipos con tres elementos cada uno, pues el pasivo es empleado para las actividades de desarrollo personal.

El primer activo (a), encierra el trabajo individual o colectivo, físico y/o intelectual, los medios y fines (un bien real o servicio)

El segundo (b) la cantidad, calidad y fines (este último es más variable, yendo desde tipo, servicio o regenerativo; para ambos (a y b) la proporción es la misma, digamos al cuadrado, pues independientemente del tipo y ritmo, los dos involucran trabajo, talento y la relación deberes - obligaciones tanto sociales como entorno natural, donde a es siempre una constante (A) y b una variable (B), lo cual en cualesquiera de los casos siempre dan un resultado X, o (permítase la expresión) podría interpretarse:

$$(a^2 + b^2)\ \frac{A}{B} = X, \text{ o } \frac{(a^2)\,(A)}{(b^2)\,(B)} = X,$$

o esta última poniendo X= al principio, cuyas únicas referencias serían $E = mc^2$, o $F = G\,\dfrac{m\,m'}{R^2}$ las cuales son siempre tan universales como relativas. Lo es porque todo trabajo humano encierra la misma importancia y dignidad, cuando se trata de deberes y obligaciones equitativos. Por ejemplo, pongamos tres casos diversos: Costa Rica, Dubái y Finlandia: En Finlandia tendríamos dos ritmos anuales diversos por sus condiciones climatológicas (de hecho, así debe llevarse actualmente), donde en la primavera - verano *a* y *b* tendrían una gran intensidad, para en el otoño - invierno dedicar gran parte del tiempo al movimiento pasivo; mientras en Costa Rica se tendría la mayor parte del año una constante *a* y *b*; y Dubái… ¡Dubái! un caso raro y extremo que vale la pena detenerse un poco. Primero, porque si continuara la tendencia capitalista, a mediano plazo se convertiría en las ruinas, el esqueleto de un inmenso "elefante blanco". Este lugar, a la vez concentrado y perdido en un desierto es un caso emblemático de una aberración capitalista, donde lo mejor que pueden empezar a hacer sus moradores, es detener su crecimiento, pero sabemos que la ceguera del espejismo guardado en sus arenas lo impide. Algunos extremos como este (bueno, toda mega ciudad lo es) guardan un elemento para un uso real, donde *a* y *b* pueden moverse a sus propios ritmos, incluso visto a largo plazo, una vez agotado su petróleo. Claro, son tres casos peculiares e incluso extremos. Finlandia, ejemplo de honestidad, educación, administración, sobre todo, equidad social; Costa Rica, aun con gran calidad de valores humanos, y respeto al medio ambiente, pero ante todo sabiduría, al haber erradicado toda clase militar; y Dubái... Bueno, creemos haber expresado lo suficiente. Tres ejemplos de qué y no hacer, casos como sabemos, a la mayoría de gobiernos y oligarquías del mundo ignoran o no, simplemente no les interesa, incluso detestan. Una muestra de la diversidad humana y geográfica, donde independientemente de ello la reestructuración del SFH nos puede permitir seguir habitándolo, simplemente por medio de nuestro esfuerzo y trabajo.

Regenerativo, no es palabra nueva en ningún idioma, sino denominación a una acción de la Naturaleza y vida misma como parte de su condición de ser. Sin embargo, ninguna especie animal lleva a cabo como parte de sus actividades cotidianas, todos somos simplemente consumidores en la cadena alimenticia, razón por la cual, debe haber sólo cierta comprensión a nuestra actitud depredadora y consumista. Pero las características definitorias y separativas del resto de especies, ante nuestras actitudes en nuestro paso por el planeta, las circunstancias en que nos encontramos y hemos puesto al mundo, la Regeneración es labor fundamental del servicio social del SFH. Veámoslo un poco más de cerca, por los posibles problemas a presentar, al requerir la reconversión natural del hombre, del mundo material mecanizado urbano. La conversión se mueve sobre las tres ramas de actividades explicitas en las consulares, y una implícita natural, la regenerativa. Por demás, conscientes o no, desde la persona, familia o grupo, etc., se mueve para lo regenerativo, y si quisiéramos expresarlo gráficamente, sería un triángulo equilátero dentro de un círculo, este último representando (lo regenerativo) la mujer (esposa, madre), lo hijos y aquellos quienes ejercieron ya su función para que el circulo continúe su curso, presentes (retirados y enfermos) y ausentes.

Sabemos, hace menos de un siglo atrás la mayoría poblacional vivía en el campo; en el pasado multitudes de esclavos, siervos o campesinos sustentando una minoría de explotadores; habiendo ocurrido una conversión al presente: multitudes de explotados mayoritariamente en ciudades, y una cifra insignificante de "campesinos" (si es que se puede todavía, en la mayoría de casos utilizar el término), dependientes todos de maquinarías y químicos. Eso lo tenemos más o menos claro, y si observamos nuestras cifras de las asociaciones, quizá, incremente la confusión o aclare, porque desde el grupo hasta la Asociación Continental tendremos siempre en promedio un tercio de personas en actividades sociales, siendo la otra parte siempre mayoritaria, la regenerativa. En efecto, parte e incentivo para quienes se trabaja. Pero más aún si ese tercio lo dividimos, ejemplo la Asociación Continental, de los 90 millones en actividades sociales aproximadamente un tercio encontrándose en lo productivo, de los cuales únicamente una tercera parte en la actividad primordial, alimentos, es decir 10 millones alimentando 260, cifra incongruente, exagerada; elevada para un lugar industrializado, seguramente baja para uno marginado. Pero teniendo dos casos diversos y comparativos, para ejemplificar: uno el de Estados Unidos, donde de acuerdo a cifras del Banco Mundial, alrededor del 2015 contaba con una población que rondaba los 316 millones, no muy alejada de una Continental, de los cuales 155 millones constituían la fuerza laboral, de ellos el 75% se encontraba en los servicios, y solo el 4% en el campo. El otro, el de México, en el mismo año, según el INEGI, se contaba más o menos con 121 millones, de ellos aproximadamente 31 millones laborando en el sector terciario, menos de 7 en el primario. En ambos casos, con sus diferencias y similitudes, encontramos lo que se hacía mención anteriormente referente a desproporciones; pero al considerar además entre otros, las cifras de quienes se encuentran en labores terciarias, donde se pueden hallar un gran número parasitario burocrático, ejércitos, delincuencia, viviendo de programas sociales populistas, la desigualdad social, grupos marginados, etc., la reconversión del SFH con nuestras cifras, podrán cubrir satisfactoriamente las necesidades reales. La reestructuración natural del hombre consiste, en re aprender que la regeneración incluye un reencuentro con los ciclos naturales de vida, teniendo presente que, si en nuestra evolución fuimos simples consumidores, pero la agricultura nos transformó en interventores (no productores) del proceso regenerativo natural, y al volver a ese estado la cantidad de personas mencionadas atrás desde el grupo hasta la continental (pensamos, si no habrá que reconsiderar) será suficiente. Conscientes claro, que la cifra de 10 millones es parte de un proceso productivo regenerativo, transcurso tan frágil como estable por depender de los ciclos como el día y la noche, lluvias, arribo de insectos para la polinización, y otros que escapan a nuestro poder, y a mayor conocimiento y armonía con todos ellos, mejores nuestras expectativas de vida Así, toda actividad teniendo como centro al ser humano apoyado sobre tres elementos: materias primas y/o regeneradas, maquinaria y/o herramientas y el Talento (razones – incentivos para activar las facultades innatas, para producir y distribuir los bienes reales), lleva a cabo sus actividades en siete rubros: Productivo (parte y encierra los demás) en bienes reales y servicios; Administrativo, Transportes (aunque parte de los servicios, lo colocamos aparte por ser en la actualidad una actividad similar a la administrativa), Regenerativo y Formativo (fuera de los Centros de Formación, siendo el proceso paulatino de cambios y modificaciones sobre transcursos y circunstancias, fortuitos y predecibles).

La estructura inicia en el grupo (cada persona, decantropomía, tridecantropomía, pre cónsul y prefecto) en las diversas polis (asociaciones distritales y pre cónsules alfa). Aunque en cada delegación consular por polis está el área de fluctuación de roles, a lo largo de cada año hay una relativa reestructuración dentro el grupo, sin alterar la funcionalidad, porque anualmente debe considerarse a quienes egresan de los Centros de Formación y aquellos que por razones de edad o enfermedad, decidan retirarse o descanso, teniendo prioridad de ingreso al grupo los familiares de sus miembros, donde en caso de no existir espacio o requerir personas de su grupo, pasa a la asociación distrital; habiendo además casos como quienes cambian de lugar de residencia, y de ciclos como reestructuraciones consulares y centros de formación. Aunado a lo anterior, existen los denominados, el *aporte social humano*, sea desde el grupo o la polis, refiriéndonos a quienes salen constantemente o periodos a otras asociaciones por motivos de elecciones, artistas u hombres de ciencia al ser promovidos, invitados o requeridos en otros lugares, y dicha reestructuración es llevada a cabo entre los pre cónsules alfa y del grupo, y la delegación consular de la polis encargada. Fuera de estas personas que deben salir de la polis, dentro de cada una, la delegación consular encargada de Bienes Colectivos, lleva a cabo la distribución de talentos por medio de los pre cónsules alfa por asociación distrital, quienes lo dan a los pre cónsules y ellos al grupo, cada viernes en los lugares y horarios preestablecidos, y únicamente en caso de que algún integrante se encuentre en alguna función social, enfermedad u otro, lo recibe un familiar cercano; pudiendo encontrar en cualquier grupo cónsules o quienes laboran en los Centros de Formación Superior; y mencionado antes, cada grupo debe llevar a cabo al menos una vez al mes una asamblea grupal. Solamente quienes laboran en las delegaciones consulares a partir de la regional, se lleva ahí la repartición de talentos.

Homogeneidad y heterogeneidad, son características encontradas desde la decantropomía hasta la asociación continental, porque una persona reúne ambas desde su personalidad propia hasta sus diversos talentos, pudiendo encontrar en algunos casos desde una decantropomía hasta un grupo encargados de un área determinada en las partes de productividad o distribución, mientras en la de funcionalidad algunos en salud, otros en formación, y demás campos, donde cada centro tiene su propia organización, sus integrantes pertenecen tanto al centro como a su grupo, pudiendo hallar por ejemplo en un grupo 10 personas laborando en un centro de formación, otro tanto en salud, o incluso 30 en un área determinada, donde en casos como estos tanto el decano como tricano desaparecen como tales del grupo, al quedar bajo la funcionalidad de su/s lugar/es de actividad social, pero es en su grupo donde perciben sus talentos. Difícilmente puede existir un grupo homogéneo como totalidad, debe evitarse, en sus decantropomías habrá al menos una sin decano (viéndolo dentro de su lugar de actividad social), así como en algunas el número tendrá que variar, también poder encontrar un decano al frente de siete o doce personas. No obstante de estas dos características, desde un grupo hasta la continental, cada uno posee personalidad propia, y en lo referente a la productividad, poniendo ahora tres regionales como muestra: una costera, otra rural campirana y una urbana; mientras la primera pude caracterizarse por productos agrícolas, pesca y hospedaje (turismo), la segunda por ciertas utilidades agropecuarias, materias primas y, también hospedaje, y la tercera por dos o tres ramas industriales así como hospedaje (este último, es una actividad de toda asociación, donde al igual que el presente, existirá una variante de actividad dependiendo del lugar, gustos, mejoras de las asociaciones y épocas del año, evitando –otra actitud actual de la mercadotecnia, la saturación, sobre explotación que presentan actualmente diversos lugares en el plantea–; la sobre concentración de visitantes en espacios determinados). Pero es sólo una parte de la actividad social, la homogeneidad radica tanto en eso como adquisición, prevención y otorgar todo lo que cada polis y asociación requiera, pero sin olvidar que personalidad no significa especialidad, limitación o parcialidad.

"¿La determinación de actividades sociales es a partir de las necesidades de la polis o la asociación continental?" Ambas. Cada grupo se encuentra inscrito en su asociación especificando roles y ciclos de cada uno de sus integrantes; la delegación consular designa las actividades al Alfa y este a sus grupos; pudiendo tocarle a un grupo una parte de productividad y transformación, y dos de distribución, y en esta última en el área de Hospedaje (la actual turismo), teniendo a su cargo por ejemplo un hotel, donde el pre cónsul designa el tricano o decano (pensando en un hotel pequeño o mediano tamaño; si es uno grande podría ser un grupo); y otro el área de transportación de bienes, asignándole a un decano una ruta y/o tipo de bienes. La polis planifica y auto provee una parte de sus bienes y servicios, y otorga otra a sus asociaciones de donde recibe el resto, y aunque la Continental podría parecer la mayor expresión de autosuficiencia, se encuentra también ligada a sus carencias, deberes y obligaciones con el resto de continentales y planeta. Pensemos en una polis rural costeña con sus aproximadamente 27 mil habitantes y 9 mil en actividades sociales, 3 mil en Productividad (pesca, talleres, pequeñas industrias y agrícola), otros 3 en Distribución y el resto en Funcionalidad, todos con sus tareas, ciclos y horarios. La palabra actual subsidio no existe. Tanto la delegación como un tricano al frente de un hotel mediano saben de la fluctuación elevada de huéspedes en ciertas temporadas, donde requeriría de sus 30 elementos y cantidad determinada de bienes, mientras en las de muy poca ocupación solamente la cantidad necesaria para su mantenimiento y escasos visitantes, quedando el resto a disposición del pre cónsul, quien para tales casos designará un decano. Un centro de distribución abierto (el equivalente a un centro comercial actual), habrá al menos uno en cada polis, y uno cerrado (donde se recibe, resguarda y distribuye tanto lo de la polis como resto de asociaciones), también hallando al menos uno (en pequeñas polis, para las asociaciones, los tamaños y logística cambian), existiendo casos donde podría haber un grupo encargado (recordando que no precisamente sus 90 integrantes estarían ahí). Lo que hoy llamamos ventas y ganancias desaparece, porque todos están cumpliendo actividades sociales, independientemente de la cantidad de huéspedes, pasajeros o adquisiciones ("ventas"). Por supuesto, existe un control de ingresos - egresos, movimientos, etc., por medio de boletos, tickets, inventarios y otros, donde cada pre cónsul entrega (informes y talentos) al Alfa y este a la Delegación Consular. Estando todos llamados a cumplir con nuestros deberes en los diversos roles, haciéndolo de la mejor manera, cualquier persona desde la decantropomía debe ser destituida y sancionada si no cumple debidamente su labor, dependiendo del caso, pudiendo cualquier persona llevar la acusación, sea al decano, tricano, pre cónsul o directamente al Consulado de la polis, donde en caso de encontrar complicidad o encubrimientos, todos los involucrados podrían ser destituidos y/o sancionados. En muchas de las actividades sociales habrá entonces tiempos o procesos de gran actividad y otros de pasividad, sea por las estaciones del año, periodos vacacionales, productividad, etc., y esas partes que presentan cierta volatilidad, entran a procesos de mantenimiento, reparación o renovación, planeados desde la regional.

La productividad controlada X, es la suma de los siete elementos o totales a partir de la polis, suma de asociaciones (aquí se tiene ya el referente de base por la cantidad de personas de la Continental), el excedente objetivo y el aporte o intercambio intercontinental, el cual se llevada a cabo por la Continental, dividida en tres tipos dependiendo de su importancia, en orden prioritario:

1) Alimento, anual pudiendo ser llevado de uno a varios tiempos (constante).

2) Productos de segunda necesidad (variable) y.

3) productos de tercera necesidad (variable).

La delegación hace la división en 10 partes iguales para cada sub continental, la cual efectúa lo mismo para cada regional, y únicamente a partir de allí por el conocimiento de variedad y condiciones naturales, estas delegaciones pueden ejecutar variantes, ajustes en proporción a situaciones como fertilidad, distancias, relieves y otros. Reiterar además, de lo variable y constante que será esta parte a mediano y largo plazo por las modificaciones a ejercer, debido a su deterioro y reestructuración. Por ejemplo, la Continental hace la suma de variedad y cantidad de granos, frutos etc., dando a cada sub continental su parte basándose en sus características, ésta asigna a cada regional su porción con los mismos criterios, y de allí a las locales.

Sólo a partir de las regionales pueden llevarse variantes compensatorias por lo ya mencionado, donde sí se requiere un tipo de grano y dos de frutos, podría cambiarse por otros equitativos a los pedidos. También entre regionales se pueden ejercer intercambios compensatorios. La cifra productiva X con sus tres variantes a partir de la constante y periodos anuales (alimento), se considera no el consumo del tipo de población al momento de emitir el dato, sino el cálculo al final del ciclo. La relatividad de la cifra depende del tipo de población, poniendo los casos como de Alemania, donde podría haber un alto porcentaje de población adulta, muchos en estado y procesos de retiro, con poca población joven, mientras en otros lugares, ciertas regiones de América Latina, la situación se invierte, tomando en cuenta aspectos como el consumo de un adulto a diferencia de un niño o adolescente, consideraciones para todas las cifras.

Los bienes reales de segunda importancia, específicamente calzado y vestido, ciertos artículos para el hogar y los requeridos para la funcionalidad social en general, se elaboran para tener una durabilidad de uso y renovación de uno a tres años, por lo tanto puede llevarse a cabo en ese transcurso de tiempo, donde en casos como el vestido, en los dos primeros años podría ejecutarse la productividad, evaluación de calidad y tendencias, para en el tercero iniciar con –sabiendo de esta labor constante– un incremento de lo regenerativo, también propuestas y diseños para el próximo ciclo.

Para los bienes reales de tercera importancia, tendrán una calidad y durabilidad de tres a siete años unos, algunos de por vida y otros incluso siglos, donde entran electrónicos, electrodomésticos, autos y otros, lo cual del mismo modo la cantidad puede ser llevada por etapas mientras se va estudiando y analizando defectos, ventajas, diseños, etc., para el siguiente proceso de cada uno. Esto a muchos, específicamente a los fanáticos "vanguardistas", les parecerá la peor blasfemia al proceso tecnológico y atentado contra la creatividad y progreso, pero no es difícil darse cuenta de la rareza anual en artículos o modelos, los cuales aparecen en los tiempos aquí propuestos, y el mejor ejemplo son los autos, donde a lo mucho y ciertos casos al año se dan ligeras modificaciones (faros, parrillas, accesorios), pero nada substancial; además recordar que durante nuestra evolución y proceso histórico, entre las características que definían personalmente, estaban atuendos u objetos que usábamos de por vida como la lanza, escudo o armadura, algunos hechos para servir no sólo en esta vida, pues nos las "llevábamos" al otro mundo, al ser depositadas en las tumbas. Por otra parte, estos tipos de bienes son los que más trabajo representan para su regeneración, por lo tanto, ello como productividad regenerativa permitirán una mejor funcionalidad. Incluso actualmente, cada modelo es pensado para una vida mediana por los costos que implican diseños, moldes, inversiones y otros para la elaboración.

Al dividir la actividad productiva en tres principales áreas: a) Extracción, donde incluimos la pesca y otros recursos naturales como resinas, petróleo (lo que reste); b) Transformativas, donde el producto original o una parte de ello requiere ciertos transcursos para su uso posterior o final como agricultura (recordando que el término *producción agrícola*, como lo hemos venido utilizando, al igual que otros como la ganadería no es tal, pues solamente somos intermediarios en ciertos procesos naturales regenerativos, conscientes que la única que genera, produce medios de vida y la vida misma, es la Naturaleza), ganadería y ramas análogas (apicultura, etc.), y metalurgia; y c) Espacios de Acabado, desde talleres hasta los grandes complejos industriales. En todo esto, las asociaciones regionales jugarán un papel importante, semejando un órgano, la sub continental un sistema y la continental todo el organismo que sin perder su personalidad y heterogeneidad, cada una, al menos la mayoría de ellas, desempeñaran papeles específicos de acuerdo a sus ubicaciones y características, ya que sin descuidar las actividades primarias, todos los grandes complejos industriales y algunos servicios como aeropuertos, construcciones de navíos, hidroeléctricas, refinerías, plantas automotrices etc., la sub continental asignará a una regional su administración por periodos de 3 a 5 años (similar a los centros de formación superior), lo cual implicará en algunos casos cambios de residencia de personas o familias. La regional, como lo hemos venido ya expresando, representa tanto esa parte de órgano específico como intermedio entre la polis y la continental, así como la que puede llevar a cabo ajustes dentro de sí misma, otras y la sub continental, por lo tanto, la delegación podrá asignar una especie de *consulado administrativo naviero, petrolero, ferroviario,* etc., de tres personas, proveyéndose del elemento humano de ella misma, de carecer de algunos, entonces recurre a la sub o continental.

Sabemos, la productividad presenta otras peculiaridades, digamos, tan universales como regionales y locales. Nos referimos a aquellos que de una u otra forma compartimos la mayoría, y los que pertenecen a regiones o pueblos, pudiendo ser llevados a cabo desde la familia, la polis y la continental, pero aquí nos referimos a actividades a ser consideradas parte de las sociales. Ejemplos, quizá el más claro es el consumo de pan, siendo parte de cada polis su auto suministro, donde de acuerdo a sus características, digamos lugar, grupos y gustos, se lleve a cabo la elaboración y distribución. Este ejemplo sea posiblemente el más universal con todas sus variantes, habiendo otros de carácter sub continental, como las tortillas, lo cual pasa también a cada polis, así como otras que podrían ubicarse en escalas menores siendo los casos de ciertas bebidas (pulque, zaque, etc.), consumo de ciertos hongos, frutos, entre tantos, pasando también a la administración dependiendo del caso, desde la regional, polis o incluso familiar, es decir, si una persona, familia o amigos deciden ir al campo para su recolección y consumo personal, se encuentran en la plena libertad, pero sin caer en las actividades conocidas (algunas forzadas por la subsistencia) de alterar, dañar ecosistemas, sobre todo erradicando la nefasta actividad de la cacería, específicamente como "deporte".

De esta manera, la Productividad emerge, es un nuevo concepto, por ser una actividad innata, inalienable de toda persona y sus facultades en relación con la Naturaleza, con ayuda de medios y/o herramientas, lo cual solamente implica en alguna medida, un cierto regreso a sus orígenes naturales de recolectar, consumir y/o transformar de la Naturaleza lo requerido para vivir, sin sobre explotación, llevado a cabo de manera colectiva, donde las únicas dos modalidades, digamos "nuevas", son por un lado, otra organización de grupos y sociedades, dependiendo y partiendo de las necesidades reales, prioritarias, y las situaciones y características donde estas sociedades se ubican estratégicamente para en conjunto producirlo, así como de los procesos que la Naturaleza requiere y pueda presentar, condicionando a cambios y ajustes; y por otra parte, la otra modalidad, una constante y permanente actividad regenerativa de lo que toma, usa y transforma en y con la Naturaleza, y como parte de renovación perpetua, reciclaje de los bienes reales.

Ya que la distribución es, debe ser un término de proporción compatible entre las partes y el todo (la cantidad adecuada, suficiente de bienes y servicios), en un constante dar y recibir mutuo para uso, consumo y renovación, para y como condición del Ser, y no un mercado regido por la oferta y demanda, ni medio de ambición encaminado al degenere por el atesoramiento sobre acumulativo, de alguna parte a costa del resto mayoritario. Al igual que la productividad, parte de las necesidades prioritarias, primero el alimento, después de los bienes secundarios, y por último los bienes terciarios, por lo tanto, se da en diversos niveles y formas. Primero se encuentran las de alimentos, materias primas y materiales, que ocurre dentro la Regional en tres principales momentos. Todas las polis entregan su productividad a la Local y ésta se encarga de repartir a cada polis la porción requerida (movimiento local), la correspondiente para su autoconsumo y procesamiento, la cual es siempre en proporción a lo requerido, es decir, si la cantidad X sea cualquiera, si se logró o no por cualquier razón, la porción o porcentaje no se altera, la proporción equitativa de las partes (movimiento regional); donde además – esto podría parecer contradictorio, pero los regímenes de explotación humana implantaron la idea de dar lo que nos sobra, lo que ya no queremos, teniendo que ver con la ambición y avaricia. Sin embargo, aquí se trata de dar siempre lo mejor que tenemos y producimos– se entrega a la Regional lo de mayor calidad, la cual, al recibir el resto mayoritario, se encarga de otorgarlo a la Sub Continental. Para tal proceso, la Regional lo divide en dos etapas o momentos, para su optima fluidez: Primero, junto con las locales los procesos, periodos o tiempos de cosecha, recolección o extracción (dar y recibir), ahí mismo se da la distribución, dependiendo de lo que se trate, donde en acuerdo entre ambas, puede si es el caso, almacenarse en las instalaciones mejor adecuadas para su uso paulatino, o en los lugares de las locales. Segundo, una vez que la Regional se ha autoabastecido con su parte, pudiendo ocurrir en los mismos lugares donde se dio con las locales o almacenes de acopio, entrega a la Sub Continental, y recibe de ella. Al tener un conocimiento lo suficiente claro de los volúmenes de auto distribución y expansión con la Sub Continental, la Regional es únicamente coordinadora entre locales y sub continentales para requerir y distribuir la cantidad y tipos de distribución apropiados (movimiento regional – sub continental).

De manera similar a la Regional, la Sub Continental en acuerdo con la Continental lleva a cabo la distribución en tres niveles. Primero interna, es decir, sub continental, luego continental y finalmente inter continental. Pero a diferencia del movimiento regional básicamente terrestre y en un área relativamente pequeña, aquí se hace por todos los medios y de manera más compleja, al ser el sistema distributivo no solamente en y con todas las regionales, sino con la Continental e Inter Continental. Con todo, al hacerlo en coordinación con la Continental y buen porcentaje del volumen distributivo internamente, la tarea será mucho y mayormente eficaz en comparación al transporte del presente. Puede entonces compararse el sistema distributivo a las regionales como órganos, las sub continentales tanto partes del cuerpo y a la vez los sistemas respiratorio o circulatorio, mientras la Continental a un cerebro verdaderamente racional.

El mercado, en el sentido donde las personas se reúnen para intercambiar u obtener bienes y servicios, en cierta medida, como ha venido ocurriendo hasta el presente, desaparece, cambiando y ocurriendo solamente en tres niveles: dos locales y el regional, dependiendo de las condiciones topográficas y poblacionales. El primer local, en cada polis es el ya mencionado donde se elaboran y distribuyen productos como el pan, pero también donde existen centros de distribución semejantes a los actuales supermercados, en lugares adecuados de varias formas y tamaños, dependiendo de ubicaciones y necesidades, conteniendo básicamente todos los bienes de primera necesidad. La segunda local, es la de las asociaciones, las cuales en tamaño y forma aumentan por incluir mayor cantidad y número de bienes de segunda necesidad, y algunos de tercera. El último, el regional, es el de mayor amplitud pudiendo encontrar cualquier producto, claro no aglomerados sino variados y ordenados, los cuales más que lugares enfocados al consumismo, serán también parte de la convivencia y desarrollo, aprovechados para exposiciones y representaciones artísticas.

Aunque las sub continentales funcionan con un grado de auto productividad y distribución, tanto de bienes como servicios, para el movimiento de personas se tiene algunas variantes. A la búsqueda de erradicar de la faz de la Tierra el mayor número de vehículos automotrices, las personas tendrán las posibilidades de hacerlo de cuatro maneras: primeramente caminando, segundo en bicicleta –recordando que al reconfigurar la geografía actual, lo cual anulará muchos de los problemas del presente como el sobre congestionamiento vehicular y poblacional, el movimiento de personas sea caminando o en bicicleta, será más seguro y fluido–, tercero en transporte público, también ya mencionado atrás, usando el tren, luego el autobús, posteriormente el aéreo y marítimo, y finalmente el personal/familiar, siendo el primero (este último) únicamente en aquellos casos necesarios por quienes se encuentran en alguna actividad social que realmente lo amerite y situaciones específicas, y el familiar para actividades recreativas familiares. La administración del transporte público ocurre en tres niveles: Regional, en coordinación con las locales, la sub continental en concordancia con la Continental, donde a partir de aquí se da por todos los medios y niveles, es decir, dentro ella misma y resto de continentales, y tercero la Continental que administra todo su fluido interno como externo. Los taxis quedarán reducidos al número más mínimo y como parte de las actividades sociales por cada polis y casos específicos.

Hay algunos temas que hemos estado dejando pendientes. Uno de ellos es el relacionado al arte popular, y en ciertas ocasiones otros de carácter masivo. Sabemos que muchas de estas actividades han sido por la búsqueda de medios de subsistencia, al igual que la prostitución y delincuencia, pero tomando un ejemplo específico, ciertos grupos musicales dentro los cuales encontramos dos principales tipos, siendo uno y más común de quienes buscan un medio de subsistencia o ayuda como ingreso complementario, el otro, aquellos que ayudados por la corrupción y medios masivos, "saltan al estrellato nacional y/o internacional", donde en ambos casos se encuentra, a veces, niveles regularmente mediocres, pero y sobre todo un medio de mayor enajenación, alimentación del ego, explotación y mayor enriquecimiento de promotores y medios masivos.

Actividades artísticas como esta, la música, deben ser lo que son o deberían ser, expresiones y alimento del alma, donde el único goce y gratificación es la experiencia del intérprete y público. Ya que el SFH otorgará las bases para que la persona sea participe activo más que pasivo en las áreas que más le agrade, pero no pudiendo prescindir de ciertas actividades sociales (bodas, cumpleaños y otros), quienes sientan un deseo o vocación por hacerlo públicamente, lo lleven a cabo, pero no obligados por la manera como ha venido ocurriendo. Estos grupos artísticos tendrán la libertad de conformarse y presentar sus propuestas y servicios dentro tres niveles: Local, Regional y Sub Continental, y esta última podrá moverse de ahí a la Continental e Inter Continental. La Local, punto de partida, los grupos son promovidos por la delegación donde se llevan a cabo las contrataciones y por cada evento (se tendrá que regularizar un horario para evitar disturbios y excesos dentro del evento y alrededores), los integrantes recibirán un nivel de talentos mayor al que se encuentren, por ejemplo, quien se encuentre percibiendo un ingreso A obtendrá un B, uno con B un C. Si la demanda del grupo aumenta, claro, será por calidad, obteniendo anualmente un mínimo de 48 contrataciones (una por fin de semana, consciente que habrá algunos donde tendrán 3 o 4, otros ninguno) locales, o entre ellos al menos la mitad regionales, podrá dedicarse solamente a ello y poder pasar a la Regional; si la mayoría de los 48 son locales ahí permanece y todos obtendrán un ingreso A, pero si son menos de 48 será una actividad complementaria. Si algún grupo artístico por su calidad llega a la Regional, e igualmente alcanza las 48 contrataciones anuales, podrá también dedicarse a ello con in ingreso B. Tanto la Local como la Regional podrán considerarse niveles digamos, "básico", porque la mayor de veces estas agrupaciones son simplemente intérpretes de "covers". Esto no implica quienes deseen hacerlo por amor al arte, gratuitamente. El talento se mide por la calidad, creatividad y originalidad, y personas como congregaciones que lo posean podrán moverse de lo Local a lo Regional y de ahí a la Sub Continental, donde si su calidad lo demuestra, ocurrirá sin los tiempos y números encontrados en la Local o Regional, llegando ahí su ingreso será de C. El enriquecimiento de intermediarios y medios masivos como medio de explotación y enajenación desaparece, ya que las delegaciones se encargan de la difusión y contratación en lo Local y Regional, mientras a partir de la Sub Continental, que solamente lo promueve y de igual manera se mantiene en el porcentaje de 48 contrataciones anuales –a partir de este nivel, puede ponerse la cifra como tope, sobre todo para evitar el desgaste de los artistas– para lo cual además, a donde sean invitados o contratados, incluirá el transporte y hospedaje, así como los talentos por el tiempo de permanencia; por lo que cada vez que esto ocurra, su delegación de origen quedará libre de otorgarles los talentos correspondientes de esos tiempos, para no sobre pasar el límite establecido. Pero si en cualquiera de los casos, los grupos llegan a tener una gran demanda, ellos pueden elegir las participaciones mínimas, o menores a 48, y considerarse como actividad complementaria. Las grabaciones discográficas son únicamente a partir de la Sub Continental y las "ganancias" –el material, de gran durabilidad y calidad, incluirá en su precio todos los costos de producción y distribución y un porcentaje de ganancia a repartirse entre la Sub Continental como el o los artistas en partes iguales, dependiendo del tipo de música, pero que al estar percibiendo un ingreso C, será acumulativo mientras se mantengan vigentes artísticamente, y para cuando decidan retirarse sea por edad o regresar a las actividades sociales, lo acumulativo se les irá dando en proporción a no rebasar el ingreso C.

Ya que muchas de las actividades artísticas han caído en gran número en niveles de regular a mediocre, hechas para el comercio en consumo masivo, regulado por la cantidad de ventas que las convierte en "éxitos" o "best sellers", donde de igual manera convenios entre compañías, gobiernos y otros se disputan el mercado eliminando competidores, crear monopolios; controlando no únicamente producción sino contenido, que lógicamente va encaminado a establecer prototipos, ideologías u otros medios de control social, teniendo entre los ejemplos el más conocido, el de Hollywood. Ninguna delegación está para controlar ni manipular ninguna actividad artística, pero sí el número y calidad, al menos mientras se erradica la ideología consumista del presente.

En el caso del teatro, quienes lo deseen podrán formar grupos o compañías, presentarlas en espacios públicos, solicitar permiso a los centros de formación para su presentación y proponerlas a las delegaciones, donde de manera similar a los grupos musicales, al ser promovidas y contratadas en cualquier nivel, recibirán los mismos beneficios. Al hacerlo de manera libre, es decir, lugares públicos y centros de formación, el público podrá aportar en los hoteles –cada grupo hará un convenio con un hotel al lugar donde llegue, lo cual será parte de sus funciones– ahí se les dará hospedaje y alimentación durante el tiempo que permanezcan presentando sus obras, y en tal convenio, si las aportaciones exceden los gastos del hotel, se les otorga a los integrantes, de no ser así, el hotel solamente reporta y entrega a la delegación lo recibido, sin ningún cargo para las compañías.

En el caso del cine, desaparece el productor, pasando a ser parte del director, así como las "capitales del cine", siendo las delegaciones sub continentales las encargadas de proveer todo lo requerido materialmente y técnico, así como facilidades de transporte, hospedaje y otras disposiciones durante el proceso. Cada Sub Continental establece una cantidad de cintas a producir anualmente dividida en los diversos géneros, donde el número no se altera, pero si el de tipos, por ejemplo, si no se recibe ninguna propuesta de terror, el espacio se llena con las mejores propuestas de los otros. Primero, el director deberá tener el guion listo así como mínimo el 70% del convenio con el personal primordial (principales actores, fotógrafo, director de arte, efectos especiales, músicos si lo requiere, editor, etc.) presentándola a la delegación regional; las cuales, cada uno tendrá su cantidad correspondiente de cintas, y si ya estuviera llena la lista podrá ir a otra regional, o bien si la regional recibe un número mayor al convocado, las propuestas entran a concurso o buscar cabida en otras sub continentales que pudieran tener espacio; y de igual manera, las sub continentales de la misma o diferentes continentales, podrán pedir espacios o invitaciones, conscientes que no en todas partes existe una tradición cineasta, creando una especie de "convenios compensatorios" entre continentales. También, en los lugares donde se cuente con una tradición en este arte, pueden llevarse a cabo concursos abiertos ante un público y jurado idóneo, donde las mejores propuestas sean rodadas en ese ciclo y las de segundo lugar para el próximo. Los directores de las mejores películas, de acuerdo al público y críticos, llevado a cabo por continental, podrá rodar otra cinta el próximo año sin pasar por el proceso de selección, en su continental u otra si es invitado, si así lo desea. Cada continental elige sus 10 mejores películas anuales, los directores y principales personas que participan para su realización (actores principales, fotógrafos, etc.), para el siguiente año obtendrán un ingreso C, independientemente de la actividad social que hagan, y si lo desean, obtendrán un pase directo para laborar en cualquiera de los centros de formación superior de su continental en su área artística, por un ciclo de 4 años o menos, según lo deseen, y el director aparte de lo ya mencionado, podrá también hacer lo mismo o alternarlo. En el certamen Inter Continental, se presentan las mejores películas de cada continental (10), a celebrarse de igual manera anualmente y alternando cedes, del cual se eligen las 10 mejores, de ellas sus directores obtienen acceso directo a rodar tres películas en los próximos cuatro años donde lo deseen, laborar en cualquier continental o alternarlos; lo mismo que los demás participantes, elegir la continental a laborar en los próximos cuatro años o alternarlos con participaciones en cintas.

La televisión, al igual que el cine, es un fenómeno reciente en la historia humana. Por el contexto en que surgió y desarrolló de manera vertiginosa, fue pronto rehén de regímenes políticos y oligarquías. De igual manera la radio, pero su alcance no puede compararse a los otros. Para la televisión –y la radio– lo mismo que el cine, las delegaciones consulares proveerán sólo el elemento material y técnico humano, así como las regulaciones del número adecuado de canales y radiodifusoras –cuando se enciende un televisor, se encuentra un espectáculo hasta cierto punto grotesco, al encontrar la abrumadora cantidad de canales, contrastando con la poca variedad entre ellos, de género, muchos repetitivos, pero sobre todo la pobreza de contenidos en gran parte– para lo cual las delegaciones consulares sub continentales hacen convocatorias para que los directores presenten sus propuestas –aquí pueden ser por dos o cuatro años– para programas, series, documentales, etc., convirtiéndose en productores los ganadores, donde nuevamente las delegaciones fungen para dar fe de la legalidad, transparencia de propuestas y debates, así como de que se cumplan en tiempo y forma los convenios. Al desaparecer la enorme cantidad publicitaria con toda su frivolidad, las delegaciones también cuidarán que se les dé la suficiente difusión a los diferentes bienes dentro la mejor objetividad y equidad, así como cuando se presenten casos respecto a contenidos, calidad, importancia social, los debates para aclaraciones y medidas adecuadas. De la misma manera –ya mencionado atrás– en los tiempos de cambios delegacionales, las coberturas sobre los procesos. Al igual que en el cine, se da por un proceso de convocatorias a partir de las regionales para llegar a cada Sub Continental de donde se pasa a la Continental, ya que aquí es por un ciclo de 4 años y participarán los primeros y segundos lugares; los primeros con un tiempo de año y medio y los segundos un año, y los programas que obtengan una mejor aceptación tanto del público (50%) como de críticos y especialistas (el otro), podrán cubrir el resto del ciclo (año y medio), y quienes resulten los mejores de los cuatro años (podrá llevarse un certamen similar al del cine), un acceso directo para el siguiente ciclo así como el poder laborar en los centros de formación. Aparte de la productividad creativa, cada ciclo se renueva el personal de programación con un formato digamos, "permanente", refiriéndonos a los promocionales de bienes reales, coberturas de eventos, programación de ciclos de cine, series o programas "clásicos" y otros. Respecto a la radio, por su cobertura, lo maneja cada sub continental partiendo de igual manera a partir de las regionales, pudiendo ser también el proceso y tiempo de 4 años, de manera análoga a la televisión, aunque claro, conscientes que en este medio sobresale la labor técnica, por ello se prescindiría de ciertos certámenes y tendrán mayor facilidad para los procesos.

Con algunas variantes, los medios impresos no han dejado también de ser manoseados por los regímenes de explotación humana, y las diferencias a que por largo tiempo tuvieron un público hasta cierto punto selectivo, por el alto grado de analfabetismo, pero una vez solventado pasó a ser otro producto de consumo, así como control de contenidos sirviéndose de medios desde censura, perseguimiento y asesinato de periodistas. Ya que las publicaciones actuales contienen una gran cantidad de publicidad, "noticias", "novedades" de tipo "sensacionalista", espacios para políticos, "sociales" etc., lo cual desaparecerá, o mínimo disminuirá enormemente. El volumen se reducirá notablemente, así como la cantidad de diarios y revistas; sin olvidar el espacio que han perdido ante otros medios. Las publicaciones serán en tres niveles de cobertura: Regional, Sub Continental y Continental la cual abarcará lo Inter Continental. Cada editorial será independiente, aunque su distribución al público será en uno, es decir, quien adquiera un diario en una regional le incluirá la Sub y Continental por el mismo monto. Las revistas serán independientes en sus niveles, aunque claro, el tiraje será en proporción al nivel. Las delegaciones emitirán convocatorias por cuatro años para la conformación de grupos editoriales, donde un director deberá tener al menos el 70% de sus colaboradores (redactores, articulistas, corresponsales, etc.) y en cualquiera de los niveles el director tendrá un ingreso C, pero el resto del nivel regional un B, excepto en el Sub y Continental donde todo el equipo un C, pero toda la responsabilidad será compartida.

Si para expresiones como el cine existen "criterios" más o menos claros para establecer la calidad de una cinta, según algunos críticos y expertos, para otras como la danza, escultura y pintura los paramaros calificativos varían. Similar al teatro, coreógrafos con su elenco, pintores y escultores tendrán los espacios públicos, los centros de formación, y por supuesto las delegaciones para sus propuestas. Para su difusión se considerarán el público asistente, aportaciones a hoteles, cometarios de los medios, conocedores y público para que las delegaciones se encarguen de otorgarles los beneficios de promoción y sustento por ciclos, y de igual manera, los más sobresalientes obtendrán pases directos a Centros de Formación Superior o aceptar invitaciones dentro y fuera de su Continental.

La literatura, una de las expresiones sublimes de mayor tradición, fue otra de las que más ha sufrido la embestida productiva para el consumo, ganando la cantidad a costa de la calidad, sea porque por milenios leer y escribir fue reservado para minorías, y al parecer las musas en ocasiones y periodos volcaban derroches de talento sobre algunos cuantos, y quizá en los últimos tiempos se deba compartirlo entre tantos, aunque claro no han faltado los pocos que resplandecen. Aunque también prevalece el fenómeno de quienes poseen el don, pero perdidos en al anonimato, entre otras y principales razones, las editoriales (en parte entendible) buscan en la medida de lo posible la mayor ganancia, por ello, los "best sellers" han sido la mejor opción; sin olvidar la reciente aparición de "publicaciones electrónicas", con cierta dedicatoria para las masas. Por lo tanto, quienes sientan el llamado de las letras, anualmente las regionales emitirán convocatorias donde una persona podrá participar con de una a tres, en cualquiera de sus categorías (cuentos, novelas, ensayos, poesía, etc.) y las diez mejores por categorías pasarán a la Sub Continental ese mismo año, de donde del mismo modo y proceso otras diez pasarán a la Continental –cada proceso por nivel durará cuatro meses– donde de la misma manera, los reconocimientos serán iguales a las de otras disciplinas, aunque las publicaciones variarán en tiraje y difusión, ya que la regional cubrirá solamente su área, mientras las Sub Continental también la Continental, y obviamente esta última lo Inter Continental. Pero sabiendo que el criterio de los jurados no siempre es el mejor, y si público, conocedores como los Centro de Formación y otros promueven las obras con impresiones adicionales a la original, estos escritores podrán gozar de los mismos reconocimientos que los determinados por los jurados de los procesos.

Hay tres elementos a considerar. Uno es: seguramente el "defensor" de los derechos de autor se estará preguntando sobre ello. La relatividad de aplicación de este derecho es ante todo una actitud de defensa monopólica, donde podríamos numerar una serie de casos tan sólo a lo largo de los últimos cien años, donde sutil o descaradamente, compañías y gobiernos se adjudican prerrogativas exclusivas de producción y/o explotación. Pero y respecto a lo mismo, existe el enorme legado de artistas, científicos, genios a quienes con nada en el mundo podríamos pagarles tal herencia, aunque vivieran, y si en su tiempo fueron en ocasiones ignorados, perseguidos, encarcelados, incluso asesinados; sin embargo, seguimos nutriéndonos, disfrutando, aprendiendo de sus obras, sin faltar los pocos que continúan lucrando con ellas; y ¿cómo o a quién retribuir esos "derechos de autor"? Lo segundo es, ya mencionado atrás, y nos referimos a la permanencia de ciertas cosas como obras arquitectónicas, artísticas; instituciones con una tradición de gran calidad, ejemplos el Bolshoi o el Cirque du Soleil entre otras, para ello, lo mejor que podemos hacer es conservarlas, apoyarlas. Tercero, reiterar, la búsqueda y lucha es por un mundo justo; las actividades artísticas son alimento del alma; la pasión y goce del verdadero artista ningún bien material o ganancia económica lo cubre o compensa, por no ser eso lo que persigue. Además, ¿Cuánto de lo que se siga produciendo será conservado, recordado a mediano o largo plazo? Seguramente poco, al paso de los siglos menos. Las obras a producir ningún jurado o público de ese presente podrán otorgarles el grado de "clásicas", pues tal veredicto pertenece, lo dictaminará exclusivamente el tiempo.

Respecto al deporte, ya tratado en parte anteriormente, es y debe ser una actividad de todo ser humano como el comer y dormir, más que un espectáculo de control, diversión, explotación de masas, y enriquecimiento de pocos. Aunque es una actividad a desarrollarse desde los primeros años de edad en los centros de formación, a partir de los doce años podrán iniciarse torneos en las polis en las actividades de mayor interés. Pero es a partir de los 18 años cuando empiezan a conformarse equipos o jugadores, que participan en lo que actualmente es denominado segunda y primera división, en tórnenos a partir de las locales donde cada polis puede tener jugadores o equipos de segunda división. La primera división es a partir de las regionales, las que provén de uniformes y traslado, siendo una especie "selección regional", donde la Sub Continental organiza torneos anuales proveyendo del equipo técnico y hospedaje. Todo jugador, entrenador, director técnico u otro de primera división, desempeñan el 50% de la jornada de actividades sociales, dejando el resto para entrenamientos, sin afectar su percepción ni el nivel en que se encuentren, para lo cual y además se les permitirá adecuarlo –siempre y cuando no sea uno importante que afecte a las personas o sociedad– en común acuerdo. No puede haber un nivel superior al olímpico. Cada cuatro años puede llevarse un encuentro pre olímpico continental de donde surgen los atletas para las Olimpiadas Inter Continentales, dos años antes, de las cuales, ganadores o seleccionados, así como entrenadores y directores quedarán libres los siguientes dos años de sus actividades sociales para dedicarse al entrenamiento completo. El fut bol, los mundiales quedan como parte de los olímpicos, porque como es sabido, se encuentra en la categoría de otros deportes, pudiendo incluso hallar disciplinas que requieren de mayor preparación, conocimiento y destreza técnica; porque su difusión es producto del lucro de algunos medios masivos, compañías; servido para la creación de instituciones corruptas como la FIFA, etc. La difusión de ciertos eventos por los medios masivos (explícitamente la televisión), será restringida, pero no otros como las olimpiadas. De la misma manera, al desaparecer los "símbolos patrios", para eventos importantes podrán efectuarse ceremonias, pero en lugar de la actual "exaltación nacionalista", podrá seguir elevándose la actual bandera olímpica y entonar himnos de valores universales. Similar a los artistas, hombres de ciencia y otros, los atletas ganadores de estas contiendas, así como entrenadores y directores, percibirán un ingreso C (los actuales ganadores de medallas de oro. Los de plata pueden quedar en B y los de bronce en A) por los siguientes cuatro años, y continuar superándose en sus disciplinas, laborar en los espacios Sub o Continentales de preparación para ello, centros de formación o alternarlos. En cierta manera, el deporte regresa a su esencia: parte del desarrollo humano; el hombre más que espectador o ente pasivo a activo; su gloria: la lucha por la corona de laurel, de olivo.

La funcionalidad de la sociedad propuesta, es en gran medida, un regreso a sus orígenes naturales, por erradicar los poderes subjetivos erróneos de la mente a que se había sometido, así como la fuerza irracional y despiadada consecuencia de lo mismo, y depender nuevamente de sus facultades y conocimientos, innatos, transmitidos y experimentados, reconvirtiéndolo en un ser más libre y pleno. De los dioses benignos de la lluvia y fertilidad, lo malignos de plagas y sequías; el sujeto auto envestido en representación gobernante divina; la presencia de metales o el dinero, ya por la fuerza represiva o mental, quedarán como un periodo de un pasado de aprendizaje. Cada persona partirá de su Yo interno y en cooperación con un grupo de semejantes, simplemente pondrán sus capacidades físicas–intelectuales, para que ayudados por medios materiales y herramientas, en conjunto y coordinación de una sociedad ordenada, activen y desarrollen tales facultades naturales para producir, transformar, transportar o aportar en relación armónica con la Naturaleza, lo requerido para la vida biológica y enriquecimiento humano personal y colectivo, parecido, tal y como lo hicieron por millones, milenios atrás antes de esta etapa que llega a su fin. Tal regreso y re aprendizaje a su esencia natural, lo colocará nuevamente en sus partes más elementales en y con relación a semejantes, entorno natural y el Todo, permitiéndole, o al menos ayudándole al desarrollo de una vida más plena y sana; viviendo, trabajando en y por ello, una construcción y mantenimiento de lo permanente en las formas inalterables de la vida y lo permisible, dentro de los márgenes del Mundo Natural, las leyes eternas, muchas incomprensibles e inalterables para nosotros, lo cual incluye, nunca una renuncia al trabajo, pues dentro de la conquista del conocimiento y ciencia aplicada, permita cierta facilidad de labores y reducción del tiempo invertido, su cauce puede ser una, disminuir la jornada laboral, para una mayor inversión en la principal tarea encomendada a todos, en ocasiones la más difícil, la auto construcción personal plena, espiritual. Sea pues la fuerza del Espíritu Universal, depositada una parte en el ser humano, la que por medio de su alma guie y mueva nuestra especie en la construcción de un Nuevo Mundo, valiéndonos únicamente de nuestras facultades; tanto la Verdadera Inteligencia y Voluntad, encaucen a la conquista plena de la vida terrenal – independientemente si existe o no otra después de esta, seamos conscientes que nunca fuimos enviados a vivir en un infierno, sino en un Paraíso llamado planeta Tierra; siendo y viviéndolo, por lo menos como un reto– en un proceso evolutivo de nuestra especie, a la conquista de un peldaño superior, lo Espiritual, el cual únicamente se consigue por Eso, aunque malinterpretado por muchos, la esencia permanece pura, el Amor a Uno mismo, el semejante, la Creación.

9 7 9 8 8 3 9 6 7 5 4 1 4